L'AFFECTIVITÉ À L'ÉCOLE

ÉDUCATION ET FORMATION

COLLECTION FONDÉE ET DIRIGÉE PAR GASTON MIALARET

Recherches scientifiques
Codirigée par Marguerite ALTET

Gaëlle Espinosa

L'AFFECTIVITÉ À L'ÉCOLE

L'élève dans ses rapports à l'école, au savoir et au maître

PRESSES UNIVERSITAIRES DE FRANCE

ISBN 2 13 053267 5

Dépôt légal — 1re édition : 2003, juin

6, avenue Reille, 75014 Paris

À Ève
À ses puces Léa et Lucas
À leurs chemins scolaires

Introduction

Le destin d'une personne s'écrirait à la fois de l'intérieur et de l'extérieur. « Nous avons un besoin urgent de travaux qui permettraient de mieux comprendre pourquoi et comment ce "projet de soi" se structure si fortement chez certaines personnes, et si peu chez d'autres, dont la vie dès lors s'en va à l'aventure, et parfois à la catastrophe... » (Perron, 1991, p. 245).

Notre volonté fut de savoir ce qu'il en était pour la vie « scolaire », en essayant :

- d'une part, de conduire une analyse prenant en compte, à la fois, les « déterminants externes » et la « dynamique interne » ;
- d'autre part, de voir comment se combine cette dynamique interne de construction de soi avec les effets de la catégorisation scolaire pour déboucher sur des « projets de soi comme élève » pouvant être si contrastés.

Il ne s'agira pas ici d'une étude[1] directe de l'influence du rapport au savoir ou du rapport au maître sur la réussite ou l'échec par recherche de corrélations statistiquement significatives, mais d'une étude portant sur la construction de ce qui pourra être lu, après-coup, comme un destin scolaire (de bon, ou de mauvais élève). Ou comment et pourquoi se compte-t-on (se comporte-

1. Cet ouvrage est une version réduite d'un travail de doctorat : Gaëlle Espinosa, *Rapport au savoir, rapport au maître et affectivité : Contribution à une analyse du « chemin scolaire » de l'élève*, Université Pierre-Mendès-France, Grenoble 2, juillet 2001 (Espinosa, 2001).

t-on) progressivement comme un bon ou un mauvais élève ? Quelle est la part du rapport au maître dans cette construction ?

Dans son ouvrage, *Les corps clandestins. L'enfant, l'école et le quotidien,* Chobaux (1993) compare la « version officielle » qui fait « de la relation enseignante une histoire de raison » avec une version certainement plus probable et répandue. « Tout est sérieux dans cette version de l'histoire ; elle ne semble concerner que des individus désincarnés.

« Mais dans l'espace clos de la classe, une autre version de l'histoire se déroule aussi... » (p. 93). La sympathie et l'antipathie entre un enseignant et un élève, l'indulgence et l'agressivité, l'intérêt ou l'ennui, mais aussi la séduction mutuelle plus ou moins consciente des partenaires pédagogiques sont, selon Chobaux, le quotidien de la vie scolaire. Ainsi avons-nous voulu mettre à l'épreuve l'analyse de cet auteur, dans un but d'appréhension, d'étude et de compréhension de cette « autre » version de l'histoire.

La dimension affective : une composante réelle de la relation pédagogique ?

Notre intérêt pour cette question est lié à la tentative de notre part d'un éclaircissement des zones d'ombre accompagnant, à nos yeux, la notion de rapport au maître.

Qu'en est-il du rapport au maître dans l'apprentissage ? Les tonalités et modalités du rapport au maître permettent-elles de rendre compte de la réussite ou de l'échec scolaire de l'élève ? La personne du maître aurait-elle quelque chose à voir avec la réussite ou l'échec scolaire ? Le rapport « positif » au maître est-il quelque chose de nécessaire dans la réussite scolaire ? Enfin, peut-il y avoir quelque chose de déterminant pour la réussite ou l'échec scolaire d'un élève dans sa relation au maître ?

Ce questionnement pluriel peut être condensé autour de deux grandes questions, auxquelles notre recherche a eu pour ambition d'apporter des éléments de réponse :

- le rapport au maître est-il déterminant dans la réussite ou l'échec scolaire d'un élève ?

– le rapport au maître que vit l'élève dans une relation pédagogique est-il de l'ordre de l'affectif ?

Les phénomènes d'échec et de réussite peuvent être analysés de façon fructueuse en termes de différence d'expérience (Charlot, 1997). L'expérience scolaire se vivrait essentiellement sur un mode relationnel avec :

1 / l'institution scolaire elle-même ;
2 / le savoir enseigné en classe ;
3 / la personne qui dispense ce savoir.

L'histoire que traverse tout élève à l'école serait donc une double histoire de sens et de « rapport à » (Charlot, Bautier et Rochex, 1992 ; Rochex, 1995 ; Perrenoud, 1994 ; Develay, 1996 ; Charlot, 1997).

Notre préoccupation dans ce travail est l'appréhension de l'élève dans son triple rapport à l'école, au savoir et au maître dans un but de compréhension, d'une part, du rôle de l'enseignant dans l'investissement scolaire des élèves et, d'autre part, de la dimension affective de la relation maître-élève.

Il est ainsi ici proposé une étude de l'élève dans son rapport à l' « objet scolaire » accordant une place privilégiée au rapport à l'enseignant (Blanchard-Laville *et al.*, 1989 ; Charlot, Bautier et Rochex, 1992 ; Beillerot *et al.*, 1996 ; Charlot, 1997). Cette étude est une exploration de la question de l'expérience et du vécu scolaires de l'élève et, partant, celle de son appropriation du savoir.

Nous présenterons notre travail en deux grandes parties.

La première partie de notre travail de recherche

Le but intrinsèque de notre première partie est l'appropriation de notions et la prise de connaissance de résultats de recherche déjà produits concernant la relation pédagogique et la question du « destin » scolaire, nous permettant, espérons-le, de renforcer notre questionnement, de faire apparaître plus clairement des hypothèses générales de recherche et de préciser notre thèse.

Ainsi, cette première partie est consacrée à une revue de la littérature. Une enquête bibliographique est en effet, tout d'abord, requise pour, d'une part, donner un éclairage théorique approprié à nos préoccupations de recherche et, d'autre part, construire le cadre conceptuel qui nous permettra de conduire d'une façon utile notre enquête sur le terrain en tenant compte, à la fois, des acquis récents de la recherche et des zones qu'elle a laissées dans l'ombre.

Un premier chapitre permet de s'interroger sur la relation pédagogique. Dans un premier temps, un essai de définition des termes de pédagogie et de relation pédagogique est proposé. Dans un second temps, une présentation de notions fondamentales permettant de comprendre les composantes « classiques » de la relation maître-élève en classe est proposée : contrat pédagogique et contrat didactique d'une part, rapports au savoir, à l'école et au maître et métier d'élève d'autre part. L'ensemble de ces deux temps permet l'inscription du présent travail dans une perspective d'étude du vécu et de l'expérience scolaires de l'enfant, puis de l'adolescent : une expérience entre contrat didactique et métier d'élève. Ce premier chapitre s'attache à décrire principalement une relation maître-élève véritablement « professionnelle », dont le lien serait la transmission du savoir.

Un deuxième chapitre permet la présentation d'éléments sous-jacents à toute relation humaine. La relation maître-élève étant une relation humaine, nous choisissons l'introduction d'une des dimensions latentes dans toute relation : l'affectivité. Celle-ci sera essentiellement étudiée, d'une part, d'un point de vue psychologique et, d'autre part, au sein de la relation maître-élève.

Un troisième chapitre est une tentative de présentation des conséquences de la combinaison des définition et analyse d'une relation à l'enseignant « professionnelle » (chap. I) et de la dimension affective, latente ou sous-jacente, à cette relation (chap. II), dans un but de meilleure connaissance de la relation maître-élève et de son fonctionnement interne et intime. Nous pensons que le niveau de résultats scolaires et l'image de soi de l'élève sont des facteurs susceptibles d'influencer ou d'accompagner la tonalité du rapport au maître. Nous proposons donc une étude de ceux-ci en relation avec nos préoccupations dans ce chapitre. Issue de cette étude, la question d'une façon spécifique de « penser » de l'élève, en fonction de son niveau de résultats scolaires, nous semble intéressante. Un début d'élaboration de la notion de « pensée de l'élève », dans une triple perspective psychologique, psychosociologique et psychanalytique de l'enfant au travail est alors proposé.

Une synthèse tente enfin de faire le point sur l'ensemble des analyses précédentes, ne retenant que l'essentiel, c'est-à-dire ce qui permet l'avancée et la poursuite de notre travail de recherche.

La seconde partie de notre travail de recherche

Le but intrinsèque de notre seconde partie est de se donner les moyens d'illustrer (confirmer ou infirmer) une première hypothèse de recherche élaborée consécutivement à notre première partie. Cette *hypothèse,* très générale, exprime ce que nous nous attendons à constater lors, et à l'issue de notre travail de recherche. Nous souhaiterions, en effet, montrer *l'importance de la relation au maître, en particulier dans sa dimension affective, dans le devenir scolaire de l'élève que nous proposerons de penser en termes de « chemin » plutôt que de « destin ».*

La seconde partie de cet ouvrage débute par une présentation de nos choix méthodologiques, de notre échantillon de population et de la méthode d'analyse des données recueillies.

Lors de l'élaboration d'un plan de recueil des données sur le terrain, nous avons fait le choix, naturel au vue des analyses développées dans la première partie de ce travail, d'une méthodologie d'approche « clinique » qualitative. La situation de notre travail dans une perspective de l'expérience et du vécu scolaires des élèves (paradigme du « rapport à »), nous a, en effet, demandé de nous intéresser, pour notre étude de terrain, au témoignage d'élèves sur leur scolarité.

Notre méthodologie consistera en un entretien (semi-directif de recherche) avec chacun des élèves de notre échantillon de population, nous permettant la récolte d'un récit personnel relatif au vécu et au ressenti scolaires de chaque élève.

Notre échantillon de population sera composé de trente élèves de deux degrés scolaires différents (CE2 et seconde) et de deux niveaux de résultats scolaires différents (réussite et difficulté scolaire).

Un quatrième, un cinquième et un sixième chapitres présentent l'étude proprement dite des données préalablement récoltées, analysant le discours des élèves sur leur rapport à l'école, leur rapport au savoir et leur rapport au maître sous l'éclairage de l'affectivité.

Enfin, une synthèse tente de tirer les conclusions issues de cette analyse.

Les principaux résultats obtenus

La première partie de notre recherche nous permettra de comprendre les raisons pour lesquelles notre travail est d'ordre pédagogique, et non didactique (chap. 1). Cette première partie nous accordera, également, la légitimité :

- et la pertinence d'une analyse en termes de « rapport à » (Bernard Charlot) de la triple relation de l'élève à l'école, au savoir et au maître (chap. I) ;
- de notre affirmation relative à l'importance de la dimension affective du rapport maître-élève (chap. II).

Cette première partie nous autorisera, aussi, à penser que la construction de la valeur scolaire d'un élève peut se faire par le biais de la notion de « chemin scolaire », telle une « expérience » complexe et multidéterminée (au détriment de l'idée de « destin »). Cette expérience, face intime et interne du « chemin », se traduirait dans une « pensée de l'élève » à double modalité : l'une propre aux élèves en réussite scolaire, l'autre propre aux élèves en difficulté. Cette première partie nous permettra donc, enfin, l'élaboration de la notion de « pensée de l'élève » (chap. III).

Comme nous venons de le voir, nous préférerons, tout au long de ce travail, le terme de « chemin » à celui de destin (voir notamment le chapitre III). Nous pensons que ce dernier terme a des conséquences ou induit des idées qui ne nous satisfont pas (l'idée de fatalité, ou celle selon laquelle le destin est plus fort que l'effort, par exemple). Le terme de « chemin » nous semblera donc plus approprié car plus neutre. Ce choix ne remet, cependant, pas en cause les propos par lesquels commence cette introduction générale. Effectivement, il s'agira, pour nous, de montrer – et ce sera l'un des enseignements de notre thèse – qu'il faut parler en termes de « chemin » plutôt que de destin.

La seconde partie de notre travail de recherche nous permettra de dégager la pertinence d'une dichotomie, entre le groupe des élèves en réussite scolaire et celui des élèves en difficulté scolaire dans leurs discours (chap. IV, V et VI). Ce constat nous donnera l'opportunité de préciser notre élaboration de la notion de « pensée de l'élève ».

Cette seconde partie nous autorisera, également, à affirmer que les élèves en difficulté scolaire n'ont pas les mêmes attentes vis-à-vis de leur(s) enseignant(s) que les élèves en réussite :

- alors que les premiers donnent une grande importance à l'enseignant dans leurs apprentissages, les seconds lui accordent un rôle mesuré et raisonnable ;
- alors que les premiers placent leur rapport au maître dans une dimension humaine et affective, les seconds privilégient la dimension professionnelle de la relation.

Nous constaterons, enfin, l'installation progressive d'un « autre » lien entre enseignant et élèves au cours du temps scolaire. Nous nous attacherons à montrer que les composantes de cette « autre » relation appartiennent au domaine de l'affectivité, parasitant ou favorisant la relation au maître et les apprentissages scolaires liés à cette relation.

Au terme de ce travail, nous espérons être un peu moins ignorant sur ce qui touche, d'une part, aux rapports à l'école et au savoir des élèves et, d'autre part, à la relation maître-élève (rapport au maître), à ses diverses composantes, à ses diverses conséquences sur le niveau de résultats scolaires des élèves. Cela constitue l'enjeu de notre recherche.

PREMIÈRE PARTIE

L'élève et le monde scolaire : du rapport à l'« objet scolaire »

CHAPITRE PREMIER

La relation pédagogique comme triple rapport à l'école, au savoir et au maître de l'élève

Vouloir apprécier l'importance du rapport au maître dans le « destin » scolaire de l'élève et la place de l'affectivité dans ce rapport conduit nécessairement à s'interroger sur la nature de ce qui a été volontiers désigné comme la relation pédagogique.

Afin d'éclaircir et de poser notre propos, nous nous arrêterons brièvement, en un premier lieu, sur la définition de trois notions : celle de relation pédagogique, celle de contrat pédagogique, et celle de contrat didactique, ces derniers vivant, en effet, au sein de la relation pédagogique.

Enfin, en un second lieu, sera développée une étude de la relation pédagogique en termes de rapport au savoir au sens large, comme triple rapport (à l'école, au savoir et au maître), par le biais des travaux de Charlot, Bautier et Rochex (1992), Beillerot, Blanchard-Laville et Mosconi (1996), Develay (1996). L'analyse du métier d'élève par Perrenoud (1994) sera intégrée à cette étude.

Nous devrions ainsi, à la fin de ce chapitre, avoir une idée claire des concepts à retenir pour aborder la relation pédagogique de façon adéquate.

1 / LA RELATION PÉDAGOGIQUE ET LES CONTRATS PÉDAGOGIQUE ET DIDACTIQUE

Postic (1979) définit la relation éducative comme « l'ensemble des rapports sociaux qui s'établissent entre l'éducateur et ceux qu'il éduque, pour aller vers des objectifs éducatifs, dans une structure institutionnelle donnée, rapports qui possèdent des caractéristiques cognitives et affectives identifiables, qui ont un déroulement, et vivent une histoire » (p. 21-22). Le caractère social, cognitif et affectif du rapport éduqué-éducateur, l'installation de ce dernier dans une institution prédéfinie, et l'élan vers des objectifs transparents et communs aux partenaires de ce rapport semblent ainsi donner à une relation sa dimension éducative. La *relation pédagogique s'instituerait,* quant à elle, *par le biais de la tâche scolaire.*

L'analyse de la transposition didactique de Chevallard (1985), ou le passage d'un savoir savant à un savoir enseigné, élabore et définit le concept de système didactique, communément appelé aussi triangle pédagogique ou triangle didactique (Houssaye, 1988).

La relation pédagogique est une rencontre entre deux partenaires aux droits et devoirs différents. Le contrat liant les partenaires de la relation pédagogique est oral et implicite. Il porte sur les tâches, les travaux et les responsabilités qui incombent à chaque membre de la relation. Si l'élève a des attitudes générales à adopter à l'égard de la vie et du travail scolaires, l'enseignant a également une attitude générale à avoir à l'égard de la profession. Ainsi, selon Jonnaert et Vander Borght (1999) : « *Le contrat pédagogique est un engagement pris par l'élève de réaliser une tâche, et un engagement pris par l'enseignant de lui fournir toutes les ressources dont il a besoin pour réaliser cette tâche.* Dans une perspective de pédagogie différenciée, les contrats individuels permettent de varier l'accès des élèves au savoir » (p. 174).

Comprendre la contrat didactique demande de s'intéresser à la relation didactique au sein même de la salle de classe lors de l'interaction entre un enseignant et ses élèves à propos d'un objet d'enseignement. C'est la prise en considération de cet objet qui devient alors essentielle : c'est ce qui différencie le didactique du pédagogique. L'idée d'un partage des responsabilités entre les acteurs de la relation didactique, la prise en compte de l'implicite et le rapport au savoir sont trois éléments importants du contrat didactique. Ce dernier a également, et bien entendu, certaines fonctions telles que :

- la création ou l'élargissement des espaces de dialogue entre les trois ensembles de variables de la relation didactique : les varia-

bles reliées à l'élève, celles reliées à l'enseignant et celles reliées au savoir ;
- la gestion d'un système de règles ;
- la compréhension de la coutume de la classe.

Ainsi, la *relation didactique est inscrite dans le temps ; le contrat didactique est localisé dans une relation didactique et gère une multitude de rapports au savoir.*

Au travers de ces premières définitions, l'enseignant et ses élèves entretiendraient donc une relation « professionnelle » dont la médiation serait la transmission du savoir, d'un individu qui « sait » vers d'autres qui « ne savent pas » encore. D'ores et déjà cependant, ne pouvons-nous pas nous demander si une telle relation est véritablement susceptible d'être dénuée de toute sensibilité, humanité ou affectivité ? Outre une relation intellectuelle de savoir, une relation d'un autre type ne s'installe-t-elle pas entre le maître et l'élève ?

2 / LE RAPPORT À L' « OBJET SCOLAIRE » (COMME TRIPLE RAPPORT) DE L'ÉLÈVE

Ce présent travail de recherche se veut une enquête sur l'expérience des élèves (Charlot, 1997), visant à situer cette expérience entre contrat didactique et métier d'élève.

Notre étude se place ainsi sur une dimension d'expérience de la vie scolaire de l'enfant ou de l'adolescent ; une vie à l'école pouvant être vécue sur un mode triplement relationnel.

Le rapport à l'école : les mobilisations à *et* sur *l'école*

Charlot, Bautier et Rochex (1992) établissent cette distinction, préférant « poser la question du sens en termes de *mobilisation* plutôt que de motivation. La motivation, en effet, risque toujours d'être comprise comme simple stimulation à agir, fonctionnant en termes de stimulus-réponse et de renforcement [...]. Pour expliquer simplement la différence entre "motif" et "mobile", "motivation" et "mobilisation", nous dirons qu'on motive quelqu'un (de l'extérieur) mais que quelqu'un *se* mobilise (de l'intérieur). Cette différence en induit une autre : la mobilisation, enracinée dans l'histoire de l'individu, a toute chance d'être plus durable qu'une motivation provoquée de l'extérieur, et donc plus ponctuelle » (*op. cit.*, p. 21).

Si certains élèves en difficulté scolaire donnent une grande importance à l'école, aux bons résultats qu'il est nécessaire d'obtenir « parce que c'est important », pourquoi ces élèves sont-ils alors en difficulté ou en échec à l'école ? Pour le comprendre, il y a lieu d'opérer une seconde distinction.

La mobilisation d'un élève sur l'école ne lui permet pas l'obtention de meilleurs résultats, tout simplement parce qu'être mobilisé *sur* l'école ne suffit pas être mobilisé *à* l'école. Un enfant mobilisé sur l'école peut l'être parce que, d'une part, ses parents lui répètent inlassablement qu'il doit travailler à l'école pour réussir ou avoir plus tard un bon métier, d'autre part, il est facile d'entendre et de croire que l'école, « c'est important ». L'enfant peut ainsi reprendre à son compte des mots, des phrases, des croyances et des idées qui ne lui appartiennent pas, mais qu'il « sait » ou croit savoir « vrais » à force de répétitions. En somme, l'enfant répète des propos sans en attraper, en savoir ou en comprendre le sens. Or, comprendre le sens ou mettre un sens sur ce que l'on apprend est l'une des clés de la réussite scolaire (Charlot *et al.*, 1992). Ainsi, si un enfant est mobilisé *sur* l'école, il peut ne pas être mobilisé *à* l'école parce que, par exemple, les copains « délirent » (et l'y entraînent aussi) ou le professeur « endort ». Ce n'est donc pas parce qu'un enfant dit que l'école est importante qu'il y travaille et y réussit forcément.

Être mobilisé *à* l'école signifie y travailler et avoir de bons résultats, sans pour autant donner une place et une importance démesurées à l'école (comme il est parfois le cas chez certains élèves en difficulté scolaire). Les « bons » élèves, sans pour autant méconnaître l'importance de la scolarité pour leur insertion professionnelle future, « se sont construits des "raisons" d'être à l'école pour ce qu'ils y apprennent, qui donnent sens et valeur aux contenus et activités d'apprentissage pour leur valeur cognitive et culturelle ici et maintenant (...).

« S'instruire et approfondir ses connaissances ou aller le plus loin possible pour avoir un bon métier et un bon avenir : tels sont les deux pôles entre lesquels se construit une large part du sens que les collégiens confèrent à leur scolarité » (Rochex, 1995, p. 130). Tout se passe en fait, et en tendance, comme si les élèves en difficulté scolaire ne donnaient du sens à leur scolarité que dans l'avenir ; pour « plus tard », leur « vie d'adulte », leur futur métier. Déjà préoccupés par le présent, ces élèves s'inquiéteraient également de leur avenir socioprofessionnel. En vivant au présent tout en gardant un œil détaché sur leur situation socioprofessionnelle à venir, les « bons » élèves ne s'encombrent pas de soucis supplémentaires. Ils abordent « une chose à la fois », commençant par celle sur laquelle ils ont le plus d'emprise au moment présent (leur scolarité). Ainsi, l'équation « bons résultats » scolaires pour un « bon métier », donc beaucoup d'argent, un « bon avenir » et une « belle vie » oublie l'enjeu même de l'école, l'acquisition de savoirs et connaissances. Cette logique de bon nombre d'enfants et d'adolescents exclut le savoir de l'expérience scolaire, « laissant la place à la simple fréquentation sinon docile du moins "sérieuse" de l'école » (Charlot, 1995, p. 55). L'école n'est plus qu'un moyen d'obtention de diplômes monnayables sur le marché du travail. Le savoir n'est plus acquis pour ce qu'il est, mais pour la valeur d'échange sociale qu'il représente, lui conférant un rôle bien moins central dans l'expérience scolaire qu'autrefois.

Bien des élèves, surtout s'ils sont en difficulté scolaire, ont du mal à donner du sens et une raison d'être à l'école et à ce qu'ils y apprennent. Refuser d'attribuer aux contenus scolaires une utilité sociale et professionnelle ne serait-il pas une chance supplémentaire de réussir en classe ?

« L'École passe en revue des savoirs démontés que les élèves ont peu fréquemment à utiliser pour construire des cohérences. Les savoirs ne sont pas vécus au futur » (Develay, 1996, p. 88). Le temps scolaire n'est donc pas vécu et compris par les élèves comme une continuité, mais « vécu au présent, sans racines avec ses conditions historiques d'émergence et sans non plus d'attention forte à un usage personnel ou social ». Dans de telles conditions de scolarité, le sens donné à l'école est rarement construit par les contenus enseignés.

Mais la perte de sens de l'école et à l'école est expliquée d'une façon autre par les élèves eux-mêmes : comment ne pas perdre son intérêt pour l'école et ce qui y enseigné alors que la réussite scolaire n'est plus aujourd'hui un gage de bien-être dans l'avenir professionnel et social de l'élève ? En effet, sans signification en eux-mêmes, « les contenus de savoir perdent alors tout sens puisqu'ils ne sont même plus soutenus par l'anticipation d'un bénéfice futur sur le marché du travail » (Charlot et Rochex, 1990, p. 45). L'évolution économique et sociale du pays a peu à peu retiré l'importance et l'intérêt accordés à l'école par les élèves. « L'École sans un futur clair perd de sa justification » (Develay, 1996, p. 89). L'étude menée par Charlot (1995) sur la signification du savoir dans la société d'aujourd'hui est tout à fait intéressante dans les explications avancées aux phénomènes de « scolarisation du social » et de « déscolarisation de l'école ». Ces phénomènes sociaux observés peuvent être analysés de deux façons différentes : il peut en effet s'agir soit d'une « emprise du scolaire sur le social », soit d'une « concurrence subie par une école qui a perdu de sa légitimité » (p. 54). L'école « déborderait » ainsi sur le social, déversant un savoir dit autrefois scolaire sur la société ou, au contraire, perdant de sa légitimité et de sa portée pédagogique au profit d'une société de plus en plus avide de savoir sous des formes très diverses (informatique, télévision, radio, livres, etc.), l'école perdrait également de son bien-fondé, de son « exclusivité » de dispense et de divulgation d'un certain savoir. Quelle que soit l'interprétation de ces phénomènes, leur simple constatation révèle cependant une réelle « porosité croissante des limites matérielles et symboliques entre l'école et le hors-école », ayant notamment comme autre conséquence la pénétration progressive de la violence à l'école (Rochex, 1996, p. 9).

Force est de constater que l'école est rarement prise seulement pour ce qu'elle enseigne, pour les jeux intellectuels et les connaissances qu'elle propose, sans lien direct et explicite avec l'avenir socioprofessionnel des élèves. Une fonction de formation professionnelle est attribuée à l'école, l'assimilant à un lieu professionnel, telle une administration ou une entreprise, dans laquelle les « employés » sont les élèves : l'enfant est perçu comme un professionnel à l'école.

Le rapport au savoir : notion et construction

La famille et la construction du rapport au savoir

La notion de rapport au savoir fut (ou est) essentiellement étudiée par Beillerot, Blanchard-Laville et Mosconi (1996), Blanchard-Laville, Beillerot *et al.* (1989), Charlot, Bautier et Rochex (1992) et Develay (1996).

Selon Blanchard-Laville *et al.* (1989), ainsi que selon Beillerot *et al.* (1996), « le "rapport au savoir" est le processus par lequel un sujet, à partir des savoirs acquis, produit de nouveaux savoirs singuliers qui lui permettent de penser, de transformer et de sentir le monde naturel et social. C'est-à-dire que le "rapport au savoir" réfère à un sujet désirant, avec ses dimensions conscientes et inconscientes, mais aussi ses dimensions groupales et sociales » (p. 99 et 151). Le rapport au savoir n'est donc pas un état mais un processus, c'est-à-dire un développement (une évolution) temporel de phénomènes marquant chacun une étape, et ne s'acquiert donc pas une bonne fois pour toutes.

Charlot *et al.* (1992), Beillerot *et al.* (1996), Blanchard-Laville *et al.* (1989) et Develay (1996) reconnaissent « [qu']il ne faut jamais oublier que le rapport au savoir de l'élève à l'École tire ses origines du rapport au savoir qu'il a vécu antérieurement, dans sa famille notamment » (Develay, 1996, p. 46). Ainsi, l'élève arrive à l'école avec une conception et une approche du savoir qui lui sont propres, (pré)construites à la maison, dans son entourage familial, mais pas uniquement. Mosconi (*in* Beillerot *et al.*, 1996) explique qu'étudier le rapport au savoir, et sa constitution chez et par l'enfant, dans le cadre de la famille, permet également de le comprendre comme processus social et non comme processus individuel et interpersonnel. La famille, au centre de processus interpersonnels est aussi « sous l'influence de facteurs macro-sociologiques, économiques, culturels et idéologiques ». Dans cet entourage familial, influencé par diverses sphères (économiques, culturelles...) propres à toute société, l'enfant se construit donc son propre rapport au savoir. Mais comment et à partir de quel processus, cheminement ou événement l'enfant se construit-il son rapport au savoir ?

Le désir des parents de voir poindre l'intelligence de leur enfant et le plaisir de le voir s'éveiller au monde et développer ses facultés jouent un rôle très important dans le développement du désir de savoir de l'enfant et de « l'investissement par l'enfant des activités perceptivo-motrices et cognitives » (Mosconi, *in* Beillerot *et al.,* 1996, p. 106). Mais les parents ne jouent pas seuls ce rôle de stimulateur. Les autres membres de l'entourage familial proche (frères et sœurs) ou ceux de la famille élargie (grands-parents, oncles et tantes) tiennent également une place dans la construction du rapport au savoir de l'enfant.

Ces individus, adultes ou plus jeunes, jouent un rôle tout aussi important, à la fois par les possibilités relationnelles et interactionnelles qu'ils offrent et constituent, et par les modèles d'identification qu'ils proposent à l'enfant.

C'est dans ce « milieu psychique et culturel commun, à la fois conscient et inconscient » (Mosconi, *in* Beillerot *et al.,* 1996, p. 111) que l'enfant se construit et élabore son rapport au savoir, créant son propre savoir grâce aux relations et interactions qu'il vit et entretient avec ses parents, ses frères et sœurs, ainsi que les autres membres de son entourage. Cette « création » de savoirs, et donc cette construction d'un certain rapport au savoir, se fait à partir de la culture partagée par la famille d'une part, et à partir « des fantasmes et des mythes familiaux » (p. 111) d'autre part.

Or chaque famille entretient avec le savoir un rapport tout particulier : « Il est des familles qui consomment avec boulimie du savoir alors que d'autres en sont anorexiques et d'autres gourmets » (Develay, 1996, p. 46). Certaines familles « fuient » en effet le savoir parce qu'elles le jugent éloigné de leur culture. Elles entretiennent alors avec le savoir un rapport mince, voire inexistant, le considérant trop éloigné de leur vie quotidienne. Cet évitement du savoir permet ainsi de conserver son identité. D'autres familles consomment au contraire le savoir goulûment, « dans le but de se particulariser et de se distinguer d'autres milieux » (p. 46). D'autres familles enfin, plus modérées, consomment le savoir avec parcimonie, minutie et délicatesse, entretenant un rapport « utilitaire » au savoir. Elles cherchent ainsi seulement « à l'apprivoiser quand il leur est utile pour agir ; le savoir, oui, mais à condition qu'il soit fonctionnel, qu'il serve à quelque chose » (p. 46).

La famille et le rapport « social » au savoir

La notion de rapport « social » au savoir est explicitée par Mosconi (*in* Beillerot *et al.*, 1996) : dans notre société divisée en classes, « le » savoir commun « auquel accède le sujet est plutôt un savoir commun à sa classe ou à son milieu qu'un savoir réellement commun à tous les membres de la société » (p. 96). Ainsi selon Tanguy (1983), « les inégalités entre groupes et classes sociales [auraient résisté] à l'extension de la scolarisation et à des changements institutionnels » (p. 229), telle que la création du collège unique en France, par exemple.

L'individu serait alors « enfermé » dans des sphères sociales dans lesquelles une forme de savoir, particulier au niveau social de cette sphère, tournerait et évoluerait. L'individu aurait de plus seulement accès au savoir de *sa* sphère, celle-ci engendrant un rapport au savoir particulier, marqué d'une certaine appartenance sociale. L'accession aux savoirs et leur appropriation « marque[raient] toujours une place de classe » (Beillerot, 1979, p. 47), conférant au rapport au savoir une dimension sociale. Ainsi la différence est significative entre les élèves issus de milieux socio-économiques aisés ou défavorisés dans leur façon d'appréhender le savoir (Charlot, Bautier et Rochex, 1992).

Lorsque les élèves issus de familles populaires parlent de l'école et du savoir, ils espèrent « aller le plus loin possible » dans le cursus scolaire puis universitaire. Cela signifie pour eux se plier aux exigences de l'école et faire « ce qu'on leur demande ». « Le rapport de ces élèves au savoir n'est pas rapport à un objet ayant une existence et une valeur propre, mais rapport à l'institution scolaire, et, au-delà, rapport à l'avenir » (Charlot, Bautier et Rochex, 1992, p. 101).

De leur côté, les élèves issus de familles aisées ont comme première référence le savoir lui-même. Ils vivent un réel rapport au savoir, voire un rapport au Savoir et entretiennent véritablement avec ce dernier un rapport à un objet (contrairement aux élèves issus de familles de milieux socio-économiques plus modestes). « Certes, ils ne visent pas une culture "gratuite" : pour eux aussi, l'école est le lieu où l'on assure l'avenir. Mais pour accéder à cet avenir, il faut apprendre, savoir, réfléchir » (*op. cit.*, p. 101).

Le *rapport au savoir de l'élève s'inscrit donc dans son histoire individuelle et familiale, faisant de ce rapport au savoir un rapport social* (Charlot et Rochex, 1990). C'est pourquoi une analyse de la relation pédagogique en termes de relation purement intellectuelle est à coup sûr insuffisante. On ne peut occulter la densité du social.

Le sens (comme signification), la famille, la sphère sociale et le rapport au savoir

Ne pouvons-nous pas ici penser en termes de « sens » pour expliquer ou, tout au moins comprendre, cette différence de rapport au savoir entre les élèves issus de milieux familiaux socio-économiques hétérogènes et (comme nous le verrons ultérieurement) ayant des niveaux de résultats scolaires divers ?

Le rapport au savoir est, d'une part, « rapport à des processus (l'acte d'apprendre et ce qui peut spécifier cet acte) et à des produits (les savoirs comme compétences acquises et comme objets culturels, institutionnels, sociaux) ». Il est, d'autre part, « à la fois relation de sens et relation de valeur » (Charlot, Bautier et Rochex, 1992, p. 29). L'individu attribue ainsi du sens à ce qui, pour lui, a de la valeur et, inversement, valorise ce qui, pour lui encore, fait sens. Cette distribution, donation ou reconnaissance de sens et de valeur à l'objet « savoir » dépend de l'identité même de l'individu, celle-ci se construisant et se façonnant bien souvent dans un certain cadre familial et social. Le rapport au savoir d'un enfant s'élabore donc bien avant que cet enfant soit un élève, c'est-à-dire en amont de son entrée à l'école. C'est dans l'entourage familial que l'enfant pose son premier regard sur le savoir : ce contact initial influencera, voire conditionnera la construction de ses rapports à l'école et au savoir futurs. « Les jeunes enfants qui arrivent pour la première fois de leur vie dans une école ont [donc] déjà des représentations du métier d'élève (et du métier d'enseignant), à travers leurs parents, leurs aînés, les histoires, les films, etc. » (Perrenoud, 1994, p. 171). L'enfant n'arrive pas vierge et « épargné » d'une certaine façon de voir, d'appréhender, d'approcher ou de considérer l'objet « savoir » : « Le rapport au savoir se construit dans des rapports sociaux de savoir » (Charlot, 1997, p. 100). L'enfant se construit donc à la maison un « filtre interprétatif » du savoir dispensé à l'école, avec l'aide consciente ou inconsciente de ses parents.

3 / LE MÉTIER D'ÉLÈVE

Le terme de « sens » peut être défini comme une « idée intelligible à laquelle un objet de pensée peut être rapporté et qui sert à expliquer, à justifier son existence » (*Le Petit Robert,* 1996, p. 2072). Et l'existence de celui qui l'utilise, en fait usage, rejoignant ainsi le raisonnement de Perrenoud (1994) à propos de l'école et du métier de l'élève : « Les moyens d'existence ne se limitent pas à des ressources matérielles. Pour exister, nous dépendons des autres d'une façon plus fondamentale encore : nous avons besoin qu'ils nous reconnaissent une *identité*, une utilité, le droit d'être ce que nous sommes, de faire ce que nous faisons. Ces moyens d'existence-là, l'enfant et l'adolescent les tirent largement de leur métier d'élève » (p. 13).

Effectivement, lorsqu'un adulte cherche à faire connaissance avec un enfant, ne lui demande-t-il pas en quelle classe il est et s'il travaille bien à l'école ? L'école semble bien être la « fonction » de l'enfant. C'est par elle que l'enfant est appréhendé et c'est de la même manière que l'on procède en demandant à un adulte sa profession, indice de « situation » sociale, professionnelle, voire personnelle de l'individu.

Cependant, le travail scolaire n'est pas semblable aux autres, « parce qu'il n'a pas d'utilité immédiate visible, au sens où ce qu'il produit rendrait service à quelqu'un, réglerait un vrai problème ou enrichirait un patrimoine. Sa principale raison d'être, en principe, est de consolider les apprentissages. En pratique, il a encore pour fonction d'occuper et de discipliner les élèves. Mais cela ne suffit pas à lui donner un sens » (Perrenoud, 1994, p. 60). Il est certain qu'une large part des élèves n'a pas conscience d'apprendre et, surtout, d'exercer un métier en allant à l'école. De plus, vivant au présent son parcours scolaire, souvent intensément, intimement (même s'il ne le laisse pas forcément paraître), l'élève n'est certes pas en mesure de prendre du recul par rapport à sa scolarité et de l'analyser d'une pareille façon. Les recherches en sciences de l'éducation ont cependant montré que les élèves les plus en difficulté scolaire tendent à réduire leur scolarité au simple exercice du « métier d'élève », alors que ceux en réussite scolaire adoptent une logique et une activité d'apprentissage en s'appropriant véritablement les savoirs et la culture (Rochex, 1996) : « Cela signifie que, pour nombre d'élèves en difficulté scolaire, le travail requis pour l'apprentissage semble se réduire au suivi des consignes scolaires et à l'observance des règles de comportement » (p. 10). Ces élèves perçoivent le travail scolaire non comme une activité, mais comme une tâche. L'activité scolaire se résume, pour eux, à un ensemble de tâches « parcellaires ». Ces élèves semblent dans l'incapacité de voir au-delà et d'appréhender les disciplines scolaires et contenus d'enseignement selon des « principes généraux tenant de [leur] spécificité ». Bien au contraire, les élèves qui se situent dans une logique d'activité et d'apprentissage appréhendent les divers exercices et moments de la vie scolaire comme le « contexte d'une activité cognitive » et intellectuelle « dont ils identifient l'objet et le registre spécifique au-delà du strict suivi de la consigne, et au cours de laquelle ils font bien souvent plus que ce que demandent l'enseignant ou la tâche, cette valeur ajoutée, cet excédent pragmatique leur permettant de reconnaître et de s'approprier les savoirs dans leur cohérence et leur globalité » (*op. cit.*, p. 10).

Il est bien évident que ces deux modes d'interprétation de l'expérience du travail scolaire engendrent différentes façons de travailler à l'école ; au niveau non seulement du travail proprement intellectuel, mais également de l'apprentissage et des acquisitions cognitives, des rapports à l'école (ses buts et ses objets) et aux acteurs de l'école (l'enseignant notamment). L'exercice du métier d'élève peut donc se faire à différents degrés d'intensité. Or, il semble bien que les élèves en difficulté scolaire soient ceux qui exploitent le mieux cette activité (peut-être parce qu'elle est la seule qu'ils sachent exploiter), vivant leur expérience scolaire quelque peu en retrait des activités d'apprentissage et d'acquisition des savoirs. En faisant ce qui leur est demandé, en suivant les consignes professorales, ces élèves se fondent dans les moments scolaires sans déranger le déroulement de l'enseignement, mais n'entrent nullement dans une logique d'activité et d'apprentissage. Ils ne font que « s'absenter » dans leur métier d'élève, sans véritablement investir le savoir et l'école.

Cette conception de l'école et du travail scolaire est également tout à fait intéressante pour comprendre la manière dont les élèves construisent et vivent un certain rapport stratégique au savoir, c'est-à-dire choisissant les matières dans lesquelles ils décident de travailler et délaissant les autres, en fonction de l'importance qu'ils accordent à chacune d'elle pour leur prochaine orientation. C'est ainsi que s'opère une hiérarchisation des disciplines scolaires (Monteil, 1989).

Quand bien même, « faire du bon travail, à l'école, c'est faire un travail que l'on n'a pas choisi et auquel on ne prend pas nécessairement beaucoup d'intérêt » (Perrenoud, 1994, p. 60).

La notion de sens ici abordée permet surtout de comprendre son importance et la justification que l'élève peut donner à un acte ou, en l'occurrence ici, à une institution. La question du sens se révèle donc centrale dans le rapport à l'école que vit l'enfant. Charlot, Bautier et Rochex (1992) définissent le rapport à l'école « comme une relation de sens, et donc de valeur, entre un individu (ou un groupe) et l'école comme lieu, ensemble de situations et de personnes » (p. 29).

Mais l'école n'est pas une institution creuse : entre autres, des savoirs y sont enseignés, des individus, adultes et enfants, y évoluent.

Le rapport au maître (comme relation de pouvoir)

Dans le cadre des premières rencontres, la relation que vit l'enfant avec son enseignant est plus institutionnelle (planifiée, écrite et établie par les lois nationales et le règlement intérieur de l'institution scolaire) qu'humaine. Aborder le rapport au maître de ce point de vue demande, notamment, une compréhension de la notion de pouvoir.

Un « pouvoir socialement et institutionnellement défendu de l'enseignant sur l'élève ne peut qu'influencer leur relation » (Hess et Weigand, 1994, p. 14), faisant apparaître l'asymétrie de cette dernière.

« Des enfants muets, figés dans leur solitude, face à un maître qui détient tous les pouvoirs. Législatif : il détermine l'ensemble des notions que les enfants doivent acquérir ; il décide de la répartition du travail dans l'année et de la façon dont les enfants doivent l'accomplir. Exécutif : il a le pouvoir d'imposer l'apprentissage de ces notions ; personne ne peut bouger ou parler sans son autorisation. Judiciaire : il contrôle connaissance et discipline ; distribue félicitations, encouragements et punitions. Le 20 octobre 1917 Éd. Claparède écrivait : "Une classe d'école n'est en rien l'image d'une république en miniature ; c'est au contraire, en petit, une monarchie absolue : d'un côté, un maître, un régent à pouvoirs absolus, de l'autre, des sujets dont les désirs personnels ou l'initiative sont restreints au minimum" » (Imbert (éd.), 1976, p. 41).

Cependant, dès la fin des années 1960, la relation pédagogique scolaire gagne en démocratie : de façon générale et nationale, dans les établissements scolaires français notamment et, de façon plus expérimentale et confidentielle, avec l'émergence de nouvelles approches et de nouveaux courants éducatifs et pédagogiques, tels que les pédagogies institutionnelle, rationnelle ou existentielle et humaniste (Dupont et Vilain, 1985 ; Hess et Weigand, 1998). La relation pédagogique reste donc asymétrique, mais devient bien plus démocratique.

L'évolution du métier d'enseignant et les transformations du système scolaire seraient mêlées. Alors que l'enseignement secondaire était autrefois réservé à une élite sociale et scolaire, il accueille aujourd'hui une population plus importante, il est « le lieu d'une éducation plus massive et extensive » (Felouzis, 1997, p. 161). En effet, si l'ensemble d'une classe d'âge est scolarisé lors des deux premières années de collège, plus de la moitié des élèves entrés en sixième atteignent la classe de seconde d'enseignement général. Selon Felouzis (1997), la démographie scolaire a ainsi connu une « véritable révolution » (p. 162) au cours des trente années passées. Cette « révolution » démographique a eu, bien évidemment, de grandes conséquences sur :

- les acteurs du système et de l'institution scolaires ;
- la vie des établissements ;
- le rapport à la culture scolaire.

De façon évidente, les relations entre enseignants et élèves, comme celles, d'ailleurs, entre adultes et enfants, ont véritablement évolué vers moins de formalisme.

Cette évolution n'a cependant pas que des conséquences souhaitées et prévues. Tel en est le cas en ce qui concerne la crise de l'autorité enseignante. Certaines recherches ethnographiques ont étudié les stratégies enseignantes visant à la conduite d'une leçon et au maintien de l'ordre en classe, « cet ordre qui paraît nécessaire [...] à l'objectif officiel de l'école : enseigner, transmettre des connaissances, un savoir ». Elles ont montré que « sous la pédagogie "officielle" ayant pour but la transmission du savoir, il existe une "pédagogie cachée" qui consiste purement et simplement à tenter de survivre » (Hess et Weigand, 1994, p. 82). Des stratégies de « survie enseignante » (Woods, 1990, cité par Hess et Weigand, 1994) afin de poursuivre l'enseignement malgré ses conditions : nombre d'élèves par classe et public présent par obligation au moins jusqu'à l'âge de 16 ans. Par exemple, l'une de ces premières stratégies est la « socialisation » : elle consiste à tenter « de façonner le comportement des élèves de telle sorte qu'il ne provoque pas d'imprévu, à inculquer aux élèves une "culture scolaire" de docilité (contre leur culture initiale "sauvage"), à dépouiller leur personnalité des composantes contraires à la scolarisation » (*op. cit.*, p. 82).

Les élèves n'étant pas tous « demandeurs » en matière d'apprentissages et de connaissances, les enseignants en sont donc venus à penser d'abord à survivre avant d'enseigner ou d'éduquer. La crise de l'autorité enseignante a fait de ces stratégies de survie une composante essentielle du métier d'enseignant. C'est dans ce contexte – celui de l'école de masse et des nouveaux public scolaires – qu'il nous faut :

- penser la relation pédagogique ;
- tenter d'apprécier l'importance du rapport au maître et la part de l'affectivité dans ce rapport.

Les pages qui précèdent ont permis une première appropriation des notions qui, tout au long de ce travail, serviront à comprendre les fondations sur lesquelles se construit la relation maître-élève en classe : relation pédagogique, contrat pédagogique et contrat didactique d'une part, rapports au savoir, à l'école et au maître et métier d'élève d'autre part.

Ces pages ont également permis une spécification du travail que nous avons entrepris : une enquête sur l'expérience des élèves (Charlot, 1997), visant à situer cette expérience entre contrat didactique et métier d'élève. Le vécu et l'expérience scolaire de l'enfant ou de l'adolescent sont donc, dans ce travail, au centre de nos préoccupations.

Ce premier chapitre a décrit principalement une relation « professionnelle » entre le maître et ses élèves ; relation dont la médiation serait la transmission du savoir, d'un individu qui « sait » vers d'autres qui « ne savent pas » encore. Cependant, l'introduction des notions de rapports à l'école, au savoir et au maître laisse présager l'existence « d'autre chose », c'est-à-dire d'une dimension moins « professionnelle », dans la relation maître-élève.

« Loin d'exclure la médiation du savoir [...], la demande affective des élèves est dans l'ensemble fondamentalement tributaire de leur demande de savoir. [...] La demande affective se constitue soit comme désir d'une possibilité de dialogue affranchie des barrières imposées par la situation scolaire, [...] soit encore comme recherche de liens privilégiés, d'un soutien affectif nécessaire pour rompre l'isolement vécu dans le cadre scolaire [...]. Dans un sens comme dans l'autre, la demande vise une relation *extra-muros,* hors du champ constitué. Elle se fonde sur la représentation d'un rapport maître-élève vécu globalement comme déshumanisé et déshumanisant » (J. Filloux, 1974, p. 247). La demande des acteurs d'humaniser la relation pédagogique serait-elle la conséquence d'une absence de « relationnel » dans la définition même (et la représentation) de cette relation ? On peut ainsi penser que l'affectivité va tenir une grande place dans le rapport au maître...

CHAPITRE II

L'affectivité, d'un point de vue psychologique, dans le rapport au maître

Selon Felouzis (1997), « la relation entre élèves et professeurs constitue un véritable lien intersubjectif fortement marqué par l'affectivité » (p. 1-2). Si une telle affirmation n'est pas évidente au regard des nombreux écrits officiels, les recherches (Nimier, 1976 ; Compas, 1988, 1991 ; Perron, 1991 ; Altet, 1994 ; Houssaye, 1995 ; Felouzis, 1997 ; Lafortune et Saint-Pierre, 1998) portant sur la place de l'affectivité en classe et dans la relation pédagogique s'accordent néanmoins sur son importance dans les acquisitions scolaires des élèves et leur rapport au maître.

Ce chapitre propose une étude du terme « affectivité » du point de vue psychologique. Il s'agira de définir ce terme à l'aide de cinq composantes : la motivation, la confiance en soi, les attitudes, les émotions, et l'attribution. Ce plan d'analyse de l'affectivité par le biais de cinq composantes est directement issu des travaux de Lafortune et Saint-Pierre (1998), s'appuyant elles-mêmes sur les recherches de Martin et Briggs (1986) et leur élaboration d'une terminologie du domaine affectif.

1 / LA MOTIVATION

La motivation correspond à ce que l'on veut faire par opposition à l'habileté ou à la compétence qui correspond à ce que l'on sait faire. La motivation serait à la fois « extérieure » et « intérieure » à l'action : « extérieure » dans le sens où elle la précède et

« intérieure » dans le sens où elle la détermine. La motivation est « l'énergétique » des conduites, c'est-à-dire une force faite d'envie, de besoin, de désir et de volonté qui, lui donnant l'énergie nécessaire, pousse et amène le sujet à viser un objectif, à accomplir une tâche. « Elle détermine souvent la conduite d'un individu » (Lafortune et Saint-Pierre, 1998, p. 27). Si la motivation est ce que l'élève veut faire et non ce qu'il sait faire, elle tient une place d'importance dans l'investissement scolaire. L'élève est en effet estimé ne pas savoir ou savoir faire ce qu'il vient apprendre ou acquérir à l'école : ce que l'élève voudra faire et apprendre sera alors à mettre sur le compte de sa motivation. Toutefois, il est bien évident que la motivation n'assure pas à l'élève un parcours scolaire sans difficulté. Abordant la motivation scolaire en termes de mobilisation scolaire, les travaux de Charlot, Bautier et Rochex (1992), nous l'avons vu, montrent à quel point l'investissement scolaire pour la réussite est non seulement multiple et complexe, mais pose également en permanence la question du sens de l'école.

La psychologie distingue deux modes de motivation : la motivation extrinsèque, « provoquée par une force extérieure à l'apprenant, c'est-à-dire lorsqu'elle est obtenue par la promesse de récompenses, ou par la crainte de sanctions venant de l'extérieur » ; et la motivation intrinsèque, qui « dépend de l'individu lui-même. L'individu se fixe ses propres objectifs, construit des attentes, et le renforcement est obtenu par l'atteinte des objectifs qu'il s'est lui-même fixés » (Raynal et Rieunier, 1997, p. 239). S'il est vrai que ces deux types de motivation sont complémentaires (alors que l'immédiateté et le caractère impressionnant particularisent les résultats obtenus par motivation extrinsèque, la profondeur et la durée caractérisent ceux obtenus par motivation intrinsèque (Lafortune et Saint-Pierre, 1998)), leur complémentarité ne semble cependant pas être définitive. « Si l'une des finalités de l'éducation consiste à former des "adultes autonomes et responsables", c'est-à-dire à former des individus qui agissent à partir de leur propre échelle de valeurs, il faut privilégier les motivations intrinsèques. »

Cependant, pour qu'un individu apprenne à se créer « des systèmes de motivation et de renforcement personnels, pour qu'il apprenne à définir ses propres objectifs, à construire des stratégies pour les atteindre, à être satisfait lorsqu'il a atteint ses objectifs et à ne pas renoncer en cas d'échec, il faut d'abord qu'il fasse – impérativement – de multiples expériences de succès soutenues par de motivations extrinsèques et de renforcements externes » (Raynal et Rieunier, 1997, p. 239). L'apprenant devra par la suite apprendre à se détacher des renforcements extérieurs pour avancer et vivre indépendamment des pressions (encouragements ou dissuasions) externes. À ces renforcements qui, dans un premier temps, l'ont aidé au développement d'un sentiment de compétence personnelle, devra peu à peu succéder une autonomie, acquise au fil des apprentissages et donc de la construction de soi, qui l'amènera à l'âge adulte. Ainsi, en matière d'éducation, la motivation intrinsèque semble devoir être privilégiée à la motivation extrinsèque dès lors que l'enfant atteint une certaine autonomie de décision afin de favoriser son développement et son épanouissement personnel.

Un apprentissage efficace et significatif demande donc l'engagement de toute la personne. Houssaye (1995) souligne encore qu' « il n'y aura accès à l'expérience personnelle que si l'éducateur a su mettre en place des conditions relationnelles affectives satisfaisantes, c'est-à-dire non défensives » (p. 25). L'apprentissage et les conditions de motivation qu'il demande reposeraient donc, dans un premier temps, sur les primes expériences relationnelles scolaires et sur la relation de confiance que l'enseignant aura su établir entre lui et chacun de ses élèves.

2 / LA CONFIANCE EN SOI

Selon Lafortune et Saint-Pierre (1998), « la confiance en soi naît de la représentation que l'individu a de lui-même par rapport à sa capacité d'accomplir la tâche. C'est une notion reliée à l'estime de soi, laquelle résulte du concept de soi » (p. 29). La confiance en soi serait ainsi issue de la représentation de soi, au regard de l'accomplissement d'une activité ou d'une tâche. De la représentation de soi (terme appartenant aux domaines de la psychologie et de la psychanalyse) dépendrait la confiance en soi, elle-même en lien avec l'estime de soi, elle-même native du concept de soi (terme appartenant plus particulièrement aux auteurs de langue anglaise, et au domaine du cognitif). Ruel (1987) précise que le concept de soi se construit à travers les expériences quotidiennes et les comparaisons effectuées entre soi et les autres. Les expériences journalières sont soumises à :

- leur perception subjective ;
- leur interprétation, tout aussi subjective, en succès ou échec ;
- leur confrontation aux caractéristiques auto-attribuées ;
- l'influence des perceptions d'autrui (ou plutôt l'idée que l'on s'en fait) ;
- leur comparaison avec notre perception (subjective) des expériences des autres.

L'ensemble de ces opérations aboutit à l'élaboration d'une certaine synthèse, telle une image de soi dans un champ d'expérience donné. L'émergence d'un sentiment général de soi traduisant une plus ou moins grande estime de soi, ou appréciation de soi affective (valeur de soi), dépendrait des tendances positive ou négative du jugement personnel émis sur l'image de soi.

Les termes d'image de soi et de valeur de soi semblent ainsi étroitement liés dans leur définition. Legendre (1993) définit l'estime de soi comme la « valeur qu'un individu s'accorde globalement ». Elle fait appel à « la confiance fondamentale de l'être humain en son efficacité et sa valeur » (p. 560). Elle est en mesure de transformer le concept de soi, d'augmenter la confiance de l'individu en ses capacités. En situation scolaire et pédagogique, elle se nomme « le moi scolaire, [celui-ci] est directement relié à la réussite ou non des apprentissages » (p. 560).

La représentation de soi peut être comprise en un double sens : l'idée que l'on se fait de soi, et l'idée que l'on se fait de soi en représentation (Perron, 1991). Le terme est, en effet, véritablement polysémique. Il nous semble opportun de garder à l'esprit, tout au long de la lecture de ce travail, ces deux possibles définitions de la représentation de soi.

De la représentation de soi naît la confiance en soi. Elle est un « sentiment [faisant] que l'on se fie à soi-même », que l'on s'en remet à soi (*Le Petit Robert,* 1996, p. 437). Elle est une assurance envers soi, et « s'acquiert à un premier niveau par l'expérience du succès » (Perron, 1991, p. 30).

D'aucuns établissent la relation causale suivante :

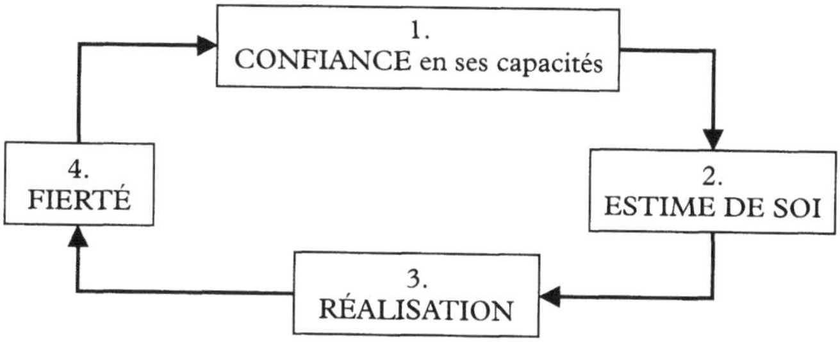

Fig. 1. — Le développement de l'estime de soi

(D'après Branden, cité par Lafortune et Saint-Pierre, 1998, p. 30)

L'estime de soi suivrait la confiance en soi, précédant la réalisation d'une tâche et la fierté (contentement, satisfaction) liée à cette dernière. Ainsi, une certaine confiance en soi conditionnerait la qualité de la réalisation d'une tâche, via l'estime de soi. La fierté consécutive à cette réalisation dépendrait de la réalisation elle-même. Ce schéma indiquerait une chronologie entre la confiance en ses capacités (1), l'estime de soi (2), la réalisation (3) et la fierté (4). Or, il nous semble intéressant ici d'avancer que les quatre maillons de cette chaîne constitutifs de ce schéma peuvent se défaire d'une chronologie. En effet, chacun de ces quatre maillons paraît pouvoir enclencher le mécanisme global décrit ici. Par exemple, la réalisation d'une tâche, ou d'une activité, et son interprétation en succès est susceptible d'entraîner une certaine fierté, elle-même susceptible d'avoir des conséquences positives sur la confiance de l'individu en ses capacités, et donc sur son estime de soi. Ainsi, la confiance en ses capacités d'un individu ne serait pas seule l'amorce de l'ensemble du mécanisme proposé dans ce schéma : chaque maillon de celui-ci pourrait permettre la mise en marche totale du mécanisme.

3 / L'ATTITUDE

« Une attitude est un "état d'esprit" (sensation, perception, idée, conviction, sentiment, préjugé...), une disposition intérieure acquise à l'égard de soi ou de tout élément d'un environnement (personne, chose, situation, événement, idéologie, mode d'expression...) qui incite à une manière d'être ou d'agir favorable ou défavorable » (Legendre, 1993, cité par Lafortune et Saint-Pierre, 1998). L'attitude dessine les impressions, les *a priori* et les croyances intimes du sujet. Elle lui souffle des positionnements obscurs dont l'explication ne pourra pas toujours être donnée par la sujet adoptant telle ou telle attitude. L'attitude est souterraine et non consciente jusqu'à ce qu'un tiers ne nous la fasse remarquer. Elle est adoptée sans arrière-pensée ou intention. Elle est une perception de voir, de penser, d'appréhender des événements particuliers, tels que l'expérience ou le travail intellectuel scolaires. L'enfant peut donc arriver à l'école avec déjà une attitude favorable ou défavorable à l'égard de l'institution elle-même ou de certaines disciplines enseignées. L'attitude et la motivation sont sans aucun doute en interrelation.

D'une part, les caractères interne ou externe de la motivation sont déterminants dans la ténacité temporelle de celle-ci. De plus, la motivation externe, bien que très probablement moins prégnante que la motivation interne, peut être effective par l'intervention d'un tiers, par exemple. D'autre part, le caractère souterrain de l'attitude demande l'intervention d'un tiers pour prendre conscience de celle-ci. L'interrelation entre l'attitude et la motivation tiendrait au fait que la seconde peut être susceptible de modifier la première, comme la première peut être à même d'altérer la seconde.

Un changement d'attitude est possible, soit sous l'influence d'un tiers, soit par volonté personnelle. « Il semble bien qu'il existe une variation interindividuelle de l'aptitude à se laisser influencer qui serait étroitement liée, selon certains auteurs, à l'estime de soi » (Thomas et Alaphilippe, 1983, p. 82-83). L'acceptation d'un changement d'attitude par un sujet poserait l'estime de soi en rôle d'indice de stabilité de la personne. Si changer d'attitude peut être un signe d'intelligence selon certains adages, il peut indiquer aussi une faiblesse dans la valeur que le sujet s'attribue. Ne pas s'estimer justement, c'est souvent se sous-évaluer et, par la même, surestimer l'autre, ce qui se traduit par une perte de confiance en soi et une réceptivité accrue à l'influence de l'autre. Pour qu'un changement d'attitude ne puisse pas être imputé à une estime de soi faible ou défavorable, celui-ci doit avant tout s'opérer sous sa propre influence et par sa propre volonté. Le changement d'attitude d'un élève à l'égard de l'enseignement en général ou de certaines disciplines en particulier pourrait avoir lieu si l'enseignant parvenait à bousculer sa « disposition, état d'esprit, [acquis] à l'égard de quelqu'un ou de quelque chose. [Tels un] ensemble de jugements et de tendances qui pousse à un comportement » (*Le Petit Robert*, 1996, p. 152). Cette déstabilisation intérieure provoquée par le maître pourrait avoir un effet de remise en cause de ses attitudes, une amorce de leur évolution et un début de motivation. L'enseignant ne tiendrait pas ici le rôle de celui qui influence, mais de celui qui se pose en détonateur et en aide à une prise de conscience individuelle et personnelle des élèves : une aide à l'accession à l'autonomie.

4 / LES ÉMOTIONS

« Une émotion est une réaction affective, heureuse ou pénible, se manifestant de diverses façons (Sillamy, 1980). Plusieurs émotions de base ont été identifiées telles que la peur, la colère, la joie, la tristesse, la surprise, le dégoût et la détresse (Martin et Briggs, 1986) » (Lafortune et Saint-Pierre, 1998). D'autres émotions telles que l'anxiété, l'inquiétude et le malaise sont ajoutées et définies par Lafortune et Saint-Pierre (1998).

L'émotion n'apparaît qu'en réponse à un stimulus, de façon prévisible ou non. Elle naît de l'interprétation de la situation et non de la situation elle-même, ceci impliquant une « relation de dépendance entre les émotions et la cognition » (Dantzer, 1988, p. 12). La cognition intervient en effet dans la compréhension et la signification que le sujet donne à ce qu'il vit, voit et entend. C'est ainsi qu'un même événement est très rarement vu ou vécu pareillement par plusieurs individus. C'est ainsi aussi qu'une même heure de cours est vécue, suivie ou supportée différemment selon les élèves. L'émotion en appelle à leur réalité et leur quotidien, c'est-à-dire à leur vie en dehors de l'enceinte de l'établissement scolaire : « Mais l'émotion peut être plus qu'une simple réaction pour constituer une véritable attitude, une évaluation de ses propres états en rapport éventuellement avec autrui, juge et partie » (Dantzer, 1988, p. 10). L'émotion peut ainsi être un indicateur, une aide pour se positionner par rapport aux autres : suis-je plus ou moins émotif que lui ou elle ? Ce que l'on me dit ou fait m'affecte plus que lui ou elle ? Ce que je viens de vivre me trouble plus que lui ou elle ? Cette échelle de comparaison permet donc un positionnement par rapport à autrui, un « classement émotionnel » indicateur de son propre état affectif actuel suite à une émotion.

En milieu scolaire, les émotions susceptibles d'être ressenties par les élèves sont, dans la plupart des cas, la joie, l'anxiété, l'inquiétude, le malaise, la peur, la colère, la tristesse, le dégoût (ou le découragement) et la détresse.

Les émotions positives provoquées par la vie et le travail scolaires semblent appartenir essentiellement au registre de la joie (du contentement) et de ses différents degrés et formes.

Par contre, les émotions négatives provoquées par la vie et/ou le travail scolaires semblent bien plus riches et nombreuses. L'anxiété serait la plus répandue : elle est « un état affectif caractérisé par un sentiment d'inquiétude, d'insécurité et de troubles physiques diffus vis-à-vis d'un danger indéterminé devant lequel on se sent impuissant » (Sillamy, 1980 ; cité par Lafortune et Saint-Pierre, 1998, p. 25). La conséquence première de l'anxiété ressentie par un élève en situation d'apprentissage est sa perte de moyens et donc d'efficacité scolaire. Non seulement l'anxiété perturbe l'enfant lors des séances d'acquisition qui ne lui procurent aucun plaisir, mais elle le conduit également à adopter une attitude négative à l'égard de l'école et de l'enseignement et à ne prendre aucun plaisir à étudier. Comme l'anxiété, l'inquiétude perturbe l'élève dans ses apprentissages. Étant « un trouble, une agitation de l'esprit », elle ne permet pas à l'élève de se concentrer sur son travail et l'attire vers d'autres préoccupations telles que « le déroulement du cours » (Lafortune et Saint-Pierre, 1998, p. 26). L'anxiété et l'inquiétude ont donc des conséquences semblables sur l'élève et sa pensée : l'annulation momentanée de ses compétences et de ses capacités.

La peur et le malaise sont aussi des émotions négatives suscitées par la vie et/ou le travail scolaires. Elles sont apparemment plus vives que l'inquiétude ou l'anxiété. Le malaise « est un sentiment d'embarras, de gêne contre lequel il est difficile de se défendre ; il peut être pénible et irraisonné » (Sillamy, 1980 ; cité par Lafortune et Saint-Pierre, 1998, p. 26). En milieu scolaire, le malaise provient lorsque l'élève se trouve confronté à une discipline particulière, par exemple, qui lui fait vivre des « tensions difficilement supportables » et ce pour diverses raisons. Le refus d'investissement est, pour l'élève, un moyen préventif de protection et de défense. Le malaise peut notamment être la conséquence d'une lourde émotion de peur. Cette dernière est « provoquée par la prise de conscience d'un danger réel ou imaginé, d'une menace. Elle mène au désir d'éviter une chose considérée comme désagréable » (Sillamy, 1980 ; cité par Lafortune et Saint-Pierre, 1998, p. 26). La peur, comme le malaise, peut être irraisonnée. Ainsi, la peur d'une discipline scolaire chez un élève peut décider, par exemple, de son orientation.

Enfin, il est intéressant de noter que les émotions, positives ou négatives, sont accompagnées de modifications psychologiques, somatiques et comportementales (Dantzer, 1988). Ces changements psychologiques (altération dans la façon de penser, d'agir, de réfléchir ou de voir la situation ou l'événement tel qu'il se produit et s'est produit), comportementaux (passage d'une main dans les cheveux, rongement d'ongles, etc.) et somatiques (aigreurs d'estomac, sueurs, oppressions thoraciques, etc.) sont ainsi autant d'indices pour détecter les émotions, qu'elles soient cachées ou non.

5 / L'ATTRIBUTION

L'attribution est principalement étudiée par la psychologie scientifique. On parle plus communément des *théories de l'attribution causale.*

L'attribution est l'interprétation, par un sujet, d'une situation ou d'un événement en tenant compte des causes. L'interprétation fluctue en fonction des causes attribuées à l'événement et joue un rôle d'importance dans la réaction individuelle face à la situation. « Prévoir et contrôler notre environnement social et non social réclame la possibilité de distinguer ce qui est stable de ce qui ne l'est pas. Appliquée à nos relations sociales cette possibilité requiert de pouvoir attribuer une cause au comportement observé : est-il dû au hasard ? À la personnalité de son auteur ? Ou encore à la situation ? » (Monteil, 1989, p. 41). Deux types d'attribution émergent alors : l'*attribution interne,* qui tente de répondre à la deuxième question (le comportement observé est-il explicable avec la personnalité de l'auteur ?) et l'*attribution externe,* qui tente de répondre aux première et troisième questions (le comportement observé est-il déchiffrable par le hasard et/ou la situation ?). Si l'attribution interne explique un événement, un comportement, par des facteurs intrinsèques à l'individu agissant, l'attribution externe cherche des explications dans des facteurs extrinsèques à la personne agissante (situation, tierce personne, hasard). Monteil (1989) définit l'attribution comme « non seulement le processus par lequel un individu donne un sens à son environnement, mais aussi un processus par lequel un individu se voit assigner une place dans les rapports sociaux » (p. 45).

Les travaux de Monteil, Bavent et Lacassagne (1986) ont permis d'avancer l'existence d'une réelle « surestimation » et d'une « différence de "valeur" accordées aux causalités internes par rapport aux causalités externes. Cette surestimation de la causalité interne ne signifie rien d'autre qu'une tendance à exagérer le poids des explications dispositionnelles et à minimiser celui des explications situationnelles dans l'explication globale du comportement de quelqu'un » (Monteil, 1989, p. 48). Ce constat est principalement connu sous le nom d'*erreur fondamentale.*

En milieu scolaire, et par rapport à l'acquisition en mathématiques, il a pu être constaté que, d'une façon générale, les filles attribuent...

– leurs réussites à leurs efforts ;
– leurs échecs à leur manque de talent ;

... alors que les garçons attribuent :

– leurs réussites à leur talent ;
– leurs échecs à leur manque d'efforts.

Ces constatations relatives aux notions de causalité interne et externe sont d'autant plus intéressantes lorsque l'on sait que « les individus sont davantage enclins à persister s'ils croient que la cause de la réussite est [notamment] interne » (Lafortune et Saint-Pierre, 1998, p. 29). En effet, « les sujets "externes" pourront augmenter leur niveau de confiance après un échec et le diminuer après un succès (la chance peut changer de camp !). Les "internes", au contraire, seraient plus enclins à élever leur niveau de confiance après un succès et à l'abaisser après un échec ». Il s'agirait tout simplement « des leçons que chacun est en mesure de tirer d'une expérience en fonction de sa position sur l'axe internalité-externalité » (Monteil, 1989, p. 49).

Les enseignants tendraient à « préférer » l'élève dont les explications données à ses échecs et ses succès relèveraient d'une attribution interne (élève est alors dit interne) à l'élève privilégiant l'externalité à l'explication de ses échecs et ses succès. Une recherche menée par Bressoux et Pansu (1998) a ainsi montré que l'acquisition de la norme d'internalité résiderait « davantage dans le rapport à l'enseignant, qui transmet des savoirs et des normes sociales » que dans le rapport aux pairs (p. 24).

Enfin, l'ensemble des travaux menés concernant les théories de l'attribution causale semblerait rendre compte « d'une valorisation de l'aspect interne pour asseoir la maîtrise du sujet sur son environnement » (Monteil, 1989, p. 49). L'internalité et les bonnes performances scolaires seraient, en effet, en étroite relation et interrelation, l'une expliquant l'autre et l'autre expliquant l'une. Il semble donc, et d'une façon générale, que les meilleurs élèves seraient internes.

6 / POUR POURSUIVRE...

D'un point de vue psychologique, nous avons choisi de définir l'affectivité à partir de cinq composantes du domaine affectif et de leur définition. La motivation, la confiance en soi, l'attitude, les émotions et l'attribution feront ainsi partie de notre travail à part entière, le jalonneront, l'encadreront, l'illustreront. Ces cinq composantes jouent, en effet, un rôle d'une grande importance en apprentissage et enseignement.

Le terme « affectivité », utilisé par la suite dans ce travail, fera inlassablement référence à ces cinq composantes, comme chacune de celles-ci renverra à une dimension de ce que nous avons entendu comme définissant l'affectivité.

Outre la psychologie, il nous semble important d'évoquer ici la psychanalyse comme discipline également susceptible de rendre lisible certaines des composantes sous-jacentes, mais non moins appréciables, de la relation pédagogique : « Refuser de prendre en considération l'inconscient de l'acte d'enseigner et d'apprendre implique trop souvent qu'on empêche la réalisation de ce dernier » (Cifali et Moll, 1985, p. 103). Ainsi, notre intention n'était pas d'appliquer le concept de transfert à la relation pédagogique, mais de déchiffrer, décrire et comprendre le jeu relationnel (J.-C. Filloux, 1987 ; J. Filloux, 1989 ; Laplanche et Pontalis, 1967). La rencontre des désirs de savoir et d'enseigner (Baïetto, 1982), l'effet Pygmalion (Rosenthal et Jacobson, 1971 ; Kaës, Anzieu et Thomas, 1973), ou les notions de « sujet-supposé-savoir », de transfert et de contre-transfert constituent d'autres concepts à prendre en considération dans la relation pédagogique, éclairant la dimension affective du rapport au maître. En effet, selon Cifali et Moll (1985), « un enseignant est, c'est certain, la cible privilégiée du transfert : répétition, déplacement des affects sur lui, confusion entre le présent et le passé. Ces affects mêlés à la quotidienneté d'une relation sont difficilement repérables dans l'*in vivo* » (p. 170). L'activation des phénomènes transférentiels signifierait en outre le bon fonctionnement de la relation pédagogique, c'est-à-dire la véritable entrée en relation des partenaires scolaires.

C'est cette entrée en relation et ses effets sur l'expérience et le parcours scolaires de l'élève que le présent travail a précisément pour objet d'appréhender.

L'étude, d'un point de vue psychologique, de l'affectivité a permis la définition de cinq composantes du domaine affectif : la motivation, la confiance en soi, l'attitude, les émotions et l'attribution.

L'ensemble de ces définitions permet un éclairage psychologique de la relation maître-élève. Il permet également une appréhension différente et originale de cette relation, en parallèle de son appréhension au moyen de notions telles que celle de contrat didactique.

Après une tentative de meilleure compréhension de la relation pédagogique (chap. I), après une définition de l'affectivité d'un point de vue psychologique (chap. II), il nous faut tenter à présent de progresser vers une meilleure connaissance de la relation maître-élève et de son fonctionnement interne. L'étude des raisons ou des facteurs (tels que le niveau de résultats scolaire ou l'image de soi de l'élève par exemple) susceptibles d'influencer ou d'accompagner la tonalité du rapport au maître s'impose en effet.

CHAPITRE III

Du « destin » au « chemin scolaire » de l'élève

Il est avant tout intéressant de noter que, selon Charlot (1997), « l'échec scolaire » n'existe pas. Seuls des élèves en échec scolaire existent.

L'échec scolaire n'est effectivement pas un objet analysable en l'état, mais désigne un ensemble de phénomènes scolaires observables chez certains élèves : la non-acquisition de connaissances et compétences, la difficulté à suivre le déroulement du cours, une orientation scolaire par défaut aux vues des résultats obtenus ou encore des comportements de rejet, de découragement, « de retrait, de chahut, d'agression ». L'échec scolaire n'est donc, pour Charlot (1997), « qu'un nom générique, une façon commode de désigner un ensemble de phénomènes ayant, semble-t-il quelque parenté. Le problème est que peu à peu on a réifié ce nom générique, comme s'il existait une *chose* nommée "échec scolaire". Affirmer que "l'échec scolaire" n'existe pas, c'est refuser ce mode de penser, sous lequel se glissent subrepticement les idées de maladie, de tare congénitale, de contagion, d'événement fatal » (p. 15).

L'échec scolaire ne « s'attrape » pas et ne désigne aucun objet précis scientifiquement et directement analysable. Cependant, les phénomènes qui le constituent se définissent en termes d'absence (savoirs et compétences non acquises), de refus (d'apprendre et d'avancer) ou de transgression (des règles institutionnelles de l'école). La solution à la difficulté d'une telle analyse résiderait donc, selon Charlot (1997), en la double « traduction » de l'échec scolaire, afin de pouvoir le penser. Une première traduction en termes de différence. Cette analyse, à orientation sociologique, étudie l'échec scolaire en termes de différence entre élèves, établissements et cursus et, plus précisément, de différence de positions entre élèves. Un élève en réussite scolaire ne tient en effet pas le même espace scolaire qu'un élève en échec : l'un et l'autre occupent dons une place spécifique à leur statut scolaire. Cette position est attribuée au gré des évaluations scolaires que sont les notes, les redoublements ou années de retard ou le rang hiérarchique tenu dans le système scolaire. Une seconde analyse, à orientation psychologique, étudie l'échec scolaire en termes d'expérience : expérience intime, personnelle et individuelle du vécu scolaire, celle que traverse et interprète l'élève. Or l'expérience scolaire actuelle est aussi une expérience de la compétition et de la sélection. Cette sélectivité de l'école engendre inévitablement les phénomènes d'échec scolaire et enjoint à l'enfant d'intérioriser les notions de différence et d'échec, « de les accepter, les répercuter en lui-même, dans son intimité » (Pierrehumbert, *in* Pierrehumbert, 1992 *b*, p. 10). L'expérience scolaire a donc cette dimension paradoxale de mettre sur la place publique des situations relevant grandement de la vie privée, personnelle et intime des élèves.

Dans ce chapitre, nous nous intéresserons aux conséquences de l'échec (ou de la réussite) scolaire des élèves sur leur relation à l'enseignant, ainsi que sur leur relation à soi.

Dans un premier temps, seront évoquées les représentations du maître par l'élève en fonction, notamment, du niveau de résultats scolaires, de l'âge et du sexe de l'élève.

Dans un second temps, l'étude portera sur le rôle de la représentation et de l'image de soi de l'élève, fonction de son niveau de résultats scolaires, dans son rapport au maître.

Dans un troisième et un quatrième temps, nous tenterons une présentation de deux notions : le « chemin scolaire » et la « pensée de l'élève ».

1 / LA REPRÉSENTATION DU MAÎTRE PAR L'ÉLÈVE

Selon Gilly (1980), les conditions dont dépendent les représentations chez un élève sont principalement familiales. La famille, au sens élargi, joue effectivement un rôle majeur dans la représentation que l'enfant se fera de l'école, du savoir et du maître. Il apparaît, de plus, que le caractère institutionnel du rôle proprement professionnel du maître est un « élément constitutif du noyau de base de la représentation » (*op. cit.*, p. 53). Enfin, selon Gilly (1980) encore, et comme le montrera également Perron (1991), l'âge des élèves est un facteur à prendre nécessairement en compte dans l'étude des représentations du maître par l'élève.

Les travaux de Perron (1991) ont mis en évidence l'influence réelle du sexe, de l'âge et du niveau de résultats scolaires de l'élève dans sa représentation de l'enseignant. Il est ainsi montré que les filles ont, en moyenne, une opinion plus favorable de leur enseignant, quel que soit le sexe de ce dernier, que les garçons chez des enfants de maternelle et de primaire. Par contre, aucune différence significative entre les filles et les garçons dans leur perception de l'enseignant n'a pu être établie pour des élèves plus grands (du secondaire au supérieur). Les jeunes élèves mettent en avant le rôle affectivo-relationnel pour évaluer ou juger leur maître et donnent à cette dimension de la relation pédagogique une grande importance. Les élèves plus âgés, soit ceux de la fin du primaire et du collège, commencent quant à eux à privilégier la dimension cognitive de la relation pédagogique, sans rejeter totalement l'aspect affectif de la relation à l'enseignant. Les élèves en difficulté scolaire tendent à privilégier la dimension affectivo-relationnelle de cette relation, construisant même, pour certains, leur expérience scolaire sur leur relation à l'enseignant. De telles attitudes ont pu se retrouver autant chez de jeunes enfants que chez des préadolescents ou adolescents de fin de collège (Perron, 1991 ; Charlot, Bautier et Rochex, 1992). Les résultats de notre recherche confirmeront les analyses de Perron (1991) sur l'influence de l'âge et du niveau de résultats scolaires de l'élève sur sa représentation de l'enseignant. De nombreux travaux permettent ainsi d'avancer une double affirmation. D'une part, l'enseignant occupe une place centrale dans le processus d'apprentissage des élèves, surtout si l'élève est en difficulté scolaire. D'autre part, la dimension affective de la relation pédagogique semble tout aussi importante que la dimension cognitive chez les élèves. Une importance plus grande est toutefois donnée à cette dimension par l'enfant en difficulté scolaire.

Si l'expérience intime et individuelle de l'échec scolaire nous intéresse dans cette recherche, il convient cependant de ne pas oublier que la trajectoire scolaire d'un individu dépend non seulement des traits de personnalité de cet individu, mais aussi du style éducatif maternel, des attitudes éducatives, du milieu socioculturel et de l'adaptation familiale à la poursuite d'études supérieures par l'enfant, par exemple (Pourtois et Desmet, 1991). Aussi, même si le travail que nous avons conduit s'inscrit dans le paradigme de l'expérience et se veut une approche plus psychologique que sociologique des phénomènes constitutifs de l'échec scolaire, il est important de ne pas oublier que l'individu reste social.

2 / LE RÔLE DE L'IMAGE DE SOI (RELATIVE AU NIVEAU DE RÉSULTATS SCOLAIRES DE L'ÉLÈVE) DANS LE RAPPORT AU MAÎTRE

La représentation de soi et l'image de soi

La représentation de soi en tant qu'élève serait une des images de soi que l'enfant utiliserait pour se représenter dans son expérience générale d'enfant ou d'adolescent (Reuchlin, 1991, cité par Ecalle, 1998). L'image de soi n'est pas « gratuite » au sens où elle repose sur des justifications subjectives que le sujet auto-évaluateur considère comme fondées et exactes. Elle est la conséquence d'un ensemble d'exercices cognitifs effectivement réussis ou échoués. Les informations ou jugements portés par le milieu familial et l'institution scolaire deviennent pour l'enfant des significations « l'aidant » dans l'élaboration et la construction de son image de soi.

Il apparaît clairement, selon Compas (*in* Perron (éd.), 1991), que « la réussite scolaire, qu'elle soit cause ou conséquence, est liée de façon très nette à cette bonne opinion de soi-même » (p. 105).

En classe, un élève entouré de camarades serait ainsi inexorablement « attiré vers le bas » ou du moins vers une estimation plus réaliste et effective de ses performances et résultats, éléments importants, constitutifs de l'image que l'élève a de lui-même.

Selon Ecalle (1998), deux facteurs sont susceptibles d'influencer (consolider ou ébranler) la relation entre l'image de soi et le statut scolaire de l'élève :

1 / *L'intérêt que la famille porte au travail scolaire* de l'enfant et l'importance qu'elle y accorde. Ainsi, plus l'intérêt familial est fort, plus la valeur positive de l'image de soi l'est aussi et inversement. Ou, en d'autres termes, plus l'intérêt familial est important, plus l'image de soi positive de l'élève est accentuée en cas de réussite scolaire et plus cette image de soi est atteinte en cas d'échec ;

2 / *Le degré de compétition qui règne en classe.* Le système scolaire institué influence également l'image de soi de l'élève en fonction de ses résultats scolaires. C'est ainsi qu'un système extrêmement compétitif accentue l'image de soi positive de l'élève en réussite scolaire et l'image de soi négative de l'élève en échec. L'inverse se passe dans un système coopératif caractérisé par des valeurs d'entraide et de travail en groupe.

L'image de soi de l'enfant est donc non seulement en étroite relation avec ses caractéristiques et capacités personnelles, mais aussi avec l'attitude en général de son entourage familial à l'égard de l'école, le système scolaire (compétitif ou coopératif) qui l'accueille et son niveau de résultats scolaires.

Cependant, les élèves ne se définissent pas toujours par leur volonté ou leur savoir ; certains préfèrent mettre l'accent sur l'originalité de leurs opinions et de leur personnalité.

Une explication en termes de « différenciation » et d' « indifférenciation » (Monteil, 1989) peut être éclairante. Dans la perspective de la différenciation, la stratégie d'incomparabilité conduit l'individu à « se réfugier dans le non mesurable » (p. 81). Pour échapper par exemple à l'échec scolaire, l'élève peut choisir de refuser les critères sur lesquels il est évalué en en créant d'autres à côté, dans l'espoir et le but de se faire reconnaître de façon « différente ». La stratégie d'incomparabilité « exprime [...] l'ambition première de créer les conditions d'une revalorisation sociale » (p. 82). L'indifférenciation exprime quant à elle le désir de tout individu de ne pas être trop différent, c'est-à-dire « à l'écart » ou visible parce que très (trop) unique et particulier. L'individu a en effet besoin de se sentir singulier, mais dans une limite tout à fait raisonnable afin, d'une part, de se sentir aussi semblable aux autres et, d'autre part, de ne pas éprouver un fort sentiment de solitude et d'isolement. Singularité, solitude et isolement sont surtout des pièges pour l'individu, causes ou conséquences de dérives et malaises beaucoup plus graves accompagnés de perte de confiance en soi et d'un ternissement de l'image de soi : être donc semblable et différent à la fois. Monteil (1989) conclut son analyse en indiquant que la différenciation « affirme sa nécessité pour la réalisation d'une bonne image de soi », l'indifférenciation « traduit plus probablement une stratégie de protection » (p. 82). Il remarque enfin que la bonne image de soi dépend bien évidemment de son appartenance à un groupe et de son existence à l'intérieur de ce groupe.

L'image de soi et le rapport au maître

Nous voudrions maintenant, comprendre le rôle de l'image de soi dans le rapport au maître ou, en d'autres termes, tenter de commencer à :

- évaluer les conséquences du niveau scolaire des élèves sur le rapport au maître ;
- appréhender les différences d'attitudes entre les élèves en réussite scolaire et ceux en difficulté dans leur rapport au maître.

Compas (*in* Perron, 1991) fait l'hypothèse générale de départ que l'échec scolaire, pour le mauvais élève, signifie son « *impuissance* devant l'acquisition du savoir » :

- d'une part, cela ayant comme conséquence chez cet enfant une « blessure narcissique profonde par retrait d'amour de la part du maître et des parents » ;
- d'autre part, étant équivalent à une « perte de l'estime de soi, du sentiment d'avoir de la valeur. Cet échec de l'écolier est donc souvent un échec de l'identification au maître représentant le savoir et support de projection des images parentales de l'enfant » (p. 93).

Cette hypothèse générale est confirmée par une étude auprès d'élèves en échec scolaire dans deux classes de cours moyen deuxième année (Compas, *in* Perron (éd.), 1991).

Selon Compas (1988) encore, le maître apparaît à l'élève « comme le miroir reflétant sa valeur sur le plan de son savoir-faire, mais aussi plus profondément sur le plan de son être d'enfant car il est l'un des personnages majeurs faisant partie de son entourage ». À un moment donné de la vie scolaire de l'élève, le maître représente non seulement un modèle des valeurs socio-culturelles indispensables à acquérir, mais également un objet d'identification porteur de son idéal du moi. Ainsi, à la mère, premier objet d'amour, succède, comme le père, « un des représentants du pouvoir et du savoir, donc de la loi qui ne peut être intériorisée sans amour » (p. 8) : le maître. Dans la formation du sentiment de valeur personnelle de l'enfant-élève, l'auteur pose alors l'hypothèse d'une étroite relation entre les images parentales et leur projection sur la personne du maître.

Une expérimentation menée par Compas (1988) auprès d'élèves de cours moyen 2e année (CM2) et de leur enseignant montre que, chez le maître, l'appréhension de l'enfant se fait « à travers le prisme de ses capacités d'écolier : valeurs cognitives et morales nécessaires à la réussite qui doivent d'ailleurs être toujours nettement supérieures à la moyenne pour tendre vers le modèle d'élève idéal qualifié généralement : Intelligent, travailleur et sage » (p. 14).

Chez l'élève, il semble qu'une classe soit appréciée ou rejetée, à un moment donné, en fonction de l'inclinaison, positive ou négative, que l'enfant a pour l'enseignant ; pour son rôle professionnel, pour sa personne même. Pour l'élève de CM2, le maître apparaît comme l'élément central de sa réussite ou de son échec scolaire : « le personnage majeur de son histoire scolaire » (*op. cit.*, p. 16).

En outre, une « analyse comparative en fonction du statut scolaire [de l'élève] montre que le maître est perçu comme ayant des rôles très différents par le bon ou le mauvais élève » (*op. cit.*, p. 16). Il apparaît donc que la demande d'une relation :

- affective, est privilégiée par les mauvais élèves ;
- pédagogique, est privilégiée par les bons élèves.

De plus, « les exigences et les interdictions à la période scolaire vont se traduire chez l'élève par des sentiments de frustration ou de culpabilité, mais aussi de satisfaction narcissique ou de honte, liés à l'estime de soi, selon qu'il a répondu à la demande du maître » (Compas, 1985, p. 15). En effet, alors que le maître attend du comportement de l'élève une adhésion aux normes socio-institutionnelles favorables à la réussite d'un élève idéal (« qui serait comme l'image du bon maître »), « il y a alors concordance entre les attentes de l'élève "réussi" et celles du maître qui peut donc être appréhendé comme un modèle d'identification donnant accès à la connaissance ». De son côté, « l'élève "échoué" se sent exclu du fait même de son échec et sa demande de qualités humaines et relationnelles est d'autant plus exacerbée qu'elle n'est pas prise en compte » (Compas, 1988, p. 16-17). Cette demande d'une relation à l'enseignant humaine et de qualité pourrait exprimer non seulement un besoin de consolation consécutif et lié à cette situation d'échec, mais également, et surtout, un désir d'être aimé malgré tout. L'enseignant « aimé » par l'élève en difficulté scolaire serait celui qui l'aide et le soutient malgré ses mauvais résultats. Ainsi, selon Compas (1988), l'abandon ressenti par les mauvais élèves serait issu des *disconcordances entre les attentes du maître à l'égard des élèves en général et celles des mauvais élèves à l'égard du maître.* Ce sentiment d'abandon ferait rejeter en retour l'institution scolaire dans sa totalité par les élèves en difficulté scolaire.

La non-acquisition du savoir par certains élèves, attribuant à ceux-ci un statut d'élèves en échec scolaire, aurait un lien direct avec l'absence d'« espoir en un projet » (Compas, *in* Perron (éd.), 1991, p. 112). Ainsi, concernant ces élèves, il semble bien que l'on soit en présence d'une « inadaptation progressive à l'école, d'une inhibition croissante du fonctionnement intellectuel, du tarissement du désir d'apprendre » (p. 113).

Compas (*in* Perron (éd.), 1991) se demande logiquement à qui en revient la responsabilité : à l'institution scolaire, au maître, aux parents ou, à l'enfant lui-même ? Une question si grave, interrogeant « des déterminants et des processus complexes » (p. 113), ne peut recevoir une réponse tranchée et catégorique.

La vie scolaire de l'enfant pénètre le tissu relationnel familial. Les attitudes parentales jouent donc un rôle de grande importance dans la genèse de l'échec scolaire de leur enfant, dans la mesure où ces attitudes parentales sont déterminantes dans la construction de l'image de soi de l'enfant : « Elles pèsent sans doute particulièrement sur l'installation en lui d'une confiance suffisamment réaliste en ses propres possibilités » (p. 113). Il est nécessaire pour l'enfant que les images qu'il s'est construites de l'école et du maître (avec l' « aide » de ses parents, c'est-à-dire en fonction du rapport à l'école et au savoir parental) coïncident avec celles qu'il se formera en allant à l'école et en découvrant son maître. Compas (*in* Perron (éd.), 1991) conclut sur la responsabilité de l'école et du maître, considérant que si c'est le système scolaire qui « crée, accentue ou révèle l'impuissance et la non-valeur ressenties » (p. 113) d'un grand nombre d'élèves, c'est au système que revient la tâche de redonner confiance à ces enfants en échec scolaire.

En tout état de cause, il semble fondamental de mesurer l'importance primordiale du rôle des personnes significatives, telles que les parents et le maître, dans le processus graduel de prise de conscience de soi et finalement dans l'image de soi chez l'enfant-élève. C'est par le jeu des relations interpersonnelles et des identifications que s'opérera cette réalisation de soi.

3 / UN SCHÉMA DE SYNTHÈSE POUR LA COMPRÉHENSION D'UNE NOTION : LE « CHEMIN SCOLAIRE »

Nous avons vu, précédemment dans ce chapitre, que de nombreux facteurs pouvaient intervenir dans l' « engagement » de l'élève dans tel ou tel « chemin scolaire » : celui de la réussite ou celui de l'échec, le va-et-vient possible entre ces deux chemins, d'une année sur l'autre par exemple. Il nous a semblé opportun, pour plus de clarté, de les regrouper en quatre grands points :

- l'école en tant qu'institution, définissant un certain rapport à l'école de l'élève ;
- l'environnement de l'élève, définissant un certain rapport au savoir de l'élève ;
- les représentations réciproques des partenaires pédagogiques et les effets d'attente, notamment, définissant un certain rapport au maître de l'élève ;
- l'image et la valeur de soi de l'élève, construites et définies en interaction avec les trois points précédents.

Notre préférence pour le terme de « chemin » au détriment de celui de « destin » s'explique dans une double idée qui nous semble importante et essentielle :

- l'élève qui s'est engagé sur le chemin de l'échec peut, à un moment donné, trouver celui de la réussite ;
- l'élève qui s'est engagé sur le chemin de la réussite peut, à un moment donné, trouver celui de l'échec.

Est ainsi attribuée à l'élève une responsabilité dans le « chemin scolaire » dans lequel il s'engage, et également allouée à l'élève l'opportunité de « changer de route », de modifier son parcours. L'élève aurait cette possibilité de changement en s'appuyant sur un, deux, trois ou quatre des facteurs influençant sa situation d'élève en réussite scolaire ou d'élève en difficulté scolaire. Ce serait ainsi dans un, deux, trois ou quatre de ces facteurs que l'élève trouverait :

- la motivation, l'intérêt ou le goût pour une modification du « chemin scolaire » de difficulté vers un « chemin scolaire » de réussite ;
- la démotivation, le découragement ou le dégoût pour une modification du « chemin scolaire » de réussite vers un « chemin scolaire » de difficulté.

Par *« chemin scolaire »,* nous entendons *donc l'itinéraire de réussite ou d'échec,* intellectuel aux conséquences pratiques, *dans lequel l'élève s'engage en rencontrant l'école et ses acteurs.* Si ce « chemin scolaire » est *sous l'influence de nombreux facteurs,* il appartient cependant à l'élève de prendre, au final, le chemin de la réussite ou celui de l'échec. *L'élève se révèle* donc, dans cette conception, *l' « élément » décisionnel et déterminant de son engagement dans un « chemin scolaire » de réussite ou dans un « chemin scolaire » de difficulté, voire d'échec.*

Engagé sur un « chemin scolaire » de réussite ou de difficulté, il nous semble alors opportun, à présent, de se demander si, en fonction de son niveau de résultats scolaires, l'élève aurait une façon spécifique de « penser ». En d'autres termes, le « chemin scolaire » de l'élève ne se traduirait-il pas dans une « pensée de l'élève » ?

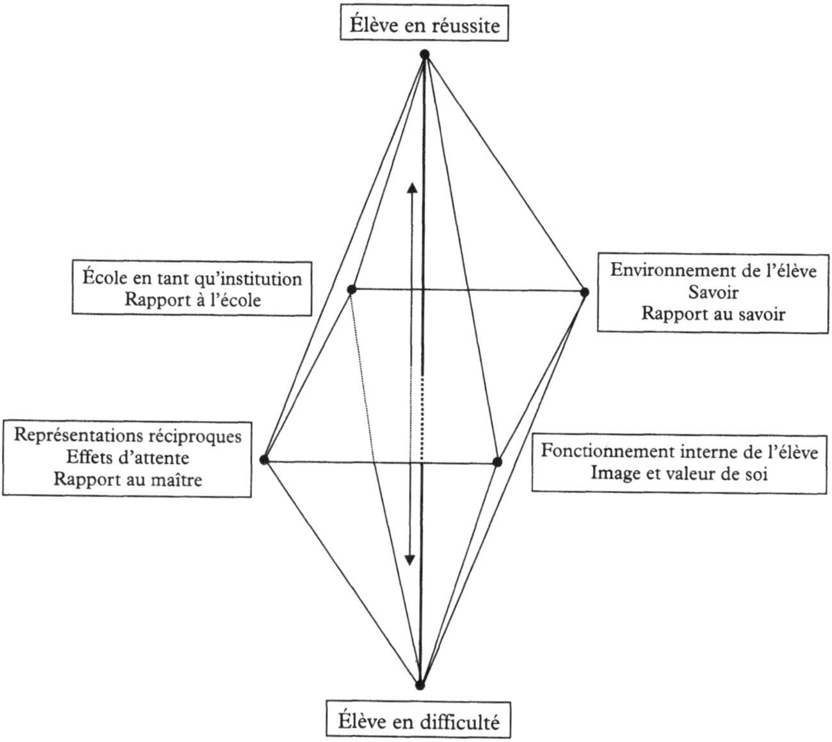

Fig. 2. — Le « chemin scolaire » de l'élève

4 / LA « PENSÉE DE L'ÉLÈVE » : UN PARADIGME POUR RENDRE INTELLIGIBLE L'EXPÉRIENCE DES ÉLÈVES ?

En fonction de son niveau de résultats scolaires, l'élève aurait-il une façon spécifique de penser et d'appréhender l'objet scolaire ? En d'autres termes, aurait-il une « disposition » particulière à l'égard de l'école, de ses acteurs et de ses contenus qui, à la fois, traduirait et nourrirait un ensemble d'attitudes et de relations types, en un mot un « rapport à » particulier à l'égard de l'objet scolaire ?

Suite à une première recherche effectuée dans le cadre d'un Diplôme d'études approfondies en sciences de l'éducation (Espinosa, 1997), nous avons pu entrevoir la possibilité d'une contribution à l'élaboration de la notion de « pensée de l'élève ».

Nous appuyant sur le paradigme de « pensée des enseignants » (Tochon, 1989), nous avons cru possible de raisonner ici finalement en termes de « pensée de l'élève ». S'il existe une notion relative aux « processus de pensée des élèves » (Wittrock, 1986), nous voulons expliquer en quoi elle est différente de ce que nous proposons.

L'origine d'une telle contribution

Une première recherche (Espinosa, 1997) fut mise en œuvre auprès de huit élèves de classe de seconde (quatre élèves en réussite (ER) et quatre élèves en difficulté scolaire (ED)). Nous disposions de trois modalités de recueil des données : l'observation instrumentée du comportement des élèves en salle de classe, l'entretien semi-directif de recherche, la passation d'une épreuve de type projectif. Cela nous permit une double constatation :

- l'existence de rapports à l'école, au savoir et au maître différents selon le niveau scolaire des élèves ;
- l'importance, consciente ou inconsciente, accordée par les élèves à leur enseignant, notamment par ceux en difficulté scolaire.

Un réel attachement semble se mettre en place doucement entre les élèves et leur enseignant au fil de l'année scolaire.

Si les ER paraissent moins demandeurs affectivement que leurs camarades en difficulté quant à leur relation avec l'enseignant, leurs bons résultats scolaires seraient à l'origine de ce phénomène : ces élèves auraient ainsi le sentiment de vivre pleinement une relation avec leur enseignant, sur les modes cognitif et affectif, grâce à leurs bonnes notes.

De leur côté, les ED semblent bien plus demandeurs affectivement dans leur relation avec l'enseignant : auraient-ils le sentiment de ne pas satisfaire scolairement ce dernier ? Ils éprouveraient alors le besoin d'effacer cette insatisfaction. Cet effacement permettrait à ces élèves de gagner l'estime du professeur. Ils chercheraient alors à mieux le connaître pour :

- ouvrir un dialogue avec lui, lui montrer qui ils sont et les domaines dans lesquels ils sont performants ;
- qu'il puisse les aider dans leurs apprentissages.

Les ED semblent penser qu'ils ont beaucoup à gagner, sur un plan scolaire notamment, en connaissant plus personnellement leur enseignant. L'importance attribuée par les ED à leur professeur, ainsi que la demande affective des premiers à l'égard du second, transpirent ainsi de leurs attitudes, leurs comportements et leurs paroles.

Cette demande de lea part des ED est, en outre, intéressante parce qu'elle pose diverses questions :

- N'accordent-ils pas trop d'importance au rôle de l'enseignant et à son « pouvoir » de leur faire obtenir de bonnes notes en classe ?
- Ne pensent-ils pas, à tort, que seul l'enseignant serait en mesure de les aider ?
- Ces élèves ne resteraient-ils pas en attente dépendante vis-à-vis de l'enseignant, pensant que, d'une part, ils ne tiennent pas seuls, de toute façon, les clefs de leur réussite scolaire et que, d'autre part, seul l'enseignant pourrait les leur remettre ?

La question de la « pensée de l'élève » : positionnement, cadres conceptuels et définition

Ne peut-on alors faire l'hypothèse de l'existence d'une modalité particulière de ce qui serait une « pensée de l'élève », exprimant une certaine façon d'être et de se situer face à la « chose scolaire », et qui aurait cette particularité d'intégrer les deux dimensions énergétique ou affective, et structurale ou cognitive, que Piaget (1947) prête à toute « conduite » ? Cette « pensée de l'élève » en difficulté scolaire pourrait alors l'enfermer dans une grande passivité en classe, mais aussi vis-à-vis du travail scolaire, l'entraînant dans un réel échec scolaire et une perte totale de valeur de soi.

Nous l'avons vu plus haut, Tochon (1989) a élaboré la notion de « pensée des enseignants », paradigme sur le modèle duquel nous proposons celui de « pensée des élèves ». D'une façon un peu semblable, ne pourrait-on pas recourir ici à la notion de « pensée de l'élève », nous situant toutefois dans une perspective différente de celle présentée par Wittrock (1986), au cours d'une revue de la littérature sur la notion de *« students' thought processes »*, ou « processus de pensée des élèves », en réponse aux attentes des enseignants ?

L'analyse des résultats des observations en classe et des entretiens de cette première recherche permet en effet la construction d'un tableau de synthèse caractérisant ce que nous pourrions appeler la « pensée de l'élève » en réussite scolaire et la « pensée de l'élève » en difficulté scolaire, qui correspondent à deux modalités contrastées dans la façon de « penser » sa situation d'élève et son rapport à la « chose scolaire ».

Les cadres conceptuels sous-tendant les notions de « pensée des enseignants », et de « processus de pensée des élèves », sont de l'ordre de la rationalité et de la cognition des « métiers » d'enseignant et d'élève. Sans remettre en cause ces approches, ne passe-t-on pas aussi, cependant, en se centrant exclusivement sur le cognitif, et le rationnel, à côté de « quelque chose » susceptible d'expliquer le fonctionnement interne ou intime des enseignants comme des élèves ?

Par *« pensée de l'élève »*, nous désignons donc une *« conduite »* qui est *de l'ordre à la fois, de la représentation et de la disposition,* et qui nous paraît *conditionner le fonctionnement cognitif et les pratiques d'apprentissage des élèves. Cette pensée exprime donc, et traduit, une certaine « disposition scolaire », à la fois intellectuelle et affective, concernant la « chose scolaire ».* Notre intérêt se porte ainsi sur les conditions d'une mobilisation scolaire des élèves, sur ce qui se passe en amont de la mobilisation même des élèves, ce qui nous situe, d'une part, dans le cadre du paradigme du « rapport à » tel que développé par Charlot (1997) et, d'autre part, dans une perspective d'analyse de l'expérience telle qu'individuellement construite et vécue. Quelle est la part du rapport à l'enseignant dans ces conditions qui créent ou non la mobilisation ?

Si la « pensée des enseignants » et les « processus de pensée des élèves » se placent essentiellement sur les terrains de la cognition et de la rationalité intellectuelle des activités enseignante et scolaire, la « pensée des élèves » se placerait plutôt sur les terrains de

TABLEAU 1. — *Principaux traits de la « pensée de l'élève » dans ses rapports à l'école, au savoir et au maître (Espinosa, 1997)*

Niveaux d'analyse / Élèves	*Élèves en RÉUSSITE scolaire*	*Élèves en DIFFICULTÉ scolaire*
Rapport à l'ÉCOLE	• Volonté d'apprendre • Anticipation d'un avenir proche	• Anticipation d'un lointain avenir
Rapport au SAVOIR	• Conscience et réalité du travail scolaire • Engagement scolaire • Confiance en soi	• Moindre préoccupation et « mobilisation » scolaires • Absence de persévérance dans le travail scolaire • Rapport « égoïste » au savoir : intérêt et intéressement propres
Rapport au MAÎTRE	• Relation intellectuelle et cognitive • Sympathie « professionnelle »	• Manque relationnel « professionnel » • Souhait de combler ce manque sur un mode affectivo-relationnel • Désir d'exister « autrement » (que scolairement) aux yeux de l'enseignant • Volonté de connaître personnellement l'enseignant

la psychologie, de la psychosociologie, voire de la psychanalyse de l'enfant au travail.

Cette position contrastée de la « pensée » des élèves suivant leur niveau scolaire donne la possibilité de comprendre en quoi les rapports à l'école, au savoir et au maître sont différents selon le niveau de résultats en classe des élèves.

Il est intéressant de noter la correspondance entre les trois niveaux d'analyse (rapport à l'école, rapport au savoir et rapport au maître) pour chaque niveau de résultats scolaires des élèves.

Il semble effectivement que chaque niveau d'analyse ait des répercutions, positives ou négatives (en fonction des résultats « bons » ou « faibles » de l'élève) sur le niveau d'analyse suivant :

le rapport à l'école de l'élève aurait une conséquence sur son rapport au savoir, donc sur son rapport au maître, et réciproquement, le rapport au maître de l'élève aurait des répercutions sur son rapport au savoir et son rapport à l'école. Ainsi, la volonté d'apprendre d'un élève et son anticipation d'un avenir proche (son orientation en fin de seconde vers une première scientifique pour son goût des mathématiques et de la physique, par exemple) se manifestent par un engagement scolaire, donc de bons résultats en classe, une certaine confiance en soi et une relation « professionnelle » cognitive et intellectuelle agréable.

De la même façon, l'anticipation trop lointaine d'un avenir, présentant l'élève « ailleurs », un peu rêveur, passif ou attentiste, ne va pas dans le sens d'une préoccupation et d'une « mobilisation » scolaires, donc d'une persévérance dans le travail scolaire. L'ED opère une sélection parcimonieuse quant au savoir qui lui est dispensé et l'intérêt qu'il pourra y porter. Il croit ainsi vivre un manque relationnel sur le mode cognitif avec son enseignant, à cause de ses faibles résultats scolaires. Bien sûr, l'élève cherche à combler ce manque autrement, c'est-à-dire sur un mode affectivo-relationnel, pour exister malgré tout aux yeux de l'enseignant.

Différents facteurs ont une influence sur la « pensée de l'élève » :

- des facteurs familiaux et sociaux (Bourdieu et Passeron, 1970 ; Baudelot et Establet, 1971), décisifs dans les rapports à l'école et au savoir de l'élève ;
- des facteurs individuels, relationnels et affectifs (Perron, 1991 ; Charlot, Bautier et Rochex, 1992 ; Develay, 1996), décisifs dans le rapport au maître.

S'il apparaît que ces trois niveaux d'analyse sont interdépendants, nous pouvons nous demander lequel d'entre eux peut être déterminant dans la réussite ou les difficultés scolaires de l'élève, et si l'on constate toujours une cohérence entre les trois niveaux.

Or, d'après notre tableau de synthèse, le rapport au maître semble jouer son rôle effectif et décisif dans le niveau de résultats en classe de l'élève, d'autant plus si l'élève est en difficulté scolaire. En effet, d'une part, il apparaît que si ce dernier voulait solliciter son enseignant sur un mode affectivo-relationnel, l'ER semblerait bien plus détaché de son enseignant, en tout cas sur un plan affectif. D'autre part, le rapport au maître, relation faite d'échanges mutuels et réciproques, donc d'intéractivité entre un élève et son enseignant, paraît être le seul niveau d'analyse « vivant », c'est-à-dire pourvu de deux pôles humains. Nous pensons que cette caractéristique du rapport au maître est un avantage sur les autres niveaux d'analyse (rapport à l'école et rapport au savoir) : le rapport au maître peut être à l'origine d'une évolution ou d'un changement dans la « pensée de l'élève » quant à son rapport au savoir, et donc son rapport à l'école. C'est un point d'ancrage pour une action ayant pour ambition de faire évoluer la « pensée de l'élève », et peut-être ses résultats scolaires. C'est un point d'ancrage également pour une analyse ayant pour ambition d'expliquer le fonctionnement interne de l'élève face à, et dans la « chose scolaire ».

Les manques et les perspectives de cette contribution

Pour définir le rapport au maître et le lien affectif qui unit l'enfant et son enseignant, le terme attachement, « à la fois dépendance et instrument d'une autonomie progressive » (Zazzo, 1974, cité par Le Ny et Gineste, 1995, p. 661), apparaît finalement le plus approprié.

Notre première recherche (Espinosa, 1997) nous a donc permis de nous rendre compte de l'importance attribuée à :

- la personne de l'enseignant, par l'ensemble des élèves et surtout par ceux en difficulté scolaire, pour qui ils éprouvent, bien souvent, un attachement (affectif) certain ;
- son rôle, déterminant selon eux, dans leurs apprentissages.

Aux yeux des élèves, en général, et de ceux en difficulté scolaire, en particulier, l'enseignant se révèle donc être un médiateur, c'est-à-dire un intermédiaire essentiel entre le savoir et l'enfant. Il occupe ainsi une place centrale et décisive dans l'institution scolaire et dans le processus de formation et d'apprentissage des enfants et adolescents.

La poursuite de l'étude de la notion de « pensée de l'élève » devrait permettre d'en préciser le sens et d'en confirmer la portée heuristique. Elle devrait également permettre d'amener cette notion vers plus de richesse et de précision, afin de :

- vérifier l'existence de deux grandes modalités contrastées caractérisant les élèves en réussite scolaire et les élèves en difficulté scolaire ;
- poursuivre, alors, la description de la « pensée de l'élève » en réussite scolaire, contrastée avec la « pensée de l'élève » en difficulté scolaire, suivant les mêmes trois niveaux d'analyse (rapport à l'école, rapport au savoir et rapport au maître) ;
- s'interroger, enfin, à nouveau sur la prévalence d'un de ces niveaux d'analyse dans la réussite ou les difficultés scolaires de l'élève.

Les pages qui précèdent ont essentiellement permis de mettre clairement en évidence l'étroit lien entre la réussite ou l'échec scolaire d'un élève et le sens que celui-ci donne :

- au fait d'aller à l'école ;
- aux enseignements dispensés ;
- aux apprentissages faits ;
- aux façons d'apprendre à l'école.

Enfin, au regard des nombreuses études menées sur le lien éventuel entre le niveau des résultats scolaires de l'élève et son image de soi, le statut scolaire de l'élève affecte profondément l'image de soi de l'enfant et, par là même, la tonalité de son rapport au maître, de son rapport à l'objet scolaire en général. Trois liens sont mis en évidence :

1 / un premier entre la réussite ou l'échec scolaire d'un élève et le sens que celui-ci attribue au fait d'aller à l'école, aux enseignements dispensés, aux apprentissages faits et aux façons d'apprendre à l'école ;

2 / un deuxième entre le statut scolaire de l'élève, c'est-à-dire son niveau de résultats scolaires, et l'image de soi de l'enfant ;

3 / un troisième entre l'image de soi de l'enfant-élève et la tonalité de son rapport à l' « objet scolaire » en général et de son rapport au maître en particulier.

Nous avons ainsi pu conclure que l'on pouvait rendre compte de la construction de la valeur scolaire de l'élève en parlant de *chemin* (dans une expérience complexe et multidéterminée) plutôt que de *destin* (qui serait scellé par le jeu de déterminants unilinéaires).

Enfin, pour progresser dans l'analyse du cheminement propre à chacun, nous avons pu faire l'hypothèse que l'expérience qui est la face interne du « chemin » se traduit dans une « pensée de l'élève », s'inscrivant dans une triple perspective psychologique, psychosociologique et psychanalytique de l'enfant au travail au sein d'une institution scolaire, et possédant deux grandes modalités, caractéristiques respectivement des élèves en réussite scolaire (ER) et des élèves en difficulté scolaire (ED).

Mais l'hypothèse de l'existence d'une telle « pensée de l'élève » est-elle pertinente ? Cette notion est-elle vraiment de nature à permettre de mieux comprendre le fonctionnement interne de l'élève accomplissant (ou non) son métier d'élève ? Nous permet-elle vraiment de rendre compte de l'importance de la dimension affective dans le rapport au maître et, finalement, dans le devenir scolaire de l'élève ? Une enquête sur le terrain s'avère nécessaire pour apporter des éléments de réponse à ce questionnement.

DEUXIÈME PARTIE

Une enquête sur les « chemins scolaires »

L'enquête bibliographique développée dans notre première partie a permis l'acquisition d'un certain nombre de concepts et la prise de connaissance d'un certain nombre de résultats produits par les chercheurs s'étant intéressés à la relation pédagogique et à la question du « destin » scolaire. Notre questionnement s'est affermi, des hypothèse générales de recherche ont émergé, notre thèse s'est précisée : nous voulons savoir quelle est l'importance de la relation au maître, en particulier dans sa dimension affective, dans le chemin scolaire de l'élève (comment en vient-on à se poser en bon ou mauvais élève ? à se comporter comme tel ?) et dans l'exercice du « métier d'élève ». La tâche que nous nous proposons en conséquence est d'appréhender l'expérience, ou le vécu scolaire, de l'élève dans un triple rapport à l'école, au savoir et au maître, afin de comprendre :

- d'une part, le rôle de l'enseignant dans l'acte d'apprendre de l'élève ;
- d'autre part, la dimension affective de la relation maître-élève.

De ce questionnement naissent trois hypothèses générales :

1 / L'affectivité joue un rôle non négligeable dans la relation maître-élève et, partant, dans le rapport à la chose scolaire. Cette première hypothèse générale émane de deux hypothèses spécifiques :

- l'appropriation du savoir est fonction, pour partie, d'un certain rapport à l'objet scolaire impliquant trois modes de rapport : à l'école, au savoir, au maître ;

– dans cet ensemble, le rapport au maître est déterminant, pour les ED notamment (qui développent une « pensée » spécifique que notre recherche souhaite caractériser).

2 / Cette relation, qui est une dimension fondamentale du rapport à la chose scolaire, pèse sur le « chemin scolaire » qui, à son tour, vient affecter et colorer le rapport à la chose scolaire et donc la relation elle-même (causalité en boucle chemin/rapport).

3 / Le chemin scolaire de l'élève se traduit dans une « pensée de l'élève » (une certaine façon d'être et de se situer par rapport à l'objet scolaire) possédant deux grandes modalités contrastées propres aux ER d'une part, aux ED de l'autre.

Ces hypothèses prennent sens dans le cadre d'une thèse : nous posons qu'on ne peut se centrer exclusivement sur le cognitif et le rationnel pour comprendre le fonctionnement interne – voire intime – des acteurs du temps scolaire, en particulier des élèves. Une analyse de ce qui se passe dans la relation pédagogique en termes de simple rationalité est insuffisante. Il faut aussi prendre en compte l'affectif. Une enquête sur le terrain viendra-t-elle confirmer, ou infirmer ces hypothèses ?

Le choix d'une méthodologie d'approche « clinique » qualitative s'est naturellement fait au vue des analyses développées dans la première partie de ce travail. En effet, nous situant dans le paradigme du « rapport à », c'est-à-dire dans une perspective de l'expérience et du vécu scolaires des élèves, nous avons opté, pour notre étude de terrain, pour la récolte de témoignages d'élèves sur leur scolarité : leur manière de la vivre et de la ressentir.

Pour mettre à l'épreuve nos hypothèses, nous avons procédé au recueil et à l'analyse d'entretiens auprès d'élèves de deux groupes scolaires et d'un lycée grenoblois. Trente élèves de deux degrés scolaires différents (CE2, élèves âgés de 8 à 9 ans, et seconde, élèves âgés de 14 à 17 ans) et de deux niveaux de résultats scolaires différents (les scores à l'Évaluation nationale de début d'année et les notes scolaires obtenues en classe au 1er trimestre nous ont permis avec l'aide de l'enseignant(e), une distribution des élèves choisis dans un « groupe d'appartenance » : élèves en réussite scolaire, ou élèves en difficulté scolaire) constituent notre échantillon de population. Les entretiens concernent huit élèves de chaque classe en CE2 et sept élèves de chaque classe en seconde : trois à quatre sont en situation de réussite et trois à quatre en situation de difficulté scolaire, soit seize élèves de classe de CE2 et quatorze élèves de classe de seconde et, toutes classes confondues, quinze élèves en situation de réussite et quinze élèves en situation de difficulté scolaire (filles et garçons confondus). Il s'agit d'élèves issus de deux écoles élémentaires (groupes scolaires Ferdinand-Buisson et Malherbe) et d'un lycée (Emmanuel-Mounier) grenoblois. Ces trois établissements sont situés dans deux quartiers voisins de la ville de Grenoble et accueillent des enfants d'origines sociales semblables, c'est-à-dire variées mais plutôt populaires

Nous souhaitions construire un guide d'entretien autour de deux ensembles d'éléments :

- les cinq composantes du domaine affectif ;
- les rapports à l'école, au savoir et au maître.

Notre objectif était ainsi de saisir la dimension affective des rapports à l'école, au savoir et au maître des élèves de notre échantillon (pour éprouver notre première hypothèse générale de recherche). La différence d'âge importante de nos deux sous-catégories d'élèves nous a menée vers l'élaboration de deux guides d'entretien constitués de questions aux intentions identiques, mais aux formulations différentes, en fonction de l'âge des élèves interviewés.

Si notre guide d'entretien comporte un nombre important de questions, elles n'abordent, en fait, que huit points essentiels et centraux pour notre recherche :

- d'une part, les composantes constitutives de l'affectivité que sont la motivation, la confiance en soi, les émotions, l'attribution et les attitudes ;
- d'autre part, le rapport à l'école, le rapport au savoir et le rapport au maître.

Nous intéressant tout particulièrement à l'expérience et au vécu scolaire des élèves de notre échantillon de population, et aux éventuelles ressemblances de ces expériences et vécus scolaires entre élèves constitutifs d'un même « groupe d'appartenance » (élèves en réussite ; élèves en difficulté ; élèves de classe de CE2 ;

élèves de classe de seconde, etc.), une analyse de contenu thématique, cependant quelque peu simplifiée, des entretiens nous a semblé opportune. Trois thèmes principaux sont apparus lors de la catégorisation en thèmes des sujets abordés par les élèves lors des entretiens : le rapport à l'école, la rapport au savoir et le rapport au maître. Chacun de ces thèmes est divisé en nombreux sous-thèmes lors de notre analyse. Nous avons ainsi avancé de façon doublement conjointe et parallèle, l'analyse étant menée au regard :

1 / Du niveau des résultats scolaires des élèves, ce qui signifie deux étapes dans le déroulement de cette première étude :

- CE2 ER // CE2 ED (les points communs et les dissonances) ;
- seconde ER // seconde ED (les points communs et les dissonances).

2 / De l'âge des élèves, ce qui signifie également deux étapes dans le déroulement de cette seconde étude :

- CE2 ER // seconde ER (les points communs et les dissonances) ;
- CE2 ED // seconde ED (les points communs et les dissonances).

L'analyse parallèle et conjointe de l'ensemble de ces axes d'étude semble intéressante. Elle peut, en effet, permettre l'énonciation de (fines) conclusions quant aux rapports des élèves à l'école, au savoir et au maître, teintés d'une certaine dimension affective (notre première hypothèse générale de recherche affirmant le rôle non négligeable de l'affectivité dans la relation maître-élève) en fonction, d'une part, de leur niveau de résultats scolaires et/ou, d'autre part, de leur âge.

Rappelons que cette recherche appréhende l'élève dans son triple rapport à l'école, au savoir et à l'enseignant, rapport en lequel notre première hypothèse spécifique de recherche voit une condition de l'appropriation du savoir. L'étude de l'élève est donc envisagée du point de vue de son rapport à l' « objet scolaire » accordant une place privilégiée au rapport à l'enseignant.

L'échantillon de population des élèves s'étant prêtés au jeu des entretiens est le suivant :

- huit ER (ER1, ER2, ER3, ER4, ER5, ER6, ER7, ER8) et huit ED (ED16, ED17, ED18, ED19, ED20, ED21, ED22, ED23) chez les CE2 ;

– sept ER (ER9, ER10, ER11, ER12, ER13, ER14, ER15) et sept ED (ED24, ED25, ED26, ED27, ED28, ED29, ED30) chez les seconde.

Les trois chapitres suivants présentent notre analyse qualitative des entretiens (semi-directifs de recherche) menés auprès des 30 élèves : une étude d'une « disposition scolaire », intellectuelle et affective, de l'élève.

CHAPITRE IV

Le rapport à l'école, en tant que « disposition scolaire » de l'élève

1 / L'ÉLAN SCOLAIRE CHEZ L'ÉLÈVE

Son envie de venir à l'école, au lycée

Nombre d'élèves de classe de CE2 s'exprimant : 8 ER et 8 ED.
Nombre d'élèves de classe de seconde s'exprimant : 7 ER et 7 ED.

L'envie de venir à l'école des ER de classe de CE2 s'expliquerait par :

- d'une part, leur envie d'apprendre (ER4) « des choses » (ER1, ER2), de « faire du dessin, et de la peinture [...] Faire des multiplications » (ER3), de travailler (ER4, ER6), ou leur goût pour « les maths [...] Et l'histoire » (ER7) ;
- d'autre part, le souci chez certains élèves de retrouver à l'école leurs copains et copines.

L'envie de se rendre à l'école le matin serait donc liée à une première intention d'apprentissage et une seconde dimension plus ludique et/ou relationnelle.

L'ER avance, spontanément, son envie d'apprendre, de travailler, ou son goût pour certaines disciplines, ou activités. Il n'énonce les copains et copines dans son envie scolaire que suite à la question de l'enquêteur. Ainsi, chez certains ER, l'envie de « faire quelque chose » signifie l'envie d'apprendre quelque chose, comme si l'apprentissage et son activité intellectuelle semblaient passer ici par l'activité corporelle et manuelle.

Seules deux ER de classe de CE2 sur huit avouent une envie irrégulière de venir à l'école :

« pas toujours » (ER8) ;
« pas tous les matins » (ER6).

La fatigue liée à une nuit bien trop courte, donc à un lever prématuré (ER8), et les activités prévues, plus ou moins appréciées, lors de la journée scolaire à venir (ER6) sont les deux explications apportées au manque d'entrain scolaire matinal.

Comme les ER de classe de CE2, la majorité (six sur huit) des ED a envie de se rendre à l'école le matin. Les raisons invoquées ont cependant un caractère plus général dans la mesure où cinq élèves sur huit parlent de « l'école », sans préciser les composantes agréables (et attirantes) de l'institution :

« j'aime bien l'école » (ED17, ED18, ED19, ED20) ;
« ça m'intéresse bien l'école » (ED22).

Les *ED ont,* en effet, *tendance à ne pas préciser, de manière spontanée, leurs réponses et à attendre une relance de l'enquêteur pour le faire* :

« j'aime bien euh... Écrire... Lire » (ED17) ;
« ... Travailler... L'art plastique..... Euh le français... Et puis le... Les mathématiques... » (ED19).

Nous avancerions ici deux suggestions d'explication à cette différence d'informations contenues dans les réponses apportées par les ED, en comparaison de celles incluses dans les réponses fournies par les ER :

- une absence d'idées, qui pousserait l'ED à ne répondre que brièvement à la question posée, sans précision ou information supplémentaire à l'initiative de l'élève lui-même ;
- une faible confiance en soi, qui, en relation avec l'absence d'idées, pourrait être, en fait, comprise comme une absence d'initiative de l'élève face aux questions de l'enquêteur. Ainsi, l'élève s'attacherait à ne répondre que justement et précisément aux questions de l'enquêteur sans détours ou approximations, par peur peut-être de répondre mal ou faux.

Ainsi, ce n'est que dans un deuxième temps que l'on comprend ce que signifient les termes « j'aime bien l'école » : travailler

(ED18, ED19, ED20, ED21), lire (ED17, ED20, ED22), écrire (ED17, ED20), ou encore « faire » certaines disciplines, c'est-à-dire les apprendre, ou voir les copains et copines. En effet, *les ER et les ED se rejoignent ici, dans cette conception d'une activité intellectuelle d'apprentissage en tant qu'activité corporelle et manuelle, c'est-à-dire d'une activité intellectuelle à « faire »*.

De plus, il semble que l'envie d'aller à l'école des six ED précédemment cités (ED17, ED18, ED19, ED20, ED21, ED22) soit, en premier lieu, de l'ordre de l'inclination, ou du « penchant pour », alors que celle des ER paraît, en premier lieu, être de l'ordre du « faire ». En effet, *si les ER parlent d'abord de ce qu'ils « font » (apprennent) à l'école, les ED disent d'abord qu'ils aiment bien l'école avant d'expliquer ce qu'ils y « font », ou aiment bien y « faire »*. Ainsi, *l'envie d'aller à l'école des ED serait double, inclination et action d'apprentissage* (la première étape conditionnant la seconde, et le tout, c'est-à-dire l'envie), *alors que celle des ER se résumerait à la simple action d'apprentissage.*

À la manière des ER, un ED seulement répond spontanément avoir envie d'aller à l'école « pour travailler » (ED21).

Au contraire, deux élèves avouent une envie « moyen[ne] » (ED16, ED23) quand il s'agit d'aller à l'école le matin. L'une et l'autre se plaignent de la fatigue due à un lever précoce et un coucher, ou à un endormissement, tardifs (à cause de la télévision (ED23), ou d'une chambre partagée avec une sœur plus âgée (ED16)). L'une d'elles, de plus et enfin, redoute de se faire punir « à chaque fois » parce qu'elle parle (ED16). Ces deux élèves semblent ainsi avoir une expérience scolaire délicate, du fait d'une fatigue quotidienne latente, et/ou d'une crainte (justifiée ou pas) de se faire punir de façon régulière. Il peut être alors aisé de comprendre que l'envie matinale de se rendre à l'école ne soit pas toujours là.

Il est, enfin et probablement, intéressant de noter que l'évocation première de l'enseignant(e) dans l'envie d'aller à l'école soit de l'initiative de deux ED. En effet, si l'un avoue bien aimer « faire des choses avec le maître » (ED20), l'autre « se sen[t] bien parce que y'a la maîtresse » (ED18).

L'une de nos premières impressions est que *l'ensemble des élèves de seconde (ED et ER) ne fait pas preuve d'un grand enthousiasme à l'idée de devoir se rendre quotidiennement au lycée.*

Il apparaît que, chez les ER de classe de seconde, trois élèves disent avoir envie de venir au lycée le matin (ER9, ER12, ER14) pour diverses raisons bien personnelles :

« je m'y sens bien » (ER9, ER14) ;
« si on veut avoir un... Enfin un minimum d'éducation » (ER12).

Ces élèves semblent ainsi mettre en avant leur goût pour les études :

« j'aime bien étudier depuis que je suis toute petite donc ça me plaît » (ER9) ;
« je suis là pour apprendre » (ER14).

Parallèlement, quatre ER avouent que *« ça dépend »* (ER10, ER11, ER13, ER15). Pour ces quatre ER, l'envie de venir au lycée dépendrait :

- des jours, c'est-à-dire de l'emploi du temps et des matières qui les attendent dans la journée, avec, bien sûr, une préférence pour certaines journées en fonction des matières appréciées rencontrées dans ces journées (ER10, ER11) ;
- de l'horaire, c'est-à-dire de l'heure à laquelle commence la journée scolaire et, notamment, de leur difficulté à se lever le matin (ER13, ER15) :

  « ça dépend, le matin j'aime pas, mais l'après-midi ça va » (ER13) ;

- des raisons pour lesquelles on se rend au lycée :

  « Si, pour apprendre euh, même pour voir des camarades [...] Disons que c'est le fait de me lever, de rester cloîtrer dans une salle qui m'énerve » (ER15).

Cet élève semble donc aimer se rendre au lycée pour apprendre, mais ne pas aimer les conditions dans lesquelles son apprentissage doit se faire.

Comme les ER, quatre ED de classe de seconde disent avoir envie de venir au lycée le matin (ED24, ED25, ED26, ED30) pour diverses raisons bien personnelles :

« ça me permettra d'avoir un bon métier plus tard. Donc ça me compense un peu » (ED24) ;
« j'ai plutôt envie de venir [...] J'viens là pour travailler. J'suis pas venue pour m'amuser *[sourire]* ! » (ED25) ;
« on voit les amis [...] Puis au moins ça occupe pendant les journées [...] Puis c'est quand même important d'étudier pour s'assurer un bon avenir » (ED26).

De façon parallèle, trois ED admettent que *« ça dépend »* (ED27, ED28, ED29). Pour ces trois ED, l'envie de venir au lycée dépendrait :

- des jours, c'est-à-dire de l'emploi du temps et des matières abordées dans la journée qui s'annonce (ED27, ED28) ;
- de l'humeur et de la fatigue du jour (ED27, ED28) ;
- de l'horaire, c'est-à-dire de l'heure à laquelle commence la journée scolaire (ED28, ED29) : « Me lever tôt le matin, la flemme quoi. Mais bon, on est obligé donc j'y vais... » (ED29) ;
- des vacances passées ou à venir (ED27) : « Euh après les vacances non [...] Quand les vacances approchent si, j'suis contente. »

À la différence des réponses apportées par les ER, *le caractère obligatoire de l'institution scolaire* (ED24, ED25, ED29) et *l'avantage de faire des études pour un « bon métier »* (ED24, ED26, ED27) sont avancés comme *deux des raisons pour lesquelles certains des ED se rendent quotidiennement au lycée.*

De façon intéressante, s'il apparaît que *l'ensemble des élèves de classe de seconde (ED et ER) dit venir au lycée aussi bien pour apprendre que pour voir les camarades de classe, les ED semblent cependant plus attachés à nous faire comprendre les raisons les plus importantes de leur venue au lycée : travailler et apprendre. Ils peuvent, en effet, voir leurs amis en dehors de l'établissement scolaire (ED28, ED29) :*

> « non [...]. Ben déjà là y'a mon copain, M. là, j'le vois il habite... On habite dans le même quartier donc *[sourire]*... Donc j'le vois souvent, on prend le car et tout le matin ensemble » (ED28) ;
>
> « non pas spécialement là. Parce que j'viens, c'est... C'est pour les cours. Mes amis j'peux les voir en dehors » (ED29).

Tout semble se passer comme si, chez les ED, le souci de « bien faire », « bien dire », « bien paraître » auprès de l'enquêteur était important. L'ED paraît ainsi s'inscrire, bien malgré lui très probablement, dans la double perspective du métier d'élève (Perrenoud, 1994) et de la mobilisation sur l'école (Charlot, Bautier et Rochex, 1992) dans son rapport à l'école. Comme si l'ED tentait, par son discours, de « faire croire à ».

Entre le discours des élèves de classe de CE2 et celui des élèves de classe de seconde sur leur envie de se rendre à l'école ou au lycée, apparaissent essentiellement deux points de différence ou d'évolution.

D'une part, si les élèves de classe de CE2 *semblent plutôt enthousiastes, en général, pour se rendre à l'école, les élèves de classe de seconde ont bien moins d'entrain.*

D'autre part, si les élèves de classe de CE2 *parlent de « faire » à l'école, les élèves de classe de seconde parlent plutôt d' « apprendre » au lycée.*

Enfin, il semble intéressant de noter que l'introduction :

- *de la perspective de la présence de l'enseignant dans l'envie de se rendre à l'école appartient à certains* ED *de classe de ce2 ;*
- *des dimensions d'obligation et d'avenir lointain (pour un « bon métier ») dans leur action de se rendre au lycée appartient aux* ED *de classe de seconde.*

Son intention, son envie de travailler

Nombre d'élèves de classe de CE2 s'exprimant : 6 ER et 5 ED.
Nombre d'élèves de classe de seconde s'exprimant : 6 ER et 7 ED.

Si l'ensemble des *ED de classe de CE2 dit avoir l'envie et l'intention de travailler en arrivant le matin à l'école, et ce quelles que soient leur fatigue et les activités prévues en classe, cette envie semble plus changeante (ou versatile) chez les ER.* Elle paraît, en effet, fluctuer selon les demi-journées (ER6), la fatigue (ER1) ou les disciplines abordées dans la journée (ER3). Nous ne sommes pas en mesure, à cette phase de notre analyse, d'expliquer cette différence. Nous pouvons cependant avancer deux suggestions :

- le réel besoin des ED de faire bonne impression face à une personne qu'ils ne connaissent pas (l'enquêteur), qui pourrait s'expliquer par un besoin de « plaire » des ED ;
- l'envie effective et sincère de bien faire, d'être volontaire pour une évolution de leur résultats scolaires.

Chez les élèves de classe de seconde, d'une manière générale, deux tendances verbales – l'une propre aux ED, l'autre propre aux ER – semblent se dessiner dans leur discours. Ainsi, *l'envie et l'intention de travailler des élèves de classe de seconde en arrivant le matin au lycée dépendraient :*

- *de l'humeur et de l'état de fatigue, chez les* ED (ED26, ED27, ED28, ED29, ED30) ;

« euh y'a des jours avec et y'a des jours sans *[sourire]* parce que... J'ai quand même une vie à côté du lycée qui est plutôt mouvementée » (ED26) ;

« si j'suis en forme oui, mais si j'suis un peu fatiguée j'arrive pas. C'est pas que je le veux pas, mais j'y arrive pas » (ED27) ;

« certains jours oui *[sourire]* et certains jours, non *[rire]* [...]. [Ça dépend] ben soit de mon humeur. Soit si j'ai la forme et puis voilà » (ED30) ;

- *des matières enseignées dans la journée, chez les* ER (ER10, ER12, ER14, ER15).

« ben... Les jeudis matins non j'ai pas trop envie de travailler [...]. Y'a économie *[sourire]* ! » (ER10) ;

« ben ça dépend des jours mais la plupart du temps oui *[sourire]* [...]. Y'a des jours ou j'ai... J'ai pas envie de faire des heures de français et puis voilà quoi » (ER12) ;

« ça dépend des jours [...] ça dépend aussi des matières » (ER14, ER15).

Alors que deux ER disent se rendre au lycée sans se poser de question (ER9, ER13) :

« j'sais pas *[sourire]*... [...] Le matin j'viens j'me réveille, et dans la cour j'y vais... » (ER13) ;

l'ED serait-il plus à l'écoute de ses envies journalières, et celles-ci plus fluctuantes, car en relation avec la chose scolaire ? En effet, ne sommes-nous pas plus réceptifs à nos élans et réticences à l'égard d'un objet quel qu'il soit lorsque notre goût pour l'objet en question (le lycée) est extrêmement fragile, et dépendant, d'autres objets (l'obligation, la préparation de son avenir, etc.) ?

Il semble que l'on puisse trouver là matière à une première *hypothèse (générale) sur le rapport à l'école des élèves* du point de vue de l'envie de travailler :

- chez les ED, cette envie dépendrait de déterminants personnels (fluctuants), comme si la valeur et le contenu de la chose scolaire étaient mis entre parenthèses ;
- chez les ER, elle fluctuerait selon la valeur, la nature et le contenu de la chose scolaire.

Dans un cas (ED), l'élève est « déconnecté », c'est-à-dire replié sur lui-même ; dans l'autre (ER), sa relation qui ne fait pas problème va être modulée par les facettes même de la chose scolaire.

Enfin, apparaît ici le souci des ED de classe de CE2 et de certains ED de classe de seconde de « bien faire », « bien dire », « bien paraître » auprès de l'enquêteur. Ce souci, précédemment constaté chez des ED de classe de CE2, se retrouve donc chez deux ED de classe de seconde (ED24 et ED25). Ces derniers disent, en effet, avoir l'envie et l'intention de travailler en arrivant le matin au lycée, de façon imperturbable, c'est-à-dire quelles que soient leur fatigue et les matières enseignées dans la journée. Comme ses camarades en difficulté scolaire de classe de CE2, l'ED de classe de seconde paraît ainsi s'inscrire dans la double perspective du métier d'élève et de la mobilisation sur l'école dans son rapport à l'école.

Si seuls les ED de classe de CE2 disent avoir l'envie et l'intention de travailler en arrivant à l'école, l'ensemble des autres élèves avouent cette envie fluctuante. Celle-ci changerait en fonction :

- *de l'humeur et de la fatigue chez les ED de classe de seconde ;*
- *des matières enseignées dans la journées chez les ER de classe de seconde ;*
- *de l'ensemble de ces raisons chez les ER de classe de CE2.*

Il semble ainsi qu'une évolution notable apparaissent entre élèves de classe de CE2 et élèves de classe de seconde sur leur envie et intention de travailler. *Les raisons pour lesquelles l'envie devient changeante se préciseraient avec l'âge, chaque groupe d'élèves (ER et ED) ayant ses raisons spécifiques : personnelles et internes pour les ED, scolaires pour les ER.*

Ses devoirs scolaires : les faire, les « bâcler », les omettre ou les oublier

Nombre d'élèves de classe de CE2 s'exprimant : 7 ER et 7 ED.
Nombre d'élèves de classe de seconde s'exprimant : 7 ER et 7 ED.

Si, à l'unanimité, l'ensemble des élèves de classe de CE2 (ER et ED) dit faire ses devoirs régulièrement, l'étude plus approfondie des réponses de ces élèves révèle deux catégories de dissonances entre ER et ED :

– *L'inscription des élèves dans le travail scolaire*. Il apparaît que, majoritairement, les ER font leurs devoirs « pour apprendre », même s'ils ont conscience du caractère obligatoire de cette tâche scolaire. De leur côté, les ED continuent de se montrer volontaires et travailleurs, mais ne semblent pas établir un lien entre le discours et l'action : il apparaît, en effet, que la dimension abstraite de la motivation, ou « mobilisation sur » l'école, ne se concrétise pas toujours dans un acte, ou une « mobilisation à » l'école (Charlot *et al.*, 1992).

Si les ED avouent timidement oublier parfois leurs devoirs scolaires (ED17, ED19), les raisons avancées par les ED pour expliquer leur motivation à les faire ont un caractère extrinsèque, ou « non habité » : pour éviter de se faire « gronder » (ED21), pour aller « dans les autres classes » (ED21, ED22), « pour [leur] bien » (ED22), ou parce que l'enseignante le leur « demande » (ED17). Par « non habité », nous entendons ici l'impression de non inscription des ED dans les discours prononcés pourtant par eux-mêmes. Mis en relation avec l'énonciation ci-dessus d'une première *hypothèse (générale) sur le rapport à l'école des élèves*, on pourrait même parler d'une « présence/absence » des ED, tournés sur eux-mêmes et non habitants de leur discours.

Il semble, effectivement, difficile d'accepter sans étonnement la réponse d'un enfant de huit ans annonçant qu'il fait ses devoirs « pour son bien », par exemple. Nous ne pouvons ainsi nous empêcher d'entendre un parent, ou un enseignant, répéter inlassablement ce type de phrase à un enfant en difficulté scolaire, passagère ou durable, dans l'espoir de lui faire prendre conscience de l'importance de l'école. L'enfant intérioriserait ainsi une réponse ou une pensée qui ne lui appartiendrait pas, pour la simple et bonne raison qu'elle ne semble vraisemblablement pas de son âge. Il est exact que la réponse d'un enfant de 8 ans avançant son envie scolaire d'apprendre, ou de savoir, nous apparaît, peut-être à tort, plus intériorisée, et donc plus « habitée » par l'enfant lui-même. C'est alors que se présente, pour nous, la seconde catégorie de dissonances entre les réponses apportées par les ED et celles apportées par les ER.

– *Le degré de sincérité dans les réponses données par les élèves*. Il est, en fait, difficile ici de savoir s'il s'agit de sincérité, ou pas. En effet, ne pas être sincère présume de la volonté de ne pas l'être.

Or, il ne semble pas que les ED aient cette volonté d'omission, ou de distorsion de la réalité. Nous pensons l'ED plus victime des mots qu'il répète sans les ressentir que réel manipulateur de sa réalité scolaire. Cependant, lorsque nous parlons du degré de sincérité dans les réponses données par les élèves, nous avançons l'idée d'une dissonance d'aisance, de naturel, entre les réponses des ED et celles des ER. En effet, si les premiers (ED17, ED19) avouent difficilement (lentement) oublier de faire leurs devoirs, le second (ER3) en parle sans gêne :

> « Euh... Quelquefois... Quelquefois j'oublie que j'ai des devoirs » (ED19) ;
> « Oui, mais des fois j'oublie » (ER3).

Il y aurait ainsi une réelle simplicité chez les ER à parler de leur vie scolaire, surtout en ce qui concerne les points peu favorables à de bons résultats scolaires (les devoirs non faits, l'absence de motivation scolaire certains jours, etc.). Au contraire, les ED semblent éprouver une certaine gêne dans l'aveu de ces mêmes attitudes scolaires, les confortant dans – ou explicative, à leurs yeux, de – leur position d'ED. Révéler de telles attitudes à, ou à l'égard de l'école reviendrait ainsi à l'aveu :

- d'une facilité scolaire pour les ER ;
- des raisons d'une difficulté scolaire pour les ED.

Tout semble se passer comme si une même réalité (négligence, oubli) n'avait pas le même sens selon le statut scolaire des élèves, c'est-à-dire leur niveau de résultats scolaires.

Contrairement à l'ensemble des élèves de classe de CE2, les élèves de classe de seconde (ED et ER) ne prétendent pas, à l'unanimité, faire leurs devoirs régulièrement.

En effet, cinq ER (sur sept) disent faire leurs devoirs, principalement pour des raisons d'apprentissage :

> « j'apprends sans faire d'effort. Juste en faisant les exercices » (ER11) ;
> « comprendre » (ER10, ER12, ER14).

Deux ER avouent, quant à eux, ne plus les faire de façon très régulière depuis un mois ou plus par manque de temps et d'envie :

> « j'ai pas le temps de travailler » (ER13) pour cause d'activité sportive en dehors du lycée ;
> « ben en ce moment ce qu'y a c'est que je traverse... cette période [...] j'ai plus envie de rien faire » (ER15).

D'une façon semblable à celle des ED de classe de CE2, les ED de classe de seconde avouent difficilement (lentement) ne pas toujours faire leurs devoirs (ED24, ED25, ED26, ED27, ED29, ED30), ou de « bâcler » parfois leur travail scolaire (ED27). Le manque de compréhension des devoirs solaires donnés par l'enseignant est l'explication essentielle apportée, par ces élèves, à cette forme probable de non mobilisation scolaire véritable, voire d'un certain désintérêt pour la tâche scolaire.

Ainsi, comme certains ER, les ED abordent la question de la compréhension liée aux devoirs à faire chez soi. Si les ER pensent les devoirs comme une aide pour comprendre l'enseignement suivi dans la journée, certains ED les voit, par contre, comme une réelle difficulté insurmontable seul (ED24, ED27, ED28, ED30). Après s'être donc penchés seuls sur leurs devoirs, ils disent partir à la recherche de personnes susceptibles de les aider dans cette tâche scolaire. Il peut s'agir :

– d'enseignants

> « quand je comprends pas, et ben je laisse de côté pour demander à la prof » (ED24) ;
>
> « dans mon quartier où j'habite y'a un prof de maths et tout et il nous fait cours [...] des fois je comprends pas et je vais le voir » (ED25) ;

– de membres de la famille

> « mmh [on peut m'aider chez moi] » (ED24) ;
>
> « sinon j'vais voir ma cousine des fois quand je comprends pas » (ED28) ;

– d'ami(e)s

> « sinon bon des fois j'les fais avec M. Et puis bon il m'explique » (ED28).

Le manque de confiance en soi semble à l'origine des difficulté, passagères ou durables, des ED au cours de leurs devoirs scolaires. En effet, ces élèves paraissent vite déstabilisés seuls face à cette tâche. Ils choisissent alors soit de ne pas persister et d'abandonner la tâche, soit de chercher de la compagnie, une aide, pour affronter ce moment scolaire, hors l'école. Ces possibilités de choix apparaissent cependant comme un seul acte de fuite et d'évitement de l'affrontement seul et isolé d'une tâche scolaire de la part de l'élève. Tout semble se passer comme si l'élève tentait, par ce biais (l'abandon ou la recherche d'aide), de réduire ou d'éviter une pression ou un stress inutiles, une charge de travail sans intérêt.

En premier lieu, *si les élèves de classe de CE2 disent faire leurs devoirs à l'unanimité, il n'en va pas de même pour les élèves de classe de seconde.*

En second lieu, *alors que les ER de classes de CE2 et de seconde avouent sans gêne ne pas les faire parfois ou souvent, les ED de ces classes finissent par accepter cet aveu avec bien plus de gêne et de difficultés que les ER.*

Les ED de classe de seconde soulignent également les difficultés rencontrées au cours de cet exercice scolaire, et en conséquence, leur abandon de la tâche ou leur recherche d'aide pour essayer de la finir malgré tout.

Son effort scolaire : entre motivation et obligation

Nombre d'élèves de classe de CE2 s'exprimant : 8 ER et 8 ED.
Nombre d'élèves de classe de seconde s'exprimant : 7 ER et 7 ED.

La *différence d'attitude scolaire (motivation/obligation) entre les ER et les ED chez les élèves de classe de CE2 ne nous semble pas véritablement forte et prégnante.* En effet, à bien des niveaux, les réponses des ER et des ED quant à la motivation, ou à l'obligation, scolaires sont proches et semblables. Cependant, nous avançons ici quelques pistes d'analyse.

Concernant les ER, il apparaît que :

- trois d'entre eux (ER1, ER2, ER5) « font les choses » par motivation ;
- deux (ER3, ER8) par obligation ;
- trois (ER4, ER6, ER7) par motivation sans oublier l'aspect obligatoire des tâches scolaires.

Concernant les ED, cinq d'entre eux (ED17, ED18, ED19, ED20, ED22) « font les choses » par motivation, dont deux (ED18 et ED23) « parce qu['ils] aime[nt] bien », un (ED21) par obligation et deux (ED16, ED23), à la fois, par motivation et obligation.

Si, pour la majorité (sept sur huit) des ED, la motivation scolaire serait le moteur du « faire » en classe, c'est-à-dire de l'activité scolaire de ces élèves, il ne paraît pas en être de même concernant les ER. En effet, le moteur scolaire de ces derniers oscillerait plus facilement entre la motivation et l'obligation, au gré de leur fatigue, ou de leur préférence pour certaines activités. Rejoignant notre analyse faite du point intitulé « Intention/Envie de travailler ? », nous pouvons avancer deux suggestions à cette différence d'attitude scolaire entre les ER et les ED de classe de CE2 :

- le réel besoin des ED de faire bonne impression, qui pourrait s'expliquer par un besoin de « plaire » ;
- l'envie effective et sincère des ED de bien faire, d'être volontaire et motivé pour une évolution de leur résultats scolaires.

Comme nous le notions précédemment, deux ED (ED18 et ED23) font volontiers leurs tâches scolaires parce qu'ils « aime[nt] bien ». Nous pouvons nous demander si ce vocabulaire d'inclination, déjà utilisé par des ED à propos de l'envie de venir à l'école, est un indice de l'intensité de la dimension affective existante dans le rapport des élèves à l' « objet scolaire », ou s'il ne s'agit, en fin de compte, que d'un effet de langage sans signification véritable pour notre recherche. Nous choisissons, pour le moment, de laisser en suspens cette question. La poursuite de notre analyse des entretiens nous permettra peut-être d'y répondre ultérieurement.

Comme dans le cas des élèves de classe de CE2, *la différence d'attitude scolaire (motivation/obligation) entre les ER et les ED de classe de seconde ne nous semble pas véritablement forte et prégnante.* En effet, à bien des niveaux, les réponses des ER et des ED quant à la motivation ou à l'obligation scolaires sont proches et semblables, à tel point que nous ne trouvons pas ici véritablement de différence importante et intéressante entre les discours des ER et ceux des ED.

On peut ainsi naturellement s'interroger sur la notion même de motivation : serait-elle un axe non discriminant ? N'est-ce pas, en effet, un signe de l'ambiguïté de la notion (voir motivation intrinsèque et motivation extrinsèque) ? Ne serait-ce pas alors un élément plaidant en faveur de l'analyse de Charlot, Bautier et Rochex (1992) ? *N'est-ce pas effectivement la mobilisation qui importe ?*

Son effort scolaire : pour qui travaille-t-il ?

Nombre d'élèves de classe de CE2 s'exprimant : 8 ER et 7 ED.
Nombre d'élèves de classe de seconde s'exprimant : 7 ER *vs* 5 ED.

Les ED affirment, à l'unanimité et en premier lieu, travailler à l'école pour eux-mêmes, alors que seulement la moitié d'entre eux dit travailler pour faire plaisir à leurs parents ou à leur enseignant(e).

De leur côté, les ER sont plus partagés et prétendent travailler aussi bien pour eux-mêmes que pour leurs parents ou leur enseignant(e). Cette constatation est étonnante sans vraiment l'être. En effet, si avoir conscience que le travail scolaire est, d'une part, à fournir d'abord pour soi et, d'autre part, signifie l'inscription du sujet dans son expérience et son activité scolaires, l'ED est donc mobilisé à et sur l'école. Or, c'est justement le contraire qui ressort de nos précédentes pages d'analyse de notre corpus d'entretiens. Ne devons-nous pas conclure alors que l'ED continue sa « prestation », poursuivant une récitation qui semble lui appartenir à force de répétitions parentales ou enseignantes ? L'ER, quant à lui, continue également son discours, ses propos pouvant être, indifféremment, favorables ou défavorables à de bons résultats scolaires.

Cela pourrait nous inciter à penser que *chacun (ED et ER) aurait ainsi tendance à « s'enfermer » dans un discours propre, exprimant et révélant ce que l'on pourrait considérer comme une « pensée » caractéristique d'une situation scolaire.* Nous devons être attentif à ce qui, dans la suite de l'analyse, pourrait venir confirmer ou infirmer cette hypothèse.

De façon indifférente, les élèves de classe de seconde (ER et ED) disent travailler au lycée d'abord pour eux-mêmes. Une courte majorité d'élèves (ER et ED) semble également travailler en classe pour ses parents et/ou les enseignants.

Il apparaît important aux ER d'avoir de bonnes notes pour, d'une part, leur propre plaisir, et, d'autre part, contenter leur entourage (parents et enseignants) :

« et puis aussi un peu pour mes parents parce que quand ils sont fiers et bien j'suis contente *[sourire]* » (ER9) ;

« ben pour moi déjà parce que j'serai contente, et puis mes parents et [...] l'enseignant aussi parce qu'il sera content de... Ce que j'ai compris » (ER10) ;

« et après pour mes enseignants. Parce que ça doit leur faire plaisir » (ER12).

Contrairement aux ER, les ED n'évoquent pas les raisons pour lesquels ils travaillent au lycée. Seul un ED s'aventure à ces précisions :

« [pour moi] essayer de réussir mes études, du mieux possible... Pour les professeurs, ben pour essayer de leur prouver que j'ai appris quand même quelque chose, puis pour mes parents aussi, pour qu'ils soient contents de moi *[sourire]* » (ED30).

Ces indications sur les raisons qui poussent cet ED à travailler en classe rejoignent celles avancées par une majorité d'ER (ER9, ER10, ER12, ER14).

L'effort et le travail scolaires, ainsi que l'attente d'obtention de bonnes notes, paraissent se faire dans une certaine recherche de plaisir et de contentement, pour soi, ses parents et/ou ses enseignants, et ce quel que soit le niveau de résultats scolaires de l'élève. La longueur et la précision des réponses apportées par les élèves de classe de seconde semblent varier selon leur niveau de résultats scolaires : des réponses longues et complètes pour les ER, des réponses courtes et succinctes pour les ED. *Ainsi, si les ER de classe de seconde sont donc capables de dire pourquoi ils travaillent, les ED ne le sont pas.*

N'est-ce pas l'indice d'un rapport à son propre travail scolaire superficiel dans un cas (celui des ED) et d'un rapport approfondi dans l'autre (celui des ER) ? N'est-ce pas également l'indice que les uns (les ED) sont dans leur métier scolaire, mais sans être un travailleur scolaire, alors que les autres (les ER) sont d'emblée des travailleurs scolaires, en dépassant immédiatement le cadre du métier d'élève ?

À propos de l'élan scolaire de l'élève...

Le tableau page suivante permet une mise en relief des positions des élèves apparues dans leurs discours, quant à leur élan scolaire.

TABLEAU II. — *Synthèse des résultats concernant l'élan scolaire des élèves (dans l'analyse du rapport à l'école)*

	CE2		*Seconde*	
	ER	*ED*	*ER*	*ED*
L'envie de venir à l'école, au lycée	Pour « faire »	• Pour « faire » • Car « ils aiment »	Pour « apprendre »	• Pour « apprendre » • Par obligation • Pour un « bon métier »
L'intention, l'envie de travailler	Envie changeante en fonction de déterminants personnels et scolaires	Envie « imperturbable »	Envie changeante en fonction déterminants scolaires (valeur, nature et contenu de la chose scolaire)	Envie changeante en fonction de déterminants personnels
Les devoirs scolaires	• Devoirs faits • Aisance dans l'aveu des devoirs non faits	• Devoirs faits • Difficulté dans l'aveu des devoirs non faits	• Devoirs faits • Aisance dans l'aveu des devoirs non faits	• Devoirs faits • Difficulté dans l'aveu des devoirs non faits • Précision d'une recherche d'aide en cas de difficulté
L'effort scolaire : entre motivation et obligation	—	—	—	—
L'effort scolaire : pour qui étudier, travailler ?	• Pour eux-mêmes • Pour l'entourage	Pour eux-mêmes avant tout	• Pour eux-mêmes : plaisir des bonnes notes • Pour l'entourage également : le contenter	• Pour eux-mêmes • Pour l'entourage également

Il semble avant tout intéressant de noter le discours :

- très volontaire de mobilisation sur l'école des ED de classe de CE2, se traduisant par un discours sur leur exercice du métier d'élève ;
- volontaire de mobilisation sur l'école des ED de classe de seconde, débouchant également sur un discours sur leur exercice du métier d'élève ;
- de mobilisation à et sur l'école des ER de classe de CE2 ;
- de mobilisation à et sur l'école des ER de classe de seconde, bien au-delà d'un éventuel simple exercice du métier d'élève.

2 / LES ÉMOTIONS, LIÉES À L'INSTITUTION SCOLAIRE ELLE-MÊME, DE L'ÉLÈVE

Son vécu émotionnel sur le chemin de l'école, du lycée

Nombre d'élèves de classe de CE2 s'exprimant : 8 ER et 6 ED.
Nombre d'élèves de classe de seconde s'exprimant : 7 ER et 6 ED.

À l'unanimité, l'ensemble des élèves de CE2 (ER et ED) disent ne pas redouter de se rendre à l'école.

Chez les ER, seule une journée scolaire inhabituelle (la rentrée scolaire annuelle (ER4), un contrôle prévu (ER1), une demi-journée à la piscine (ER6), l'absence de devoirs faits (ER8), ou un début de journée exceptionnel (un retard (ER3), et la peur d'une punition ou d'une réprimande consécutive à ce retard) peuvent entraîner la sensation d'une certaine peur, ou appréhension, à l'idée de se rendre à l'école.

Il est probablement intéressant de noter ici le laconisme des réponses données par les ED. Seule une élève, après réflexion, avoue son inquiétude lorsqu'il lui arrive de pénétrer en retard dans l'école (ED23).

Ce laconisme est-il la manifestation d'une réticence ou d'une résistance de la part des ED ? En d'autres termes, est-ce une confession de leur exercice du métier scolaire, à défaut d'être de véritables travailleurs scolaires, qui apparaît encore ? Est-ce aussi une déclaration de leur mobilisation sur l'école, à défaut d'une véritable mobilisation à l'école de leur part ? Enfin, qu'est-ce que leur laconisme cache ?

À l'unanimité, les ER de classe de seconde disent ne ressentir aucune appréhension à l'idée de se rendre au lycée. La question paraît même surprendre trois d'entre eux :

« d'avoir peur ! ? » (ER13) ;
« peur de quoi ! ? » (ER14) ;
« ... Une appréhension ! ? » (ER15).

De leur côté, si la plupart des ED se dit sereine lors de sa venue au lycée, deux d'entre eux soulignent cependant leur appréhension lorsque un contrôle est prévu dans la journée :

« ben ouais parce qu'on est pas forcément sûr de soi par rapport à la leçon, ou au travail qu'on a fourni [...] Et pas sûr [...] d'avoir la bonne note [...] la note qu'il faut [...] pour avoir un niveau suffisant, ou réussir » (ED26) ;
« ouais des fois ouais [...]. Quand j'vois le lycée le matin, qu'on a un contrôle dès la première heure... Ça m'a gâché ma journée déjà *[rire]* » (ED28).

Ainsi, la peur de venir au lycée des ED est liée à l'approche d'un contrôle. Peur de mal faire ? De se tromper ? Peur d'échouer vraisemblablement. Il apparaît donc que cette appréhension, conséquence d'une proche interrogation orale ou écrite, serait également en relation avec une faible confiance en soi des ED. Doutant de ses capacités en général, doutant de sa capacité à réussir en particulier, l'ED redouterait naturellement l'interrogation, ainsi que la note sanction vers laquelle l'examen semble bien souvent se diriger. L'ED paraît alors enfermé dans un cercle et une logique de l'échec : la peur de l'interrogation entraînerait un certain stress lors de l'épreuve et une difficulté à montrer ce l'on sait, une mauvaise note découlerait de cette situation, la mauvaise note menant vers l'appréhension du contrôle suivant, etc. La relation causale suivante, au mieux, ne fonctionnerait plus :

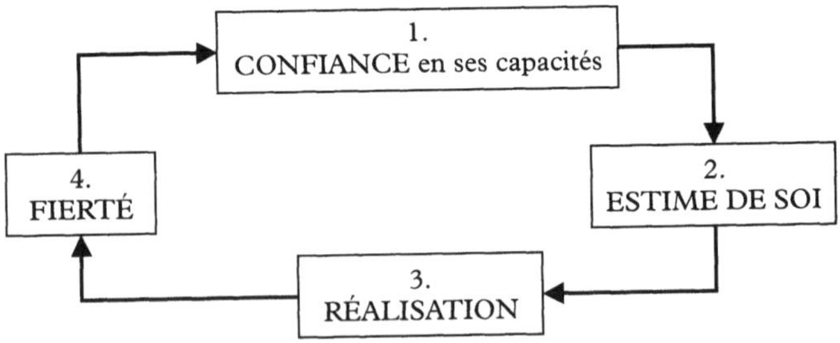

D'après Branden, cité par Lafortune et Saint-Pierre, 1998, p. 30 (voir chap. II, La confiance en soi, p. 29).

Au pire, cette relation causale fonctionnerait négativement : une faible confiance en ses capacités entraînerait une faible estime de soi, celle-ci découlant sur une mauvaise réalisation d'une tâche et donc sur une fierté personnelle affaiblie, etc. Nous aurions là une clé pour comprendre comment se construit le « chemin scolaire » de l'élève, dans le sens de notre deuxième hypothèse générale de recherche.

L'ensemble des élèves (CE2 et seconde) dit ne ressentir aucune appréhension lorsqu'ils se rendent à l'école ou au lycée.

Si les ED de classe de CE2 restent très peu loquaces et imperturbables, les ER de classe de CE2 avouent cependant ressentir quelque peur en cas de journée à venir exceptionnelle (sortie scolaire, devoirs non faits, retard matinal ou contrôle prévu).

Enfin, *si deux ER de classe de seconde semblent même surpris par l'éventualité d'une appréhension, deux ED finissent par dire leur appréhension en cas d'interrogation,* orale ou écrite, *prévue dans la journée.*

Son vécu émotionnel en classe

Nombre d'élèves de classe de CE2 s'exprimant : 8 ER et 8 ED.
Nombre d'élèves de classe de seconde s'exprimant : 6 ER et 7 ED.

Si la majorité des élèves de classe de CE2 (ED et ER) se dit, en général, non nerveuse et heureuse en classe, elle s'avoue aussi parfois agacée. Les raisons de ces agacements passagers peuvent être :

- semblables quel que soit le niveau de résultats scolaires des élèves :
  - un conflit avec le (la) voisin(e) (ER1, ER7, ED17, ED18) ;
  - des difficultés rencontrées face à une tâche scolaire (ER5, ED21) ;
- différentes en fonction du niveau de résultats scolaires des élèves.

Il peut ainsi s'agir alors :

- dans le cas des ER :
  - de la chaleur dans la salle de classe (ER6) ;
  - de l'envie d' « être ailleurs » ;
  - de la fatigue (ER8) ;

– dans le cas des ED :
- d'une attitude répressive de la part de l'enseignant(e) ;

« la maîtresse me reproche des choses » (ED16) ;
« ben des fois parce que euh... [...] Ils mettent un mot sur le carnet [...] Mes parents ils s'énervent après moi quoi... » (ED19).

- en cas de devoirs scolaires à faire à la maison ;

« quand j'ai des devoirs [...] Parce que ma mère elle m'oblige à faire tous les devoirs justes alors... » (ED16).

D'une manière générale, il est probablement intéressant de constater ici que la nervosité, ou le mal être, ressentis en classe :

– par l'ER, sont liés à ce qui est en train de se passer, comme, par exemple, une chaleur ou une fatigue trop grandes ou l'envie d'être ailleurs ;
– par l'ED, sont liés à l'appréhension de ce qui est susceptible d'arriver, comme, par exemple l'installation momentanée d'une relation conflictuelle à l'adulte (parents ou enseignant(e).

Comme si, d'une part, l'ER vivait plus dans le réel présent et l'ED dans le virtuel anticipé (sur le mode de l'appréhension).

Comme si, d'autre part, la crainte du conflit avec l'adulte enseignant ou le parent était latente, de façon quotidienne, chez certains ED (2 sur 8 dans notre échantillon).

La majorité des élèves de classe de seconde (ED et ER) dit se sentir plutôt heureuse et sereine en classe. Il arrive cependant que quelques-uns d'entre eux ressentent :

– une certaine impatience liée à l'envie de quitter le lycée :

« c'est bientôt le cours de karaté. Et ça me manque *[rire]* [...] ! J'suis impatiente... » (ER14) ;
« quand j'sais que [...] j'vais sortir avec des copains et tout, le dernier cours j'suis toujours nerveux. J'suis toujours pressé de sortir » (ED28) ;

– un certain agacement (ER14, ER15), ou une certaine tristesse (ED27), liés à l'ambiance moqueuse qui règne en classe :

« y'a des jours je dis pfff *[elle souffle]*... "Cette classe vraiment ! Ouais j'en ai marre de cette classe, il faut que je change de classe" » (ER14) ;
« c'est l'ambiance justement [...]. Les mentalités » (ER15) ;
« je reproche à certains d'être un peu trop moqueurs [...]. Comme je viens d'Algérie on me reproche beaucoup mon accent et des choses comme ça » (ED27) ;

– un certain énervement lié aux réprimandes faites par un enseignant à une élève qui prend la parole en classe sans l'avoir demandée :

« j'dis quelque chose et... On me dit » fallait lever ta main «, j'sais pas, ça, ça m'énerve » (ED25) ;

– une certaine nervosité liée à l'approche d'un contrôle :

« évidemment dans les DS où vraiment j'ai des difficultés » (ED26) ;
« ben déjà quand un contrôle » (ED28).

Les raisons de ces formes de déconvenue scolaire sont donc très variées et hétéroclites. Il semble que l'on ne puisse pas, véritablement, avancer une réelle différence de sentiment scolaire entre les ED et les ER de classe de seconde. Les fluctuations et particularités individuelles paraissent, en effet, plus prégnantes dans la façon de vivre et de ressentir sa scolarité que le groupe d'appartenance des élèves (ER *versus* ED).

Deux éléments pourraient être cependant susceptibles de révéler des différences de vécu scolaire entre les élèves, en fonction de leur niveau de résultats scolaires (ER *versus* ED) :

1 / l'approche d'un contrôle, qui semble provoquer un sentiment d'appréhension chez les ED ;
2 / le sentiment de confiance en soi, très probablement ressenti de façon dissemblable, par les ED et les ER.

Si, une *différenciation ne peut pas être véritablement établie ici entre ER et ED de classe de seconde* au sujet d'un vécu émotionnel en classe, il n'en va pas de même pour les ER et les ED de classe de CE2. En effet, outre quelques raisons communes (conflit de voisinage, difficultés scolaires) :

– *les ER de classe de CE2 avouent ressentir des émotions en classe pour des raisons situées dans le présent actuel (trop forte chaleur en salle de classe, envie d'être ailleurs, fatigue) ;*
– *les ED avouent cela pour des raisons situées dans un futur virtuel (crainte d'une attitude répressive enseignante, crainte de devoirs à faire à la maison).*

Sa vie scolaire : entre satisfaction et insatisfaction

Nombre d'élèves de classe de CE2 s'exprimant : 7 ER et 7 ED.
Nombre d'élèves de classe de seconde s'exprimant : 7 ER et 5 ED.

Étant aussi laconiques les uns que les autres, les élèves de classe de CE2 se disent dans leur ensemble satisfaits de leur vie scolaire, se sentant à leur aise à l'école et ne ressentant aucun manque.

À l'unanimité, les ER de classe de seconde se disent contents ou satisfaits de leur vie scolaire, pour des raisons principalement liées :

– aux apprentissages :

> « j'ai des nouvelles matières qui me plaisent » (ER9) ;

– aux camarades de classe :

> « j'pense que j'me suis bien intégrée dans la classe et dans le lycée [...] j'ai rencontré de nouvelles personnes » (ER9) ;

– à l'ambiance lycéenne (différente de celle collégienne) :

> « c'est moins critique. Enfin... les uns vis-à-vis des autres [...]. Enfin c'est plus tolérant le lycée j'trouve » (ER12).

De leur côté, les ED se disent également satisfaits de leur vie scolaire. Ils s'expriment toutefois de façon bien plus laconique que les ER.

Une ED cependant avoue vivre douloureusement sa vie scolaire :

> « C'est parce que... Enfin ça m'a beaucoup marquée [...]. J'devais déjà passer en première, et je me suis vue tout refaire » (ED27).

Adolescente algérienne, cette bonne élève (en Algérie) devait entrer en classe de première en arrivant en France. Pour des raisons administratives, elle ne fut acceptée qu'en classe de quatrième, d'où ses difficultés à s'inscrire avec satisfaction dans ce parcours scolaire difficile et douloureux. L'insatisfaction scolaire de cette ED serait plus liée à une incompréhension (un malentendu) administrative dont elle fut victime qu'à un vécu relationnel scolaire (avec les camarades de classe, les enseignants, ou le savoir dispensé) véritablement douloureux.

Il apparaît donc que *l'ensemble des élèves de classe de seconde (ER et ED) se sent satisfait de sa vie scolaire. Cependant, si les ER sont capables de dire pourquoi ils sont scolairement satisfaits, les ED ne le sont pas*. N'est-ce pas là un nouvel indice d'un rapport superficiel, dans le cas des ED, et d'un rapport plus fouillé, dans le cas des ER, à son propre vécu scolaire ? N'est-ce pas encore un nouvel indice de l'exercice du métier d'élève par les ED et de l'inscription des ER dans une réelle vie scolaire ? (voir : Son effort scolaire : pour qui travaille-t-il ?, p. 78).

De leur côté, *si l'ensemble des élèves de classe de CE2 se déclare également satisfait de sa vie scolaire, les ER comme les ED ne disent pas pourquoi ils le sont.* Ce laconisme est-il encore la manifestation d'une réticence, ou d'une résistance, de la part des ED ? L'aveu de leur exercice du métier scolaire et de leur mobilisation sur l'école, à défaut d'une véritable mobilisation à l'école ? Mais que ce laconisme manifeste-t-il pour les ER ? Ces derniers n'ont-ils tout simplement rien à dire ? Ou cela cache-t-il aussi quelque chose chez ces élèves ?

À propos des émotions scolaires de l'élève...

TABLEAU 3. —*Synthèse des résultats concernant les émotions scolaires des élèves (dans l'analyse du rapport à l'école)*

	CE2		*Seconde*	
	ER	*ED*	*ER*	*ED*
Son vécu émotionnel sur le chemin de l'école, du lycée	• Plutôt sereins • Sauf en cas de journée exceptionnelle	Plutôt sereins (réponses laconiques)	Plutôt sereins	• Plutôt sereins • Sauf en cas d'interrogation prévue dans la journée
Son vécu émotionnel en salle de classe	Nerveux parfois pour des raisons présentes et actuelles (chaleur en classe, conflit de voisinage, envie d'être ailleurs)	Nerveux parfois pour des raisons futures et virtuelles (crainte de sanctions, de devoirs à faire)	Non nerveux	Non nerveux
Sa vie scolaire : entre satisfaction et insatisfaction	Satisfaits (réponses laconiques)	Satisfaits (réponses laconiques)	Satisfaits pour des raisons d'apprentissage, de camaraderie, de bonne ambiance lycéenne	Satisfaits (sans dire pourquoi)

Ce tableau permet une mise en évidence des positions des élèves apparues dans leurs discours, quant à leurs émotions scolaires.

Les ER de classe de seconde semblent vivre en salle de classe de façon tout à fait sereine : leur vie scolaire les satisfait pour des raisons scolaires et personnelles.

Les ED de classe de seconde restent très peu loquaces quand il s'agit d'exprimer un vécu et un ressenti scolaire : ils se disent, en général, sereins et satisfaits sans cependant dire pourquoi.

Les ER de classe de CE2 se révèlent être les élèves les moins muets quant à leurs émotions d'anxiété ou d'appréhension en classe. Ils semblent, en effet, parler sans gêne surtout si l'émotion est négative.

Les ED de classe de CE2 apparaissent les moins bavards, les moins « donneurs d'explications ».

De façon parallèle, il est intéressant de noter que les ER de classe de CE2 et ceux de classe de seconde se rejoignent dans leur discours, comme les ED de classe de CE2 et ceux de classe de seconde. Si l'ensemble des premiers s'inscrivent dans un discours serein et honnête vis-à-vis de leurs émotions scolaires, les seconds semblent plus empruntés et hésitants quant à l'aveu de leurs véritables émotions. Ils paraissent, en effet, bien souvent préférer rester muets plutôt que de dire leur vécu et leur ressenti scolaires, comme s'il s'agissait toujours de « faire croire à », de faire mine que tout va bien et de rester fidèle à l'idée que ces élèves se font de leur rôle d'élève, de leur métier d'élève au sens large.

3 / SA RÉFLEXION SUR L'INSTITUTION SCOLAIRE

Ce que pense l'élève de l'école, du lycée

Nombre d'élèves de classe de CE2 s'exprimant : 7 ER et 8 ED.
Nombre d'élèves de classe de seconde s'exprimant : 7 ER et 5 ED.

À l'unanimité, l'ensemble des élèves de classe de CE2 (ED et ER) pense du bien de l'école (« c'est bien »), leur permettant d' « apprendre » (ER3, ER7, ER8, ED18, ED19) et de « savoir » (ER2).

ED et ER ne construisent cependant pas leur phrase de la même façon lorsqu'ils emploient le verbe apprendre. Si les premiers utilisent une forme passive,

> « ça apprend » (ED18) ;
> « ça apprend des choses » (ED19) ;
> « ça apprend plus de choses » (ED20) ;

les seconds préfèrent l'emploi d'une forme active :

> « quand je serai grande je vais apprendre les chiffres romains » (ER2) ;
> « ça m'ennuierait de pas apprendre » (ER3).

Dans le cas des ED de classe de CE2, l'école semble plus active que l'élève dans le processus d'apprentissage, alors que dans celui de l'ER, l'élève serait acteur du processus.

Cette analyse rejoindrait encore ce qui ressort des analyses précédentes concernant l'inscription différente des ED et des ER dans leur expérience scolaire. *L'ED se voit plutôt comme « agi » par un système (dans une posture de passivité). L'ER se voit plutôt comme « agissant » dans le système (dans une posture d'activité). L'un reste en retrait. L'autre s'implique.*

Une large majorité des élèves de classe de seconde (ED et ER) pense que le lycée « c'est bien », ou « important ». Le lycée permet ainsi d' « apprendre », de « rencontrer des gens » (ER9, ER11), ou encore la « découverte de matières et de la vie elle-même » (ED26).

Seuls deux élèves semblent ne pas apprécier véritablement le lycée. Si l'un n'aime pas son état et son architecture,

> « sa construction [...]. Regarde juste les murs là... C'est même pas la même couleur... C'est tâché, là c'est sale [...]. Y'a des trous dans les murs [...]. Comme si c'était un travail qui était pas fini » (ER13) ;

l'autre paraît regretter le collège :

> « on fait moins attention à nous ici en fait. C'est pas comme au collège ». Ce dernier finira cependant par dire que le lycée « c'est bien » (ED29).

Véritablement, aucune différenciation entre ER et ED de classe de seconde ne semble pouvoir être faite concernant l'opinion de ces élèves sur le lycée.

L'école, le lycée, « ça sert à quoi ? »

Nombre d'élèves de classe de CE2 s'exprimant : 8 ER et 8 ED.
Nombre d'élèves de classe de seconde s'exprimant : 7 ER et 7 ED.

Pour l'ensemble des ER de classe de CE2, l'école « sert » « à apprendre » :

« à apprendre » (ER1, ER5, ER7, ER8) ;
« à apprendre à faire plusieurs choses » (ER3) ;
« à apprendre des choses qu'on peut [...] Peut-être pas apprendre avec les parents » (ER6).

Elle permet également de « savoir des choses » (ER2), ou de « savoir faire des choses », comme « écouter » et « faire des exercices » (ER1). Elle est donc utile « pour apprendre et pour savoir plein de choses » (ER4), mais aussi pour « [se faire] des amis » (ER1).

Si pour l'ensemble des ED de classe de CE2, l'école « sert » « à apprendre » (ED16, ED19, ED21, ED22), « à savoir » (ED18, ED20, ED23) ou « à travailler » (ED17), elle ne semble cependant pas faire apprendre, ou faire savoir, à tous ces élèves les mêmes « choses » pour les mêmes raisons, ou dans les mêmes buts.

Deux grandes catégories de raisons et de buts se distinguent :

- ceux relatifs à l' « apprendre », dont l'action est actuelle et présente ;

  « apprendre [...] Parce que... Si tu veux [...] partir en vacances, pour lire des panneaux, tu sais pas où tu vas, alors c'est un peu embêtant » (ED22) ;
  – apprendre « à lire » (ED17, ED20, ED21), « à écrire » (ED20, ED21) ;
  « à savoir compter » (ED20) ;
  « à calculer » (ED21), « à savoir lire, savoir écrire » (ED18) ;

  apprendre « des choses » encore, dont l'utilité apparaît lorsque les parents punissent :

  « Ben ça me sert parce que... Des fois mes parents alors ils me font des verbes et des calculs alors c'est... C'est pas mes devoirs et... » (ED16) ;

- ceux relatifs au « faire », ou à l' « avoir », dont l'action est potentielle et future.

  « quand on sera grand sinon après on sera... On saura rien si on est pas allé à l'école » (ED23) ;
  « quand on sera grand ça servira [...] » (ED19) ;
  « avoir un bon métier » et « avoir des sous » (ED18), « apprendre un métier, à... à avoir un métier » (ED19).

Ce constat renforce, semble-t-il, ce qui a été aperçu plus haut : *l'ED vivrait bien moins dans le présent de l'action scolaire, et aurait davantage tendance à « penser » sa scolarité présente par référence à un futur hypothétique (virtuel).*

Selon les ER de classe de seconde, le lycée, en tant qu'institution scolaire, aurait plusieurs intentions (ou utilités) :

– une *visée éducative* (autonomisation et responsabilisation) ;

« on commence à travailler un peu pour soi [...] on est plus autonome donc c'est plus intéressant » (ER9) ;
« ils nous font plus confiance » (ER9) ;
« à devenir plus mature » (ER12) ;
« à devenir adulte » (ER14) ;

– une *visée d'orientation* ;

« c'est encore assez vaste » (ER9) ;
« à trouver son orientation » (ER12) ;
« on agrandit notre culture générale encore, enfin pendant trois ans puis après on se spécialisera plus tard » (ER15) ;

– une *visée* purement *scolaire* ;

« à avoir le bac » (ER10) ;

– une *visée professionnelle (ou de formation)* plus ou moins réussie selon les élèves ;

« pour sa vie future [...]. Mais il faut y mettre du sien » (ER9) ;
« continuer sa scolarité pour pouvoir aller là où on veut aller » (ER12) ;
« pour [...] faire ses études plus tard et... Pour pouvoir continuer et avoir un travail à la fin » (ER13) ;
« c'est une étape de la vie pour après, pour travailler » (ER13) ;
« à nous préparer à [...] nos futures études » (ER14) ;
« pour aller en fac [...]. [Le lycée est] le chemin obligatoire pour la profession que je veux faire. Je veux faire prof » (ER15) ;
« pas trop » important d'aller au lycée, « parce qu'il y a le chômage » (ER11).

Selon les ED de classe de seconde, le lycée, en tant qu'institution scolaire, aurait également plusieurs intentions (ou utilités) :

– une *visée d'apprentissage* ;

« c'est un cran plus haut que le collège, donc j'pense qu'on perçoit déjà plus de choses au niveau enseignement » (ED26) ;
« pour moi, essentiellement, c'est pour apprendre des choses... Des choses nouvelles » (ED27) ;
« c'est pour apprendre [...]. On est là pour travailler » (ED28) ;
« à nous apprendre des choses... Pour notre culture » (ED29) ;

– une *visée d'orientation* ;

« ben pour euh... Préparer mes études » (ED30) ;

« on est déjà un peu plus ciblé sur ce qu'on veut faire plus tard [...]. Ben ça nous permet d'approfondir les... Les choses qu'on veut vraiment apprendre pour... Pour vraiment faire ce qu'on veut faire après » (ED26) ;

– une *visée professionnelle (ou de formation)* ;

« à avoir un bon métier plus tard [...]. À avoir une bonne situation » (ED24) ;

« nous préparer à la vie future », en pensant toutefois que, « franchement », le lycée les prépare mal : « et après on nous lâche, après le bac on nous... On part comme ça tu sais... Y'a personne pour nous... » (ED25) ;

« à nous former » (ED29).

La différenciation la plus significative ici entre ER et ED est *la visée éducative que les ER donnent à l'établissement scolaire, alors que les ED l'ignorent. Les ER auraient ainsi une vision plus large et moins scolaire de l'institution, en d'autres termes, une vision moins réduite au « métier d'élève », que les ED.*

À propos d'une réflexion de l'élève sur l'institution scolaire...

TABLEAU 4. — *Synthèse des résultats concernant une réflexion des élèves sur l'institution scolaire (dans l'analyse du rapport à l'école)*

	CE2		*Seconde*	
	ER	*ED*	*ER*	*ED*
Ce que pense l'élève de l'école, du lycée	« j'apprends »	« ça apprend »	—	—
L'école, le lycée, « ça sert à quoi ? »	• « à apprendre » • « à savoir des choses » • « à savoir faire des choses » • [à se faire « des amis »]	• « à apprendre » : action actuelle et présente • « à faire » / « à savoir » : action potentielle et future	• Visée éducative • Visée d'orientation • Visée scolaire • Visée professionnelle (de formation)	• Visée d'orientation • Visée d'apprentissage • Visée professionnelle (de formation)

Ce tableau permet la mise en relief des positions des élèves apparues dans leurs discours, quant à leur réflexion sur l'institution scolaire.

Si les ER de classes de CE2 et de seconde attribuent à l'institution scolaire un rôle plus large que celui d'un simple endroit d'apprentissage, les ED de classe de CE2 et de seconde tendent à enfermer l'institution scolaire dans ce simple rôle (restant ainsi dans leur métier d'élève).

Il est également intéressant de noter la forme passive de bien des réponses d'ED de classe de CE2 et celle, active, des ER de cette classe.

4 / L'ÉCOLE, LE LYCÉE, ET L'AVENIR PROFESSIONNEL DE L'ÉLÈVE

Ce qu'il voudrait « faire plus tard »

Nombre d'élèves de classe de CE2 s'exprimant : 7 ER et 7 ED.
Nombre d'élèves de classe de seconde s'exprimant : 7 ER et 7 ED.

Si seuls deux élèves de classe de CE2 (ER2 et ED20) n'ont pas d'idée concernant leur avenir professionnel, la majorité d'entre eux (ED et ER) envisagent déjà l'exercice d'un métier qu'ils choisissent avant tout par goût :

« [parce que] j'aime bien » (ED17, ER3, ER6, ER7, etc.) ;
« je trouvais que c'était bien alors [...] j'ai voulu en faire mon métier » (ER4).

Cette attirance pour une activité professionnelle précise serait, de plus, étroitement liée à l'impression que l'élève a déjà de bien faire :

« je suis fort en dessin [pour être architecte] » (ED22) ;
« dessinateur, [parce que] j'arrive bien à dessiner » (ER3) ;
« je trouvais que j'en faisais bien [de la poterie] » (ER4).

Ainsi, pour l'ensemble des élèves de classe de CE2 (ED et ER), le choix d'un futur métier serait lié :

- d'une part, à un goût présent pour une activité présente, susceptible de devenir une activité professionnelle, l'élève conservant à l'âge adulte son inclination pour cette activité ;
- d'autre part, à un sentiment personnel d'excellence (potentielle) professionnelle.

Sur l'ensemble des élèves de classe de seconde (ER et ED), cinq élèves – deux ER (ER11, ER13) et trois ED (ED25, ED29, ED30) – ne semblent pas avoir encore d'idée concernant leur avenir professionnel :

« j'vois pas... J'pense pas à... [...] Parce que j'sais pas quoi faire » (ER11) ;

« non non du tout... Déjà j'veux pas faire des études très longues [...]. Non j'essaie pas de regarder loin » (ER13) ;

« je sais pas encore parce que j'ai pas un métier [...] en tête [...]. Mais je sais que ça va se diriger vers quelque chose... Journaliste... Quelque chose où je parle avec les gens... Où je voyage beaucoup. Un machin comme ça » (ED25) ;

« j'sais pas quoi encore... J'sais pas quoi choisir » (ED29) ;

« non pas encore [...]. Ben j'voulais faire [...] Médecin *[sourire]*... Travailler dans la médecine mais bon faut être assez fort en maths... Physique, en biologie... Donc... Vu que c'est pas là mon fort *[sourire]* » (ED30).

Lorsque l'ensemble des autres élèves de classe de seconde (ED et ER) parlent de ce qu'ils veulent devenir personnellement et/ou professionnellement, ils :

– *emploient des verbes d'inclination, comme le font les élèves de classe de CE2 (ED et ER) :* le métier voulant être exercé est aimé ;

« professeur des écoles [...] c'est le seul truc que j'ai trouvé, que j'aimerais » (ER10) ;

« j'suis plus intéressé par les matières littéraires [...] depuis la quatrième [...] où j'ai découvert mon premier amour : la poésie avec Baudelaire ! » (ER15) ;

« je voudrais faire mes études dans le tourisme [...]. Ça fait un moment que je sais ce que je veux faire [...]. Depuis la quatrième... cinquième même » (ED24) ;

« réussir à travailler dans le tourisme [...]. L'année dernière j'suis partie en séjour linguistique de trois mois au Canada et ça a été le déclic » (ED26).

– *ne font pas référence à une excellence « technique » qu'ils auraient déjà, contrairement aux élèves de classe de CE2 (ED et ER).*

Cependant, et *de façon paradoxale très probablement, il est important de noter que le nombre d'individus n'ayant pas d'idée précise quant à son avenir professionnel est en augmentation avec l'âge.*

Nous pouvons ainsi nous demander si cette diminution d'idée précise avec l'âge ne serait pas en relation avec une perte progressive du sentiment de confiance en soi, liée aux difficultés et aux échecs personnels et scolaires rencontrés en grandissant. Tout se passe, d'une part, comme si le sentiment d'excellence de soi, de valeur de soi, s'effritait avec l'âge (Perron, 1991). Tout se passe comme si, d'autre part, les rêves ne semblaient plus accessibles en grandissant. Comme si, enfin, on n'osait plus les dire avec l'âge.

Un lien entre ses résultats scolaires actuels et le futur métier envisagé ?

Nombre d'élèves de classe de CE2 s'exprimant : 6 ER et 3 ED.
Nombre d'élèves de classe de seconde s'exprimant : 5 ER et 5 ED.

À l'unanimité, les élèves de classe de CE2 (ED et ER) insistent sur l'absence de relation de cause à effet entre leur niveau de résultats scolaires et le futur métier envisagé :

« ben oui parce que ça n'a rien à voir ! » (ER8).

Ainsi, on ne choisit pas de devenir architecte (ED22) parce que l'on réussit bien à l'école, comme on ne choisit pas le métier de coiffeur (ER7) ou de footballeur (ER3) parce qu'on y échoue. *On envisage une profession que l'on pense apprécier au-delà de toute raison, on veut faire ce que l'on aime et non ce que l'on peut :*

« parce que j'aime bien. Ça a l'air bien comme métier » (ER6).

Comment expliquer alors que si l'ensemble des élèves (ED et ER) s'accorde sur une absence totale de lien entre résultats scolaires et futur métier (lorsque la question leur est posée tout à fait clairement), quelques-uns de ces mêmes élèves (ER5, ED18, ED19) disent travailler à l'école pour avoir un bon métier ?

Majoritairement, et comme les élèves de classe de CE2 (ED et ER), *les élèves de classe de seconde (ED et ER) insistent sur l'absence de relation de cause à effet entre leur niveau de résultats scolaires et le futur métier envisagé :*

« non j'pense pas [...]. C'est par rapport à ce que j'aime » (ER9) ;
« c'est pas en fonction des résultats... Non » (ER10) ;
« non c'est parce que ça me plaît » (ER15) ;
« c'est pas mes résultats scolaires qui vont m'empêcher de faire ça hein. J'suis pas dingue » (ED25) ;
« non [...]. On peut passer par d'autres voies [que l'école] pour... Pour savoir faire un métier » (ED26).

Cependant, alors qu'un ER avance l'idée d'un lien entre les résultats scolaires obtenus et l'orientation scolaire admise :

« si j'étais pas très bonne dans les langues j'pense... Je viserais [...] scientifique » (ER14) ;

Un ED se désole de ne pouvoir faire ce qu'il aurait aimé (ce dont il rêve) à cause de ses résultats scolaires :

« Ben j'voulais faire... Bon... Médecin *[sourire]*... Travailler dans la médecine mais bon faut être fort en maths... Physique, en biologie... Donc... Vu que c'est pas là mon fort *[sourire]*... [...] Ben j'veux toujours faire médecine mais je sais que ben je pourrais pas y arriver si j'ai les mêmes résultats » (ED30).

Ainsi, il apparaîtrait qu'*une relation de cause à effet* :

- *existerait entre l'orientation scolaire et les résultats des élèves.* Or cette orientation ne dépend pas uniquement de la volonté de l'élève, mais également de l'accord des enseignants et des autorités de l'établissement, ces derniers privilégiant le réalisme et l'acceptable (au détriment du souhait, parfois rêveur, de l'élève) ;
- *n'existerait pas entre le futur métier envisagé et les résultats scolaires des élèves.* Comme dans le cas des élèves de CE2 (ED et ER), on envisage une profession que l'on pense apprécier au-delà de toute raison, on veut faire ce que l'on aime et non ce que l'on peut.

À propos de l'école, du lycée, et de l'avenir professionnel de l'élève...

L'ensemble des élèves de classes de CE2 et de seconde dit vouloir « faire plus tard » un métier apprécié et aimé, choisi par goût.

Si la notion d'excellence professionnelle (potentielle) est présente chez les élèves de classe de CE2 (ER et ED), celle-ci a disparu chez les élèves de classe de seconde (ER et ED).

Enfin, si à l'unanimité les élèves de classe de CE2 ont une idée de ce qu'ils veulent « faire plus tard », plus d'un tiers des élèves de classe de seconde ne le sait pas (5 sur 14).

TABLEAU 5. — *Synthèse des résultats concernant l'école, le lycée, et l'avenir professionnel de l'élève (dans l'analyse du rapport à l'école)*

	CE2		*Seconde*	
	ER	*ED*	*ER*	*ED*
Ce qu'il voudrait « faire plus tard »	• Ce qu'ils aiment • Parce qu'ils sont déjà bons	• Ce qu'ils aiment • Parce qu'ils sont déjà bons	• 2 ne savent pas • Ce qu'ils aiment	• 3 ne savent pas • Ce qu'ils aiment
Un lien entre ses résultats scolaires actuels et le futur métier envisagé ?	Non	Non	Non	Non

5 / LE RAPPORT À L'ÉCOLE : SYNTHÈSE ET CONCLUSION

Le tableau ci-dessous permet de synthétiser l'ensemble des analyses précédentes relatives au rapport à l'école des élèves de notre échantillon de population. Ce tableau comporte trois colonnes :

- dans la première, sont regroupés des éléments du discours des élèves sur leur rapport à l'école communs à l'ensemble des élèves (ER et ED de classes de CE2 et de seconde) ;
- dans la deuxième, sont notés des éléments du discours des élèves sur leur rapport à l'école appartenant plus spécifiquement aux ER (de classes de CE2 et de seconde) ;
- dans la troisième, sont consignés des éléments du discours des élèves sur leur rapport à l'école appartenant plus spécifiquement aux ED (de classes de CE2 et de seconde).

Dans un but de contribution à une confirmation ou à une infirmation de nos hypothèses de recherche, il semble effectivement opportun de retenir ici une dichotomie ER *versus* ED ; une dichotomie CE2 *versus* seconde n'étant alors qu'une sous-division de moindre importance dans la première et principale.

TABLEAU 6. — *Le rapport à l'école : synthèse*

Caractéristiques communes	*Spécificités* ER	*Spécificités* ED
Aller à l'école pour : • « faire » (CE2) • « apprendre (seconde)		Envie d'aller à l'école : Pour un « bon métier » Car ils « aiment »
	Envie de travailler changeante en fonction de déterminants : • personnels (CE2) • scolaires (seconde)	Envie de travailler changeante en fonction de déterminants personnels (seconde) Envie imperturbable (CE2)
	Facilité dans l'aveu des devoirs non faits ↓	Difficulté dans l'aveu des devoirs non faits ↓
	Divergence de sens donné à des mêmes réalités (négligence, oubli)	
	↓ Aveu d'une facilité scolaire Discours « habité » (inscription dans leur discours)	↓ Raisons d'une difficulté scolaire Discours « non habité » (non inscription dans leur discours)
Effort scolaire car motivation et obligation Travailler pour soi		
Plutôt sereins sur le chemin de l'école Plutôt satisfaits de leur vie scolaire	Facilité à parler d'émotions scolaires négatives	Très peu loquaces quant à leurs émotions scolaires
	Attribuent à l'institution scolaire un rôle plus large : au-delà du simple apprentissage (éducatif, social...) Se voient comme « agissants » dans le système (posture d'activité)	Attribuent à l'institution scolaire un rôle purement d'apprentissage Se voient plutôt comme « agis » par un système (posture de passivité)

Quelques caractéristiques et spécificités semblent ici devoir être retenues :

1 / le souci des ED de paraître « bien disposés » à l'égard de l'institution scolaire ;
2 / la difficulté des ED et la facilité des ER à dire une action « antiscolaire » (devoirs non faits) ;
3 / la facilité des ER à parler de leurs émotions scolaires négatives et le refoulement ou le déni des ED de ces mêmes émotions (cela rejoint notre première remarque ci-dessus) ;
4 / le rôle exclusivement d'apprentissage donné par les ED à l'institution scolaire.

Tout semble se passer comme si les ED souhaitaient donner d'eux une image scolaire lisse et favorable (favorable à l'obtention de bons résultats scolaires). Souci que les ER paraissent ne pas avoir. Pour ce qui concerne le rapport à l'école, notre hypothèse d'une dualité de modalités de « pensée » paraît, sur tous ces points, confirmée.

CHAPITRE V

Le rapport au savoir, en tant que « disposition à l'apprentissage » de l'élève

1 / L'ÉLÈVE FACE AUX INTERPELLATIONS ORALES ENSEIGNANTES EN CLASSE

Son vécu émotionnel

Nombre d'élèves de classe de CE2 s'exprimant : 8 ER et 8 ED.
Nombre d'élèves de classe de seconde s'exprimant : 7 ER et 7 ED.

À l'unanimité, les élèves de classe de CE2 (ED et ER) disent aimer être interrogés en classe par le maître, ou la maîtresse. Parmi eux, trois élèves (ER1, ER8 et ED16) précisent cependant qu'ils n'aiment pas toujours ces interpellations :

« quelquefois ça m'ennuie un peu, et quelquefois ça me plaît [...]. Quand je n'aime pas beaucoup, c'est que [...] j'sais pas trop faire » (ER1) ;
« ça m'ennuie [...] quand j'ai pas bien suivi » (ER8) ;
« quand c'est des choses dures ça me plaît pas » (ED16).

Quel que soit son niveau de résultats scolaires, l'élève paraît donc préférer être l'objet d'une interrogation enseignante, et, ce faisant, soumis au regard de l'ensemble de ses camarades de classe, quand « il sait ». En cas de succès, l'image que l'élève a de lui-même est valorisée publiquement. Dans le cas contraire, cette image est mise intimement, et publiquement, à mal. En effet, les interpellations enseignantes sont, entre autres, des expériences journalières soumises, notamment :

- d'une part, à leur perception et leur interprétation subjectives, en succès ou en échec, par l'élève ;

– d'autre part, à l'influence des perceptions d'autrui (ou plutôt l'idée que l'on s'en fait).

Cette double opération conduit à l'élaboration d'une certaine synthèse : une image de soi dans un champ d'expérience donné. Le regard de l'autre se pose ainsi de façon déterminante dans l'image de soi que l'élève élabore de lui-même (voir chap. II : « La confiance en soi »). Il est donc plus facile et confortable d'être amené à montrer ce que l'on sait plutôt que ce que l'on ignore.

L'ensemble des élèves de CE2 semblent ainsi aimer être interrogés en classe pour, cependant, des raisons de genres bien divers tels que :

⇒ *pour l'ensemble des élèves de CE2 (ED et ER) ;*

– le volontarisme ;

« j'aime bien faire des choses pour la classe » (ER2) ;
« j'aime bien [...] montrer ce que j'ai fait [...] » (ER2) ;
« d'abord j'aime bien aller au tableau » (ER4) ;
« parce que j'aime bien travailler [...]. Quand on a des devoirs à faire, et moi j'lève le doigt pour aller au tableau et y faire » (ED17) ;

– le plaisir de montrer, de donner, d'échanger, de savoir, ou le plaisir d'existence scolaire et sociale ;

« [j'aime bien] montrer mon avis et [...] avoir l'idée des autres » (ER2) ;
« pour donner les réponses à mes camarades » (ED18) ;
« parce que... Je sais la question... Et ce que c'est la réponse » (ED19) ;
« j'aime bien répondre un peu aux questions... Du maître » (ED22) ;
« j'aime bien répondre » (ED23) ;

⇒ *pour les ER plus particulièrement ;*

– l'envie de progresser ;

« si on fait faux elle le sait et... Elle le voit » (ER4) ;
« parce que j'aimerais bien voir si j'ai une bonne note... Si j'me trompe pas, si j'ai pas de faute » (ER3) ;

– la rareté ;

« comme y'a beaucoup d'élèves, on a pas tous la chance d'être interrogé souvent » (ER5) ;
« déjà parce qu'il nous interroge pas très souvent » (ER6) ;
« parce qu'il m'interroge pas souvent » (ER7) ;

⇒ *pour un ED plus particulièrement* : le plaisir de faire plaisir aux parents.

« mes parents ils aimeraient bien que je [...] passe dans [...] l'autre groupe et que je fasse un peu des progrès » (ED20).

Les raisons évoquées par les élèves de classe de CE2 (ER et ED) appartiennent donc, en général, à l'ensemble des élèves quel que soit leur niveau de résultats scolaires, et, plus particulièrement, aux ER. Ainsi, si le volontarisme et le plaisir d'existence scolaire et sociale identifient l'ensemble des élèves de classe de CE2 (ED et ER), l'envie de progresser et la rareté des stimulations enseignantes à leur égard caractériseraient les ER. *L'ER de classe de CE2 semblerait, en effet, non seulement s'inscrire dans un présent scolaire palpable par la réussite, mais également être tourné vers un avenir d'apprentissage : il veut savoir dans le présent, apprendre et progresser dans l'avenir, être stimulé pour cela. En d'autres termes, il veut « aller plus loin ». L'ED, quant à lui, nous semble être essentiellement inscrit dans un processus d'apprentissage présent sans vision d'avenir significative : il veut avant tout vivre, exister, scolairement.*

Contrairement aux élèves de classe de CE2 (ER et ED), les élèves de classe de seconde (ER et ED) n'appréhendent pas tous de la même façon l'idée d'être interrogé en classe par l'enseignant(e). Chez les ER, trois groupes de réponses semblent ainsi se constituer :

– « ça me plaît » ;

> « si le cours m'intéresse j'aime bien répondre » (ER9) ;
> « en général ça me fait plaisir [...]. Enfin surtout quand [...] j'sais répondre enfin c'est bien parce qu'on montre qu'on a compris... La leçon quoi... Enfin là où on en est » (ER12) ;

– « ça m'ennuie » ;

> « ah non ça m'ennuie [...]. J'ai peur de me tromper en fait... Et j'sais pas j'suis timide alors j'ai peur de rougir alors tu sais après *[rire]* » (ER10) ;
> « non ça m'ennuie [...]. Comme j'ai dit je révise pas les... Les trucs régulièrement. Je révise juste pour les interros. Ça fait des fois les leçons j'les connais pas pour le cours » (ER13) ;

– « ça dépend ».

> « ben déjà si j'connais la réponse » (ER11) ;
> « des matières [...]. C'est en fonction des goûts que j'ai pour les matières » (ER14) ;
> « j'aime bien parler [mais] enfin, j'arrive pas à parler des choses qui me plaisent pas » (ER15).

Chez les ER de classe de seconde, les raisons pour lesquelles les interpellations orales enseignantes sont appréciées ou mal aimées sont étroitement liée aux apprentissages scolaires (par exemple, savoir, ou pas, répondre). Ainsi, *comme dans le cas des élèves de classe de CE2, l'interprétation et l'évaluation que l'élève fait, d'une part, de sa réponse et, d'autre part, des perceptions d'autrui de sa réponse, agit très fortement sur l'élaboration de son image de soi.* Devant le public de l'enseignant(e) et des camarades de classe, qui ne préfèrerait pas que cette image soit embellie en cas de bonne réponse orale, plutôt que mise à mal en cas de mauvaise réponse ?

Chez les ED de classe de seconde, deux groupes de réponses semblent ainsi se constituer :

– « ça ne me dérange pas » ;

> « ça prouve qu'elle veut savoir si j'ai compris ou... Ça prouve qu'elle s'intéresse un petit peu à moi tu vois » (ED25) ;
>
> « non ça me dérange pas du tout, [...] ça peut être que bénéfique [...]. Y'a une meilleure participation après par rapport au cours [...]. Ça incite plus à suivre [...]. Ça peut être une aide pour comprendre un cours ouais » (ED26) ;
>
> « ça m'ennuie pas du tout [...]. Ça veut dire qu'il a vu que j'existais, que j'étais en classe oui [...]. Enfin il remarque tous les élèves j'veux dire mais qu'il m'interroge oui, ça me dérange pas oui. Sympa... » (ED27) ;
>
> « non, ça m'ennuie pas du tout non... J'essaie de répondre quand... Quand j'sais et puis, si j'sais pas, ben j'lui dit *[sourire]*... Comme ça peut-être qu'il pourra m'expliquer... Un petit peu plus [...] » (ED30) ;

– « ça dépend ».

> « quand j'ai compris, d'accord, je suis bien contente de pouvoir répondre mais quand je comprends pas euh... Je préfère ne pas l'être [interrogé] » (ED24) ;
>
> « quand j'comprends ça me dérange pas, mais quand j'comprends pas euh... C'est un peu... J'suis un peu ennuyé quoi [...]. [Et puis] y'a une mauvaise ambiance dans la classe [...]. Quand t'as faux on se fout de ta gueule, quand tu as juste, ouais, c'est "t'es un fayot". En fait, tu peux... Tu peux jamais... » (ED28) ;
>
> « ça dépend. Si elle m'interroge parce que, en fait... Je bavardais en fait, et donc elle essaie de [...] me piéger, ben ça m'énerve quoi » (ED29).

Chez les ED de classe de seconde, les raisons pour lesquelles les interpellations orales enseignantes sont reçues de façons indifférente ou fluctuante sont étroitement liées, non seulement, aux apprentissages scolaires (savoir, ou pas, répondre), mais aussi à des facteurs d'ordre affectif, impliquant la relation au maître et la relation à ses camarades.

Ainsi, outre l'idée déjà avancée lors de l'analyse du discours des élèves de classe de CE2 et des ER de classe de seconde quant à la préférence d'être interpellé en salle de classe lorsque l'on sait (élaboration positive d'une image de soi), il est intéressant de constater le *placement spontané de leur discours, par les ED de classe de seconde eux-mêmes, sur le terrain de l'affectivité,* ce qui irait dans le sens de notre première hypothèse générale de recherche, en tout cas pour ce qui concerne les ED. Alors qu'une élève soulève l'idée d'une preuve d'intérêt pour sa compréhension scolaire, voire pour sa personne même (ED25), pour une autre, l'interpellation enseignante indique « qu'il [le professeur] a vu que j'existais, que j'étais en classe oui » (ED27) ; pour un autre encore, cette interpellation est peut-être une sanction en cas de bavardage (ED29).

Les ED de classe de seconde semblent ainsi chercher au-delà des actes, chercher des significations affectives aux actes enseignants : mais que cherchent-ils exactement en fait ?

De plus, il est sans doute intéressant de *constater le souci des ED d'éviter de tenir un discours négatif à l'égard de l'école en général et de certaines de ses méthodes en particulier.* Ainsi, alors que les ER de classe de seconde osent dire que les interpellations orales enseignantes les ennuient, les ED préfèrent avancer un « ça ne me dérange pas », *s'inscrivant ainsi dans l'exercice de leur métier d'élève.*

Les élèves de classe de CE2 semblent, majoritairement, plus enthousiastes que ceux de classe de seconde quant à l'éventualité d'interpellations orales enseignantes en cours.

Si l'ensemble des élèves de classe de CE2 semblent vouloir faire plaisir, les ED voient là, de plus, l'occasion d' « aller plus loin » dans leurs apprentissages.

Alors que les ER de classe de seconde sont susceptibles d'apprécier les interpellations orales enseignantes, les ED ne le sont pas véritablement : si les premiers disent « ça me plaît », les seconds préfèrent dire « ça ne me dérange pas », chercher des raisons affectives à ces interpellations et persister dans un certain métier d'élève.

Ainsi, seuls les ER de classe de seconde ne posent pas un pied dans le domaine de l'affectivité : les ER et les ED de classe de CE2 y font référence (plaisir de montrer, plaisir d'existence scolaire et sociale), comme les ED de classe de seconde.

Ses interventions orales : entre réponses justes et réponses fausses

Nombre d'élèves en classe de CE2 : 8 ER et 7 ED.
Nombre d'élèves de classe de seconde s'exprimant : 6 ER et 6 ED.

Si quatre ER de classe de CE2 (ER1, ER2, ER3, ER7) disent répondre plutôt juste aux questions posées par l'enseignant(e) en salle de classe, quatre autres ER (ER4, ER5, ER6, ER8) indiquent, parallèlement, que leurs réponses peuvent être « des fois juste[s] et des fois fau[sses] » (ER4). Selon ces élèves, les erreurs de réponse peuvent s'expliquer par :

– la difficulté des questions enseignantes ;

> « les choses que j'sais je réponds juste et des fois je réponds moyen » (ER5) ;
> « quand c'est facile je pense que je vais répondre juste et quand c'est dur c'est faux » (ER6) ;

– la non-compréhension de certains exercices ;

> « [ça dépend] si j'ai pas bien compris » (ER8) ;

– les matières différemment appréciées par les élèves.

> « en français j'suis plus forte » (ER4).

Les propos tenus sur ce point par les ED sont, d'ores et déjà, bien plus hétéroclites que ceux tenus par les ER : alors que l'un d'entre eux (ED20) dit répondre plutôt juste aux questions posées par l'enseignant(e) en salle de classe, trois disent répondre « des fois juste et des fois faux » (ED17, ED18, ED21, ED22), une seule élève pense répondre plutôt faux (ED16), et un ne sait pas (ED23).

Selon ces élèves, les erreurs de réponse aux questions enseignantes de quatre ED (ED17, ED18, ED21, ED22) peuvent s'expliquer par :

– la non-compréhension de certains exercices liée au travail personnel fourni de façon insuffisante ;

> « [je réponds faux] parce que j'ai mal fait mon exercice » (ED17) ;
> « si j'sais la leçon, je sais que je vais répondre plutôt juste. Mais si je l'ai pas trop compris [...], je crois que je vais dire faux » (ED21) ;

– les matières différemment appréciées par les élèves ;

« en mathématiques, je réponds tout le temps vrai » (ED22).

Il apparaît ici que, contrairement aux ER, les ED sont durs avec eux-mêmes quant à leurs réponses fausses données, celles-ci s'apparentent parfois même à la manifestation d'une sanction. Ce constat peut être analysé sous deux angles différents :

1 / d'une part, le manque de confiance en soi et le fatalisme scolaires des ED : ils vivent leurs fautes difficilement, voire douloureusement. Elles semblent synonymes d'un dur constat : ils ne sont pas bons ;
2 / d'autre part, la confiance en soi et le bien-être scolaires des ER : ils vivent leurs fautes sans soucis, des fois ils comprennent et des fois pas.

Ainsi, *alors que les ER sont à l'aise avec les apprentissages scolaires, se donnant le droit à l'erreur, il n'en va pas de même pour les ED de classe de CE2. Ceux-ci semblent, en effet, d'une grande exigence à leur égard. Comme s'ils se punissaient eux-mêmes de leur statut d'élève en difficulté scolaire. Comme s'ils s'enfermaient dans cette exigence scolaire synonyme de leur métier d'élève bien exercé.*

Enfin, notons les propos d'une ED de classe de CE2 qui voudrait excuser (ou justifier) ces réponses parfois fausses aux questions enseignantes :

« des fois je réponds faux et l'autre il répond... Juste [...]. On va à l'école pour apprendre alors euh [...]... Comme ça peut-être après [...] si [la maîtresse] m'interroge encore sur une question et ben peut-être après je [...] je vais savoir » (ED16).

La tristesse qui se dégage de ces propos est surprenante. Elle rejoint notre constat d'un mal-être scolaire des ED, s'accompagnant ici d'une envie de cette élève d'être vue « autrement » ou « ailleurs » (Charlot, Bautier et Rochex, 1992). Cette élève se place ainsi du côté des ER de classe de ce2 en disant quelque part : « on est là pour apprendre », sous entendu, « dites-moi qu'il est donc normal que je fasse des fautes ! ». Se dégage ici une certaine recherche, chez cette ED, de la normalité et un désir de se fondre dans l'ensemble des élèves : peut-être pour oublier un peu son statut d'ED probablement un peu lourd.

Contrairement aux propos tenus par les élèves (ER et ED) de classe de CE2, ceux tenus par les élèves de classe de seconde (ER et ED) sont assez homogènes :

- cinq à six élèves de chaque groupe de niveau parlent de la fluctuation (parfois justes, parfois fausses) de leurs interventions orales en classe : « ça dépend » ;
- un élève de chaque groupe ignore quelle est la qualité (juste ou fausse) de ses réponses : « je sais pas » (ED26, ER10).

De plus, les raisons évoquées pour expliquer ces fluctuations, ou ces « ignorances », ne semblent pas varier en fonction du niveau de résultats scolaires des élèves.

Ainsi, les réponses, justes ou fausses, des cinq ER et des six ED, semblent dépendre de :

- la qualité de l'écoute accordée, par ces élèves, au cours dispensé ;

« si j'ai écouté tout le cours, [je réponds] plutôt juste, mais si j'ai parlé *[sourire]* je sais que je vais répondre à côté parce que je vais vouloir répondre mais je vais dire n'importe quoi parce que j'ai pas écouté *[sourire]*, voilà » (ER9) ;

« ça dépend aussi quel intérêt j'ai porté au cours » (ER15) ;

« ça dépend si j'suis en train de suivre ou pas » (ED27) ;

- la compréhension préalable du cours dispensé

« ça dépend si j'ai compris le cours ou pas » (ED30) ;

- la matière dans laquelle est posée la question ;

« ça dépend dans quelle matière on est » (ER12) ;

« ça dépend des matières [...]. En maths quand elle m'interroge à mon avis euh... La plupart du temps j'pense que j'vais avoir faux. Mais bon ça m'arrive des fois que j'ai juste [...]. Dans les langues, en éco, des trucs comme ça, quand on m'interroge, j'suis pratiquement sûr d'avoir juste quoi » (ED28) ;

« ça dépend des matières [mais] j'ai peur de participer parce que j'ai peur de dire des bêtises » (ED29) ;

- la question elle-même.

« [ça dépend] quelle est la question. Enfin ça dépend de plein de choses... Y'a des trucs qu'on est plus sûr de soi que d'autres... » (ER12) ;

« [ça dépend de l'intérêt que j'ai porté] à la question et tout ça » (ER15) ;

« ça dépend du sujet... Mais j'lève le doigt que je sens bien la réponse quoi » (ED24) ;
« si c'est sur la leçon, ouais ça va » (ED25).

Enfin, l'ER (ER10) et l'ED (ED26) ignorant la tonalité la plus fréquente de leurs réponses (juste ou fausse) ne semblent pas, non plus, être en mesure d'expliquer cette ignorance :

« ... Enfin j'sais pas... J'sais pas du tout » (ER10) ;
« j'sais pas... Ouais j'essaye quand même de réfléchir pour bien... Pour bien répondre *[sourire]* parce que sinon c'est pas... C'est pas bénéfique *[sourire]* » (ED26).

Une différenciation entre ER et ED ne semble donc pas pouvoir être véritablement établie ici chez les élèves de classe de seconde.

Ainsi, il apparaît ici que *le discours des ER de classe de CE2 est proche de celui de l'ensemble des élèves de classe de seconde (ER et ED)*, même si les premiers s'accordent bien plus de réponses justes que les seconds. *Seuls les ED de classe de CE2 semblent marcher à part par leur grande exigence à leur égard, synonyme d'un métier d'élève bien exercé.*

À propos des interpellations orales enseignantes...

TABLEAU 7. — *Synthèse des résultats concernant les interpellations orales enseignantes (dans l'analyse du rapport au savoir)*

	CE2		*Seconde*	
	ER	ED	ER	ED
Son vécu émotionnel	• Volontarisme • Plaisir de montrer, de donner, d'échanger, de savoir • Envie de progresser • Rareté	• Volontarisme • Plaisir de montrer, de donner, d'échanger, de savoir	• « ça me plaît » • « ça m'ennuie » • « ça dépend »	• « ça ne me dérange pas » • « ça dépend »
Ses interventions orales : entre réponses justes et réponses fausses	• Plutôt justes • Des fois justes et des fois fausses	Des fois justes et des fois fausses en fonction du travail insuffisamment fourni	Des fois justes et des fois fausses	Des fois justes et des fois fausses

Si les ED de classe de CE2 s'inscrivent dans un présent scolaire, les ER de cette classe éprouvent l'envie d' « aller plus loin », de progresser.

Si les ED de classe de seconde s'inscrivent dans une conception du métier d'élève très actuelle, les ER de cette classe sont bien plus libres, osant dire autant de bien que de mal du lycée et de ses méthodes enseignantes.

Si les ER de classe de CE2 et l'ensemble des élèves de classe de seconde se donnent le droit à l'erreur quant à la qualité des réponses données aux interpellations enseignantes, *les ED de classe de CE2 se montrent très exigeants à leur égard. Ils s'inscrivent ainsi, et à leur tour (après leurs homologues de classe de seconde), dans une perspective scolaire du métier d'élève.*

Enfin, il est important de rappeler que les ED de classe de CE2 tentent d'expliquer les interpellations enseignantes par un certain nombre de raisons appartenant au domaine de l'affectivité.

2 / L'ÉLÈVE FACE AUX INTERROGATIONS ÉCRITES EN CLASSE

Son vécu émotionnel

Nombre d'élèves de classe de CE2 s'exprimant : 8 ER et 8 ED.
Nombre d'élèves de classe de seconde s'exprimant : 6 ER et 3 ED.

Alors qu'une minorité d'ER (deux sur huit) dit avoir peur avant un contrôle en classe, une majorité d'ED éprouve ce sentiment (six sur huit).

D'un côté, les raisons pour lesquelles les ER appréhendent le temps d'un contrôle seraient principalement liées à :

– la peur d'une perte de moyens passagère ;

> « parce que j'mélange un peu tout [...]. [Mais] quand j'fais mes exercices, quand j'commence le premier exercice ça va mieux » (ER1) ;

– la non-compréhension du (des) sujet(s) sur le(s)quel(s) porte l'interrogation ;

> « oui, des fois [...]. Quand j'ai pas bien compris » (ER8).

D'un autre côté, les raisons pour lesquelles les ED appréhendent le temps d'un contrôle seraient essentiellement liées à :

– la peur de ne pas avoir assez, ou correctement, révisé ;

> « je révise tranquillement mais après, dès que le contrôle arrive euh, je sais pas si j'ai assez bien... Révisé pour euh avoir juste [...]. J'panique un peu [...]. J'sais pas si j'vais avoir juste ou faux » (ED18) ;

> « quelquefois j'oublie de réviser et... Par exemple, la maîtresse il nous dit "j'espère que vous avez bien révisé" ben... C'est là que j'ai [peur] » (ED19) ;

– la peur d'avoir une mauvaise note ;

> « parce que si on ne [...] sait pas après [...] on va avoir une mauvaise note » (ED20) ;
>
> « parce que ma mère [...] de fois elle me dit "pense 2", alors moi, j'ai peur d'avoir 3. Alors c'est pour ça que j'ai peur » (ED21).

D'une part, les ED semblent douter de leurs capacités à réussir les contrôles proposés. D'autres part, et contrairement aux ER, ils font régulièrement mention de leur peur de la note scolaire attribuée par l'enseignant(e). Cette appréhension peut être, vraisemblablement, liée à leur passé (douloureux ?) de contrôles échoués. Les ED s'enferment ainsi dans un cycle d'échec, caractéristique probablement de leur façon d'attendre et d'appréhender les contrôles futurs, et, partant, caractéristique de leur façon de « penser », comme nous l'avions précédemment relevé. Sans doute avons-nous là des éléments de validation de notre deuxième hypothèse générale de recherche (sur le « chemin scolaire »), confirmant ce que nous a appris l'analyse du vécu émotionnel.

Chez les ER de classe de seconde, alors que la moitié d'entre eux dit avoir peur avant un contrôle, l'autre moitié dit, par contre, ne pas avoir peur.

Les ER ressentant une appréhension avant un contrôle l'expliquent par :

– la crainte d'un manque de temps ;

> « quand je vois des pages... Des pages remplies de mots tout serrés, sans espace blanc, je fais ah c'est quoi ? J'aurais jamais le temps ! Et puis... Non, et puis finalement ça va » (ER14) ;

– la crainte de ne pas avoir assez travaillé préalablement ;

> « quand je [...] sens que j'ai pas assez travaillé [...], que ça va peut-être pas marché et finalement je m'en sors pas trop mal... J'ai de la chance quoi *[sourire]*... » (ER12).

Parmi les trois ER ne ressentant pas d'appréhension avant un contrôle, seul un d'entre eux tente de l'expliquer par une aisance plus grande à l'écrit qu'à l'oral :

> « j'suis plus à l'aise à l'écrit [qu'à l'oral] » (ER9).

Chez les ED de classe de seconde, seuls quatre d'entre eux se sont penchés sur cette question de l'appréhension, vécue ou pas, avant un contrôle. À l'unanimité, ces quatre élèves disent que « ça dépend » (ED24, ED25, ED28, ED30). Cette appréhension, ressentie ou pas, peut ainsi dépendre :

– du caractère écrit ou oral du contrôle ;

> « quand il est à l'oral oui j'ai peur... Quand il est écrit ça va encore [...]. Parce que j'ai peur de tout oublier d'un seul coup [...]. [C'est] par rapport à moi... J'ai peur d'avoir un trou noir quoi... » (ED24) ;

– du travail préalablement fourni ;

> « ça dépend si j'ai bien appris ou si j'ai mal appris » (ED25) ;
> « quand je sais que j'ai rien compris ouais... C'est sûr là je panique, enfin je stresse... Ben c'est peut-être ça aussi qui me fait rater... Mais sinon non ben, quand j'ai bien compris, quand je sais presque tout par cœur, ben là, y'a pas de problèmes » (ED30) ;

– de la matière dans laquelle est proposée l'interrogation

> « j'sais pas, j'apprends, mais quand j'suis devant ma feuille [en contrôle de mathématiques] je stresse tout seul quoi en fait *[sourire]* » (ED28).

Il est difficile d'avancer ici des constations identifiant des discours scolaires différents entre ER et ED de classe de seconde, en raison principalement peut-être du faible nombre d'ED de classe de seconde ayant abordé cette question.

Alors que *les ED de classe de CE2 appréhendent véritablement les contrôles en salle de classe du fait de leurs doutes en leur capacité à les réussir (manque de confiance en soi), les ER de cette classe paraissent plus sereins. Ces derniers semblent ainsi se rapprocher de l'ensemble des élèves de classe de seconde (ER et ED).*

La perte de ses moyens

Nombre d'élèves de classe de CE2 s'exprimant : 8 ER et 7 ED.
Nombre d'élèves de classe de seconde s'exprimant : 5 ER et 6 ED.

Si quatre ER de classe de CE2 (ER1, ER2, ER5, ER4) disent ne pas perdre leurs moyens lors d'un contrôle, seul un ED (ED16) le dit également, sans l'expliquer toutefois.

La raison principale évoquée, par les ER, pour expliquer leur sérénité à la vue d'un contrôle serait la confiance dans le travail préalablement fourni lors de révisions :

« parce que j'ai bien compris [...]. Oui, [je révise beaucoup avant un contrôle] » (ER1) ;
« parce que on le retient » (ER4) ;
« parce que j'ai bien appris les choses et je les sais » (ER5).

De façon parallèle, quatre autres ER (ER3, ER6, ER7, ER8) et six ED (ED17, ED19, ED20, ED21, ED22, ED23) tentent d'expliquer les raisons de leurs pertes de moyens lors d'un contrôle scolaire.

Chez les ER, les raisons avancées sont très diverses, aussi diverses que le nombre d'ER tentant d'avancer une raison à ses pertes de moyens :

– le manque de compréhension

« parce que j'ai pas bien compris » (ER8) ;

– le manque de travail préalablement fourni à la maison

« parce que j'avais pas bien appris ma leçon à la maison » (ER7) ;

– la panique

« je panique après je sais plus ce qu'il faut écrire » (ER6).

Ces trois premières raisons étant, peut-être, étroitement liées entre elles. Mais aussi :

– le retard scolaire accumulé, et non rattrapé, en cas de maladie

« si j'suis tombé malade [...] que je reprends pas l'école pendant des jours, je peux perdre mes moyens... Mais [...] j'les retrouve quand même un peu vite » (ER3).

De la même manière, chez les ED, les raisons évoquées sont également très diverses :

– le manque de compréhension ;

« quelquefois j'suis perdu dans les exercices [...]. J'comprends pas la consigne » (ED19) ;
« parce que j'ai révisé ma leçon et que... J'ai oublié quelques mots » (ED17) ;

– l'agitation en classe et le manque, probablement, de concentration

« quand mon copain il parle par derrière, alors je sais plus quoi écrire » (ED22).

Les raisons évoquées par les uns et les autres ne sont pas en mesure de dessiner une réelle différenciation scolaire, dans leurs discours, entre ER et ED de classe de CE2. Cependant, le nombre d'élèves sereins à la vue d'un contrôle scolaire peut être un élément différenciant entre ER et ED : quatre ER contre un seul ED. N'est-ce pas là un indice du bien-être ou du mal-être des élèves face à l'école et aux tâches scolaires, en fonction de leur niveau de résultats scolaires ?

Il est, de plus, probablement intéressant de constater que seul le nombre d'élèves de classe de CE2 (et non la qualité des explications fournies par les élèves) par choix de réponse, en fonction de leur niveau de résultats scolaires, permet de différencier les ED et les ER face à un contrôle. En effet, d'une part, si quatre ER disent ne pas perdre leurs moyens en cas de contrôle, seul un ED le dit également. D'autre part, quatre ER et six ED disent perdre leurs moyens.

Même si les différences ne semblent pas véritablement écrasantes, *les ER de classe de CE2 se révèlent cependant, d'une part, plus confiants* (que les ED) *quant au travail qu'ils ont préalablement fourni et, d'autre part, plus à l'aise* (que les ED) *face à un contrôle à venir.*

Premièrement, si quatre ER de classe de seconde disent ne pas perdre leurs moyens lors d'un contrôle (ER9, ER11, ER12, ER15), seul un ED le dit également (ED25).

Ces élèves suivent les raisonnements suivants :

« si j'sais pas ben tant pis j'me dis que j'ai assez travaillé et que j'ferai mieux la prochaine fois... » (ER9) ;

« j'ai pas assez bien révisé là j'avoue de... Mais jamais, par exemple, disons "c'est le contrôle [...], j'vais pas réussir, j'tresse" et tout, non, pas ça » (ER15) ;

« non pas à ce point là [perdre ses moyens]. C'est vrai que je suis stressée mais... » (ED25).

Concernant ce « premier » groupe d'élèves (quatre ER et un ED), l'échéance d'un contrôle ne semble pas particulièrement angoissante, ou hautement déstabilisante. Le contrôle ne semble qu'une étape scolaire comme bien d'autres ; étape que l'on passe d'autant plus aisément lorsque le travail préalablement fourni est (auto)jugé suffisant.

Deuxièmement, un seul ER (ER10) et cinq ED (ED24, ED26, ED27, ED28, ED30) disent, quant à eux, perdre parfois leurs moyens lors d'un contrôle. Ces élèves, contrairement à ceux du « premier » groupe, semblent suivre d'autres types de raisonnement :

> « peut-être le temps aussi... Parce que... J'sais pas j'trouve qu'une heure, c'est vraiment très très court et en fait... J'sais pas. C'est comme ça et puis si y'a beaucoup d'exercices j'me dit "ouais j'vais jamais avoir assez de temps" et tout et voilà. J'essaie de faire tous les exercices mais... Voilà quoi » (ER10) ;
>
> « je comprends pas quoi [...]. Parce que [...] c'est formulé d'une autre manière et j'ai mon cours chez moi, devant moi [...]. C'est la feuille [...]. C'est les questions qui m'embrouillent, et tout... » (ED24) ;
>
> « oui ça arrive des fois [que je perde mes moyens] parce que... J'suis un peu lente, et j'commence [...] à paniquer et puis après, quand j'panique, j'réponds n'importe quoi » (ED27).

Concernant ce « second » groupe d'élèves (un ER et cinq ED), au-delà des fluctuations individuelles, une tendance discursive peut être énoncée, traversant l'ensemble des propos de ces élèves : le constat d'un certain manque de confiance en soi de chacun de ces adolescents, majoritairement en difficulté scolaire, face à leur tâche au lycée.

Comme dans le cas des élèves de classe de CE2 (ER et ED), il est encore probablement intéressant de constater ici que seul le nombre d'élèves de classe de seconde (et non la qualité des explications fournies par les élèves) par choix de réponse, en fonction de leur niveau de résultats scolaires, permet de différencier les ED et les ER face à un contrôle.

Comme dans le cas des élèves de classe de CE2 (ER et ED) encore, si quatre ER disent effectivement ne pas perdre leurs moyens en cas de contrôle, seul un ED le dit également.

En revanche, et contrairement au cas des élèves de classe de CE2 (ER et ED), seul un ER, contre cinq ED, dit perdre ses moyens. Même si les différences ne semblent pas véritablement prégnantes, *les ER de classe de seconde, comme ceux de classe de CE2, se révèlent cependant plus confiants quant au travail préalablement fourni, d'une part, et plus à l'aise face à un contrôle à venir d'autre part.*

Ses interrogations écrites : entre réussite et échec

Nombre d'élèves de classe de CE2 s'exprimant : 7 ER et 6 ED.
Nombre d'élèves de classe de seconde s'exprimant : 7 ER et 6 ED.

Parmi les ER de classe de CE2, trois (ER1, ER2, ER4) pensent plutôt réussir en cas de contrôle, car il semble que ces élèves aient toujours réussi – ou n'échouent « pas souvent » (ER4) – au point de prendre l'habitude des bonnes notes obtenues jusqu'alors (ER1, ER2).

Si un ER (ER5) pense également que ses réussites et ses échecs dépendent des disciplines sur lesquelles portent les interrogations, une ER (ER8) pense, par contre, échouer régulièrement aux contrôles proposés. Il est intéressant de noter toutefois que chacun de ces deux élèves dit avoir échoué une interrogation lorsque, par exemple, la note obtenue est de l'ordre de 7 ou 8 sur 10, et affirme l'avoir réussie lorsque la note obtenue se situe au-dessus de 9 sur 10. Il apparaît donc évident ici que *les notions d'échec ou de réussite ont un caractère éminemment subjectif. Ainsi, l'échelle quantitative d'évaluation enseignante ne donnerait pas, à certains élèves, le sentiment de réussite scolaire.* Il en va très probablement de même pour le sentiment d'échec.

Enfin, deux ER (ER3, ER7) disent ne pas parvenir à évaluer préalablement leur travail et, donc, à envisager une note. De plus, l'un et l'autre ne semblent pas être en mesure de se l'expliquer : les notes scolaires paraissent être pour ces ER des surprises parfois agréables et parfois désagréables (ER3). Nous ne pensons pas cependant que cela puisse être analysé comme une attribution externe, par ces élèves, de leur obtention de notes. Une analyse en termes de souci (conscient ou pas) de ces élèves de ne pas paraître imbu de leur personne en disant ne s'attendre qu'à de bonnes notes nous semble plus adéquate.

Parmi les ED de classe de CE2, deux (ED19, ED20) pensent plutôt réussir en cas de contrôle car si l'un dit beaucoup réviser préalablement (ED19), l'autre se sait, à la vue de l'évolution de ses notes, en progrès (ED20).

Par contre, un ED (ED17) pense plutôt échouer en cas d'interrogation. S'il ne l'explique pas, il constate, en effet, que, « sur [sa] feuille », l'ensemble de ses écrits est « un peu faux et un peu juste. [Mais] plus souvent... Faux ».

Deux ED (ED18, ED21) pensent, quant à eux, parfois réussir et parfois échouer lors de contrôles, sans savoir encore l'expliquer :

« [parce que] j'ai juste ou pas... Puis... Voilà » (ED18) ;
« des fois ça m'arrive d'échouer. De pas mettre le bon résultat [...]. Ça m'arrive de faire tout juste » (ED21).

Enfin, une ED dit ne pas savoir la note qui l'attend lorsqu'elle fait une interrogation, tout en redoutant quelle soit (encore) mauvaise :

« je veux bien le faire [le contrôle] mais c'est que j'ai peur [...] c'est que j'ai des mauvaises notes, sinon j'pourrais jamais passer le CE2 si j'ai que des mauvaises notes, alors... » (ED16).

Bien que le constat pouvant être fait ici ne soit pas massif, il semble tout de même que, *en majorité, les ER de classe de CE2 pensent essentiellement réussir leurs contrôles, alors que les ED se révèlent bien plus partagés sur ce point. Il est, en effet, difficile de trouver une tendance générale dans les réponses avancées ici par les ED de classe de CE2.*

Il apparaîtrait donc que *les ER auraient une plus grande confiance en eux-mêmes et en leurs chances de réussite à un contrôle que les ED.* La réussite scolaire serait accompagnée d'une sorte d' « effet de halo ». Ce dernier s'étendrait, de plus, à « toute évaluation *a priori* de réussite, quelle que soit la nature de la tâche en cause. » (Perron, 1991, p. 31) (voir chap. III).

Chez les élèves de classe de seconde (ER et ED), trois catégories de réponses peuvent être ici répertoriées.

Quatre ER pensent, en général, plutôt réussir leurs contrôles (ER9, ER10, ER11, ER13) :

« parce que, en général [...] j'révise tout le temps pour une interro [...]. Parce qu'en général j'relis mon cours le soir et vu que j'fais toujours les exercices... Si on fait toujours nos devoirs les interros surprises ça pose pas de problèmes » (ER9) ;
« si j'ai bien appris, en principe, j'suis assez... Assez confiante » (ER10) ;
« quand je le fais [le contrôle], je... Je sais à peu près où j'en suis... Suivant ce que j'ai appris... Parce que je le sais... » (ER11).

Trois ER (ER12, ER14, ER15) et cinq ED (ED24, ED26, ED27, ED29, ED30) disent parfois réussir et parfois échouer lors d'un contrôle.

Le résultat obtenu à l'interrogation par ces ER et ED dépendrait alors de plusieurs paramètres, tels que :

– la matière dans laquelle est proposée l'interrogation ;

« ça dépend [...] si c'est en [...] en français [...], je vais faire "ah je vais me taper une boite ah...", mais si c'est en maths, "oh ça ira", si c'est dans les langues aussi "oh pfff *[elle souffle]* c'est bon" » (ER14) ;

« ça dépend des matières » (ER15) ;

« ça dépend de la matière » (ED24, ED26) ;

« ça dépend des matières... En maths je sais que même si je révise et j'fais... Et j'fais le contrôle je sais que j'arriverais pas à avoir la moyenne... Même si j'ai révisé » (ED29) ;

– le travail préalablement fourni ;

« ben c'est comme tout quoi, quand on apprend ça marche et quand on apprend pas ça marche pas *[sourire]* [...]. Si j'veux, j'peux apprendre et avoir de très bonnes notes mais... Mais je sais que j'travaille pas assez, donc... » (ER12) ;

« Et ça dépend aussi comment j'ai révisé ou pas » (ER15) ;

« ça dépend si j'ai révisé ou pas. Et... Et si j'ai révisé sérieusement ou pas. Déjà y'a ça. Et y'a certaines matières, même si j'ai révisé j'ai toujours peur » (ED27) ;

« si j'ai compris la partie..... Ben en fait ça dépend des matières aussi... En maths, souvent, je sais que j'ai complètement [...] foiré... Ou sinon, en anglais machin, je pense que, à chaque fois, j'ai assez bien réussi » (ED30).

Enfin, seul un ED dit ne pas parvenir à évaluer préalablement son travail et, donc, à envisager une note. En effet, il ne s'attend jamais à la note qu'il obtient :

« à chaque fois ça me fait ça. Je dis "j'ai mal réussi" après j'ai une bonne note ou je dis "j'ai..." et ça... » (ED25).

Dans un premier temps, il apparaît difficile de constater ici, véritablement, et de façon significative, des différences de discours scolaires entre ER et ED de classe de seconde. Cependant, et comme dans le cas de l'étude du point précédent, il est probablement intéressant de noter que seul le nombre d'élèves de classe de seconde (et non la qualité des explications fournies par les élèves) par catégorie de réponse, en fonction de leur niveau de résultats scolaires, permet de différencier les ED et les ER face à leur impression d'échec ou de réussite à un contrôle. En effet, *si quatre ER pensent plutôt réussir leurs contrôles, aucun ED ne le pense.*

La majorité des ED (cinq sur six s'exprimant), *au contraire, hésiterait régulièrement entre l'impression de réussite et celle d'échec après un contrôle,* comme si la réussite ou l'échec échappaient à leur capacité de maîtrise.

D'une manière générale, il semblerait que *les* ER *de classes de* CE2 *et de seconde aient une confiance en soi et en leurs chances de réussite à un contrôle plus stable et effective que les* ED *de ces classes.*

À propos des interrogations écrites en classe...

TABLEAU 8. — *Synthèse des résultats concernant les interrogations écrites en classe (dans l'analyse du rapport au savoir)*

	CE2		*Seconde*	
	ER	*ED*	*ER*	*ED*
Son vécu émotionnel	Plutôt sereins	Appréhension car ED doutent de leur capacité à réussir	Plutôt sereins	Plutôt sereins
La perte de ses moyens	Plutôt sereins ER sont confiants du fait : • de la quantité de travail préalablement fourni • de leur aisance face à un contrôle à venir	• Manque de confiance en soi • Appréhension avant un contrôle	Plutôt sereins ER sont confiants du fait : • de la quantité de travail préalablement fourni • de leur aisance face à un contrôle à venir	• Manque de confiance en soi • Appréhension avant un contrôle
Ses interrogations écrites : entre réussite et échec	ER sont confiants du fait : • de la quantité de travail préalablement fourni • de leur croyance en leurs chances de réussite	• Manque de confiance en soi • Doute sur leurs chances de réussite	ER sont confiants du fait : • de la quantité de travail préalablement fourni • de leur croyance en leurs chances de réussite	• Manque de confiance en soi • Doute sur leurs chances de réussite

Une dichotomie se profile ici entre ER et ED des classes de CE2 et de seconde dans leurs discours, concernant leur vécu et leur ressenti, avant, pendant et après les interrogations écrites.

Au niveau du vécu émotionnel avant un contrôle, seuls les ED de classe de CE2 avouent une appréhension. L'ensemble des autres élèves se dit sereins.

La dichotomie ER/ED se dessine véritablement à propos d'une perte de moyens éventuelle lors de contrôles écrits et d'une estimation de la réussite ou de l'échec des élèves à ces contrôles. Dans le discours des ED (CE2 et seconde), la manifestation d'un manque de confiance en soi et d'une faible croyance en leur capacité de réussite scolaire devient prégnante. On peut voir ici un effet de la particularité du « chemin scolaire » parcouru par les uns et les autres. Cela vient bien affecter et colorer le rapport à soi comme élève et le pronostic corrélatif sur ses performances scolaires.

3 / CE QUE PENSE L'ÉLÈVE DE SES RÉSULTATS SCOLAIRES

Entre satisfaction et insatisfaction

Nombre d'élèves de classe de CE2 s'exprimant : 8 ER et 7 ED.
Nombre d'élèves de classe de seconde s'exprimant : 7 ER et 7 ED.

À l'unanimité, les ER de classe de CE2 se disent satisfaits de leurs résultats scolaires, tout en espérant, pour certains, avoir des notes encore meilleures :

« en écriture, j'espère plus » (ER5) ;
« j'avais eu 1 moins au dernier bulletin et on va l'avoir [le second bulletin] avant les vacances... J'espère avoir 1 » (ER6).

S'ils ne sont pas unanimes, les ED se disent, majoritairement cependant, satisfaits de leurs résultats scolaires, car :

- quatre d'entre eux (ED20, ED21, ED22, ED23) se savent en progrès, le maître insistant sur leurs notes qui évoluent favorablement ;
- une ED obtient de bons résultats scolaires avec au moins un des deux enseignants en charge de sa classe. Dans cette classe, en

effet, toutes les disciplines ne sont pas enseignées par la même personne. La maîtresse assure les enseignements « de base » tels que le français, les mathématiques, l'histoire et la géographie, le maître, ceux tels que les sciences la vie et de la terre et les sciences physiques ;

« avec la maîtresse [...] je [suis] pas contente [...] j'ai des mauvaises notes. Mais avec le maître je [suis] très contente parce que j'ai des... bonnes notes et ma meilleure note c'est 18 sur 20 » (ED17).

Ainsi, si les ER satisfaits de leurs résultats scolaires semblent, cependant, espérer leurs prochains résultats encore et toujours meilleurs, les ED satisfaits de leurs notes en classe paraissent ne pas espérer plus puisqu'ils sont déjà en progrès. Comme nous l'avions précédemment constaté (voir point 1 de ce chapitre, L'élève face aux interpellations orales enseignantes en classe, p. 101), il apparaît ici que :

1 / *les ER de classe de CE2 semblent non seulement s'inscrire dans un présent scolaire palpable par la réussite, mais également être tournés vers un avenir d'apprentissage : ils veulent « aller plus loin » ;*

2 / *les ED se contentent des notes actuellement obtenues en classe et ne semblent pas se projeter au-delà de ce présent scolaire qui les satisfait. Ces élèves sont inscrits dans un processus d'apprentissage présent sans véritable projection dans l'avenir : ils veulent avant tout vivre, exister, scolairement.*

De façon majoritaire, les ER de classe de seconde se disent satisfaits de leurs résultats scolaires :

« ça me fait une moyenne de 15 en matières littéraires donc euh... J'suis très contente quoi » (ER9) ;

« j'suis contente mais jamais satisfaite [...]. J'suis jamais contente. J'veux toujours avoir plus [...]. Mais bon, j'ai pas à me plaindre hein mais *[rire]*... » (ER12) ;

Conjointement, certains ER de classe de seconde avouent cependant ne pas toujours fournir la quantité de travail qu'ils devraient :

« ouais ça va, [mais] je devrais travailler un peu plus [...]. Ça me remonterait bien mes moyennes » (ER14) ;

« sans travailler oui ! J'avoue que franchement j'suis assez content d'avoir des résultats comme ça sans travailler *[sourire]*. [...] Mais j'pense, sans vouloir me vanter, faire beaucoup mieux » (ER15).

Enfin, un seul ER se dit mécontent de ses résultats scolaires.

« pas trop » (ER11) : « j'pourrais faire plus, si j'avais l'envie [...]. J'suis pas motivé [...]. C'est pour à ça, je suis juste à la moyenne » (ER11) ;

rejoignant ainsi l'idée, exprimée par ses camarades de classe en réussite scolaire, d'une potentialité scolaire non (correctement) exploitée.

De façon majoritaire encore, les ED de classe de seconde se disent insatisfaits de leurs résultats scolaires, tout en signalant qu'ils :

– auraient pu mieux faire, s'ils avaient voulu ;

« pour le premier trimestre non, j'suis pas trop satisfaite [...], j'aurais pu mieux faire [...] en travaillant. Parce que ce trimestre j'ai pas beaucoup travaillé [...]. Y'avait des grèves... Ça m'a beaucoup perturbé et on... Rigolait beaucoup... Et ça fait que j'ai pas trop pensé à mon travail *[sourire]*... » (ED24) ;

« j'suis un peu déçue quand même parce que... J'sais que je peux faire mieux [...]. Ce premier trimestre je l'ai raté je sais mais... J'l'ai raté grave parce que... Avec ces grèves [...]. Déjà j'ai des difficultés et ça m'a tout... Fait raté. Mais je pense que le deuxième trimestre il sera bon [...]. Il faut que je me rattrape » (ED25) ;

« c'est pas que j'suis... J'suis pas bon, c'est que j'aurais pu faire mieux » (ED28) ;

« je pense que je pourrais faire mieux » (ED29) ;

« oui [j'espérais] largement plus. Ben pour un redoublement ouais [...]. J'ai du mal à comprendre certaines matières... Puis y'a aussi, ben si... Même si je fais les exercices, j'fais pas plus, en fait. Ça doit être un manque de travail » (ED30).

– envisagent fortement de se mettre au travail au trimestre suivant ;

« mais je pense que le deuxième trimestre il sera bon » (ED25) ;

« j'espère que ça va s'améliorer au cours du deuxième trimestre » (ED27).

Enfin seule une ED (ED26) se dit contente de ses résultats scolaires :

« y'a deux matières [scientifiques] où c'est vraiment de grosses difficultés [...]. Autour c'est... C'est pas excellent mais c'est moyen » (ED26) ;

ses difficultés n'étant, selon elle, réelles que dans seulement deux matières scientifiques.

Ainsi, il apparaît que :

1 / les ER *de classe de seconde sont satisfaits de leurs résultats scolaires, tout en concédant qu'ils pourraient travailler plus* ;

2 / les ED *de classe de seconde sont mécontents de leurs résultats scolaires et comptent se mettre sérieusement au travail au cours du trimestre à venir.*

Il semble donc que si les élèves de classe de seconde sont satisfaits ou insatisfaits de leurs résultats scolaires en fonction, justement, de leur niveau de résultats scolaires, ces élèves concèdent aussi à l'unanimité qu'ils sont capables de plus de travail. *Leurs notes scolaires ne refléteraient donc pas ce qu'ils sont, mais ce qu'ils veulent bien montrer, ou mobiliser, de leurs capacités (d'attention, de travail, d'assiduité, de patience, de disponibilité) face à la tâche scolaire.* L'élève de classe de seconde, et ce quel que soit son niveau de résultats scolaires, paraît donc se dire maître de ses notes scolaires : c'est lui qui décide de ce qu'elles seront en choisissant de travailler ou de ne pas travailler, de s'intéresser ou de ne pas s'intéresser aux enseignements dispensés. L'élève aurait ainsi le pouvoir de rendre ses notes bonnes ou mauvaises, tenant entre ses mains les cartes d'une réussite ou d'un échec scolaire. L'élève en difficulté scolaire de classe de seconde ne serait donc pas en difficulté par incapacité scolaire, mais par absence de volonté scolaire. L'intelligence de l'élève n'est ainsi pas remise en cause, bien au contraire. L'élève aurait ici l'intelligence, la liberté, de choisir de réussir ou d'échouer en classe, ce qui ferait de lui, à ses propres yeux et aux yeux de ses camarades de classe, une personne respectable, car courageuse.

D'une manière générale, il apparaît que :

- les ER de classes de CE2 et de seconde sont satisfaits de leurs résultats scolaires, tout en espérant plus (plus de travail, pour plus de progrès) ;
- les ED de classe de CE2 sont contents ici et maintenant, parce qu'en progrès ;
- les ED de classe de seconde ne sont pas satisfaits de leurs résultats scolaires, et envisagent de se mettre sérieusement au travail le trimestre prochain.

Ainsi, *au-delà d'une simple classification* ER *versus* ED, *il semble plus pertinent ici de parler d'*ER, *d'*ED *et d'*ED *en situation de progrès* *scolaire*. Les ER de classe de CE2 et de classe de seconde semblent ici se retrouver dans leurs propos, quant à la satisfaction de leurs résultats scolaires et l'espoir de faire mieux encore (par l'accomplissement d'un plus grand effort scolaire chez les élèves de seconde notamment).

Il semble plus difficile de constater ici quelque ressemblance entre les propos des ED de classe de CE2 et ceux des ED de classe de seconde. En effet, si *les ED de classe de CE2 sont, comme leurs camarades en réussite, contents de leurs résultats scolaires, ils ne semblent cependant pas, contrairement à leurs camarades en réussite, espérer encore de meilleurs résultats*. De leur côté, *les ED de classe de seconde ne sont pas satisfaits de leurs résultats scolaires, et semblent même quelque peu soucieux de se mettre au travail très prochainement.* L'échéance d'une fin d'année scolaire sans réussite (et donc sans choix personnel d'orientation) paraît, en effet, les inquiéter. La question reste toutefois de savoir si ces élèves se mettront réellement au travail dans les semaines à venir, ou si leurs propos n'avaient pour but que de rassurer leur interlocuteur (l'enquêteur), tout en se rassurant eux-mêmes...

Expliquer ses résultats scolaires

Nombre d'élèves de classe de CE2 s'exprimant : 8 ER et 7 ED.
Nombre d'élèves de classe de seconde s'exprimant : 7 ER et 5 ED.

Il semble, tout d'abord, que l'ensemble des ER de classe de CE2 dit obtenir de « bons » résultats à l'école. Ces ER expliquent leurs « bons » résultats par le biais de :

- facteurs d'apprentissage, tels que l'attention, la réflexion et le travail ;

« j'réfléchis, je travaille » (ER1) ;
« on a appris plein de choses à la maison [...] on a bien travaillé » (ER4) ;
« je travaille bien à la maison puis en classe » (ER6) ;
« j'apprends bien [...]. J'suis attentive » (ER2) ;
« j'apprends bien mes leçons » (ER5) ;
« des fois j'apprends bien, et puis... Quand j'ai des mauvaises notes des fois j'apprends pas très bien... Quand même » (ER7) ;
« j'ai [...] bien appris à ma maison et [...] je passe du temps dessus [mes révisions] » (ER8).

– facteurs environnementaux ;

« ben c'est que ma famille [...] elle est quand même un peu de partout prof [...]. Ma mère m'apprend le français [...], mon père m'apprend les maths » (ER3).

Du côté des ED de classe de CE2, il semble, tout d'abord, que ces élèves ne soient pas unanimes sur leur niveau de résultats scolaires : alors que cinq d'entre eux pensent n'avoir que de « faibles » résultats scolaires (ED16, ED18, ED19, ED21, ED23), deux les pensent « bons » (ED20, ED22), leurs notes connaissant une évolution favorable depuis quelques semaines. Ainsi, les explications données par chacun de ces deux groupes d'ED ne vont pas, bien sûr, dans le même sens.

Les cinq ED aux « faibles » résultats scolaires expliquent leurs notes en classe par le biais de :

– facteurs d'apprentissage, tels que l'attention (ou l'écoute), la concentration et le travail ;

« [ça dépend] si j'travaille bien ou pas » (ED18) ;
« j'apprends pas mes leçons [...] » (ED19) ;
« des fois [...] j'ai pas le cœur [...]. Ça veut dire que... J'suis pas concentré dans mon travail » (ED19) ;
« j'écoute pas assez » (ED23).

– facteurs affectifs, tels que la crainte, la contrariété, la déception et l'agacement ;

« parce que des fois j'suis perturbée [...] par les fautes... Parce que j'ai pas envie d'en avoir alors... » (ED16) ;
« c'est que je travaille régulièrement mais [...] je reste contrarié quelquefois quand j'ai des mauvaises notes [...]. Quand j'ai des bonnes j'suis content mais quand j'ai des mauvaises notes j'suis... énervé » (ED19).

Les deux ED aux « bons » résultats scolaires expliquent, quant à eux, leurs notes – et l'évolution favorable de celles-ci – en classe par le biais de facteurs d'apprentissage uniquement :

« j'ai bien appris à la maison. J'ai bien appris avec maman, j'sais bien faire maintenant [...]. Parce qu'avant j'savais pas très bien faire, maintenant j'sais bien faire » (ED20),
« parce que j'suis très fort en classe [...]. À force d'apprendre chez moi » (ED22).

D'une part, il apparaît donc ici que si l'ensemble des ER de classe de CE2 privilégie des facteurs d'apprentissage pour expliquer leurs « bons » résultats scolaires, la majorité des ED avancent, quant à eux, des facteurs d'apprentissage, mais aussi affectifs, pour expliquer leurs « faibles » résultats scolaires. On peut donc parler d'une plus grande sensibilité des ED à ce qui est de l'ordre de l'affectif.

D'autre part, comme l'ensemble des ER, les deux ED (ED20, ED22) considérant leurs résultats scolaires comme « bons » privilégient également des facteurs d'apprentissage pour expliquer les progrès scolaires accomplis (leurs résultats scolaire en évolution positive).

Il semble donc ici que, *chez les élèves de classe de CE2, les « bons » résultats scolaires (ER et deux ED en progrès) s'expliqueraient plus aisément par des facteurs d'apprentissage (révélateurs d'une internalité de ces élèves) et les « faibles » résultats scolaires (ED), par des facteurs d'apprentissage, mais aussi affectifs et relationnels (révélateurs d'une externalité plus importante chez ces autres élèves)*.

L'ensemble des élèves de classe de seconde (ER et ED) semble très lucide sur son niveau de résultats scolaires, acceptant les notes que les enseignants leur attribuent et concédant, bien souvent, leur manque de travail.

Les ER expliquent ainsi leurs « bons » résultats scolaires par le biais de :

- facteurs d'apprentissage, tels que la motivation et le travail fourni ;

« parce que j'ai envie d'apprendre... Et vue que ça me plaît ben... » (ER9) ;
« aussi parce que [...] j'travaille » (ER10, ER15) ;
« parce que j'travaille un minimum on va dire » (ER12) ;
« j'suis [...] sérieuse [...]. Et puis j'travaille » (ER14) ;

- facteurs scolaires, tel que le redoublement ;

« parce que j'ai redoublé. Ça doit influencer déjà *[rire]* » (ER10) ;
« ben j'suis redoublant [...]. ces paroles là j'les avais déjà entendu l'année dernière [...]. Mais maintenant comme j'révise [...] chez moi et ben, ça complète » (ER13) ;

- facteurs environnementaux ;

« et vue que j'm'entends pas trop avec l'ensemble de la classe... Donc j'parle pas trop en classe » (ER14).

De leur côté, les ED expliquent leurs « faibles » résultats scolaires par le biais de facteurs d'apprentissage essentiellement, tel que le travail fourni :

« un manque de travail ouais » (ED24) ;
« c'est à cause de ma façon de... De réviser ma... J'ai pas la bonne méthode » (ED27) ;
« [je pourrais faire mieux] mais je m'en donne pas les moyens » (ED29).

Il semble difficile ici d'avancer une quelconque différence significative entre ER et ED de classe de seconde dans leur façon d'expliquer leurs « faibles », ou « bons », résultats scolaires obtenus au lycée. En effet, les facteurs d'apprentissage et/ou scolaires sont les plus avancés dans ces explications d'élèves, et ce quel que soit leur niveau de résultats scolaires.

Comme nous l'avions précédemment constaté, il est cependant intéressant de noter l'exigence des ED à leur égard : leur *mea culpa* ou autocritique qui n'explique leurs « faibles » résultats scolaires que par des facteurs d'apprentissage (le manque de travail fourni explique leurs « faibles » résultats scolaires). Ces élèves semblent ainsi se sanctionner, comme s'ils reconnaissaient mériter leur statut d'ED.

Les constatations faites dans le discours des élèves de classe de CE2 (ED et ER) ne se retrouvent pas dans celui des élèves de classe de seconde (ER et ED). En effet, les facteurs révélateurs d'internalité, ou d'externalité, chez les élèves de CE2 n'apparaissent pas révélateurs de différences significatives entre ER et ED de classe de seconde.

En effet, en premier lieu, l'ensemble des élèves de classe de seconde se ressemblent dans leurs propos, ne nous permettant pas véritablement de les différencier (les opposer) en fonction de leur niveau de résultats scolaires.

Cependant, en second lieu, *les ED de classe de seconde paraissent plus durs dans leur autocritique que les ER de classe de seconde.*

À propos de ce que pense l'élève de ses résultats scolaires...

Alors que l'ensemble des élèves de classe de CE2 et les ER de classe de seconde se disent satisfaits de leurs résultats scolaires, seuls les ED de classe de seconde ne le sont pas.

TABLEAU 9. — *Synthèse des résultats concernant ce que pense l'élève de ses résultats scolaires (dans l'analyse du rapport au savoir)*

	CE2		*Seconde*	
	ER	*ED*	*ER*	*ED*
Entre satisfaction et insatisfaction	• Satisfaits • Mais, veulent « aller plus loin »	• Satisfaits • Se contentent de ce qu'ils ont	• Satisfaits • Mais, pourraient faire mieux	• Insatisfaits • Auraient pu faire mieux • Envisagent de se mettre au travail le trimestre prochain
Expliquer ses résultats scolaires	« Bons » expliqués par des facteurs : • d'apprentissage • environnementaux	« Faibles » expliqués par des facteurs : • d'apprentissage • affectifs « Bons » expliqués par des facteurs d'apprentissage	« Bons » expliqués par des facteurs : • d'apprentissage • scolaires • environnementaux	« Faibles » expliqués par des facteurs d'apprentissage

Si les ER de classes de CE2 et de seconde disent pouvoir aller plus loin ou faire mieux « demain », les ED de classe de CE2 semblent se contenter des notes qu'ils obtiennent et les ED de classe de seconde pensent qu'ils auraient pu faire mieux (« hier »).

Ainsi, *alors que les ER des classes de CE2 et de seconde sont tournés vers l'avenir, les pieds bien ancrés dans un présent de réussite, les ED de ces classes se cramponnent à leur présent, ou déplorent leur passé révolu (le trimestre achevé)*.

Les ER de classes de CE2 et de seconde expliquent pareillement leurs résultats scolaires à l'aide de facteurs d'apprentissage, de facteurs scolaires et de facteurs environnementaux.

De leur côté, les ED cherchent l'explication du côté :

– de facteurs d'apprentissage et de facteurs affectifs pour ceux de classe de CE2 ;

– de facteurs d'apprentissage exclusivement pour ceux de classe de seconde.

Le domaine de l'affectivité est ainsi abordé par les ED de classe de CE2.

4 / CE QUE PENSE L'ÉLÈVE DES CONTENUS D'APPRENTISSAGE SCOLAIRES PROPOSÉS PAR L'INSTITUTION SCOLAIRE

Les apprentissages scolaires : « ça sert à quoi ? »

Nombre d'élèves de classe de CE2 s'exprimant : 8 ER et 8 ED.
Nombre d'élèves de classe de seconde s'exprimant : 5 ER et 6 ED.

Selon les ER de classe de CE2, les apprentissages faits en classe :

– permettent de « bien parler [...], bien comprendre, [...] bien écrire » (ER3), et ainsi « pouvoir faire beaucoup de choses » (ER6) ;

– sont également « pour plus tard » (ER2), pour « faire des choses plus tard. Pour mon métier » (ER5), « pour la vie de plus tard... On pourra savoir beaucoup de choses, grâce à l'école » (ER7) ;

– sont enfin des moyens pour « grandir », « devenir adulte. Pour nos enfants à apprendre [...]. Pour qu'ils aient pas de mauvaises notes et tout » (ER4).

Ainsi, les apprentissages faits en classe ont, selon les ER, une portée et une utilité dans le présent, mais aussi dans l'avenir.

De la même manière, pour six ED de classe de CE2 sur huit, les apprentissages faits en classe trouveront leur utilité essentiellement dans l'avenir, de façon plus ou moins rapprochée :

– un futur proche ;

au collège (ED17) ;

« quand j'ferai des contrôles ça sera plus facile parce que j'aurai appris » (ED18) ;

« ça me sert pour plus tard. Pour les autres classes » (ED20) ;

– un futur lointain ;

« pour faire notre métier quand on sera grand » (ED16) ;
« quand je serai plus grand [...] Et puis j'aurais un métier » (ED18) ;
« ben, ça va servir euh... Beaucoup plus tard... » (ED21) ;
« ça sert à... À savoir quand on sera grand » (ED23).

Seuls deux ED prétendent que les apprentissages scolaires « servent » « à apprendre » (ED22), ou « à travailler, à... À savoir » (ED19) : leur utilité s'inscrivant ainsi dans le présent.

Il apparaît donc que si les ER de classe de CE2 donnent une utilité à la fois présente (immédiate) et future à leurs apprentissages scolaires, les ED ne leur accordent le plus souvent qu'une utilité future. Une nouvelle fois, *les ER tendraient à s'inscrire bien plus fortement dans un présent scolaire d'apprentissage que les ED.*

Pour les élèves de classe de seconde, les apprentissages faits au lycée permettent, ou favorisent :

– un enrichissement de sa culture générale *(ER et ED)* ;

de « mieux comprendre ce qui se passe autour de nous » (ER9) ;

« avoir un minimum de culture générale parce que c'est important [...] ça sert toujours [...]. Dans toutes les matières, en prenant un peu de chaque et ben ça fait une petite culture générale qu'on se forge tout doucement » (ER12) ;

« ça enrichit ma culture générale tout ce qui est histoire et... Et tout ce qui est maths moi j'trouve que ça sert pas à grand chose pour plus tard, mais à avoir de bonnes notes pour maintenant quoi » (ED24) ;

« [quand on sort du lycée] on sait pas mal de choses quand même. Parce que bon on a étudié ça et tout » (ED28) ;

« la façon dont on s'exprime déjà quoi » (ED29) ;

« ça sert toujours, ce qu'on apprend un jour on va bien... On va bien le ressortir quoi [...]. À part les maths *[sourire]* ! J'vois pas trop... La physique aussi je pense, je vois pas trop *[rire]*... » (ED29) ;

« à avoir des connaissances pour plus tard. Admettons, nous on est à une table, avec plein d'invités, s'ils parlent d'un truc et que nous on sait pas de quoi ils parlent, ben on va avoir l'air fin quoi *[sourire]* » (ED30) ;

– une meilleure perspective de son avenir proche ou lointain *(ER et ED)* ;

« pour ce que je veux faire plus tard » (ER12) ;

« à plus tard » (ED29) ;

« ça sert au moins à un métier [...] dans quelque chose qui me plaît au moins » (ED26) ;

« s'assurer une vie correcte [...] parce que sans métier, bon pas d'argent, et pas d'argent... Pas de maison *[rire]*... Pas de famille non plus donc euh... » (ED26) ;

– un réel questionnement, justement, sur l'utilité des enseignements dispensés au lycée *(ER)* ;

« y'a des choses qui servent à rien... Inutiles... Mais aussi t'es content... J'sais pas quand tu as des enfants, t'es content d'être allé au lycée » (ER11) ;

« non, du tout », ces apprentissages ne servent pas, aujourd'hui, dans la vie quotidienne (ER13) ;

« ça dépend des matières encore » (ER15).

Il apparaît que cette utilité donnée à certaines matières, de façon tout à fait aléatoire par l'élève, dépend de l'inclination et/ou de l'intérêt (personnel, et prochainement professionnel) que l'élève porte à la matière.

– une meilleure connaissance de soi *(ED)* ;

« déjà à m'orienter. Déjà à savoir c'que j'aime, c'que j'aime pas, c'qui m'intéresse, c'qui m'intéresse pas... Et ensuite [...] pour l'avenir [...], pour savoir c'que je voudrais faire, c'que j'aimerais faire, c'que j'serais capable de faire aussi, avec les notes et tout ça, comme ça j'essaye de me situer » (ED27) ;

« quand on sort du lycée et tout, bon, on sait ce qu'on peut faire, on sait ce qu'on peut pas faire » (ED28).

En première analyse, il semble qu'il n'y ait pas ici de différence significative entre le discours des ER et celui des ED, concernant la façon dont ces élèves « jugent » les apprentissages dispensés au lycée. Chacun des deux groupes d'élèves (ER et ED) pense que ces apprentissages favorisent sa culture générale et lui permettent de mieux « cerner » son avenir proche et/ou lointain : une utilité dans le présent, mais aussi dans l'avenir, est donnée aux apprentissages scolaires par les élèves.

Cependant, en seconde analyse, il peut être constaté que :

– les ER se posent véritablement la question de l'utilité de certains de ces enseignements ;
– alors que les ED concèdent que ces enseignements, justement, leur permettent une meilleure connaissance de soi.

Les ED rejoignent ainsi les ER lorsque ceux-ci attribuent à l'institution scolaire une visée éducative (voir chap. IV, L'école, le lycée, « ça sert à quoi ? », p. 90). Nous pouvons alors nous demander s'il n'est pas délicat, pour certains élèves en particulier, de différencier enseignements dispensés et institution scolaire, l'un et l'autre se confondant ou s'imbriquant, ce qui justifierait l'utilisation de l'expression de « chose scolaire » ?

Nous constatons toutefois qu'il est difficile d'avancer une différenciation significative entre le discours des ER et celui ED de classe de seconde.

Il apparaît principalement que les ER de classes de CE2 et de seconde, ainsi que les ED de classe de seconde, trouvent dans les apprentissages scolaires dispensés à l'école ou au lycée une utilité, à la fois, présente (dans leur vie quotidienne) et future (dans leur vie quotidienne toujours et leur vie professionnelle à venir). Seuls les ED de classe de CE2 ne parviendraient donc pas à voir autre chose qu'une utilité essentiellement future de leurs apprentissages scolaires.

L'explication la plus vraisemblable serait le plus grand âge des ED de classe de seconde qui leur permettrait d'apercevoir, au-delà de leurs difficultés, les bienfaits d'un enseignement qui semble pourtant leur échapper. Ainsi, la réussite scolaire des élèves, indépendamment de l'âge de ces derniers, favoriserait une certaine « acuité » ou disponibilité d'esprit, leur permettant de voir, de tirer des correspondances et de créer des liens entre les enseignements reçus en classe et leur vie à l'extérieur de l'école, ou du lycée. Le chemin de bon élève permettrait de prendre du recul et de « faire » des liens. Les ED de classe de seconde compenseraient ce manque d' « acuité » (ou de « sagacité ») propre à la situation scolaire des élèves en réussite, par leur plus grand âge, ce dont les ED de classe de CE2 ne sont pas « capables » du fait de leur jeune âge. En effet, l'âge des ED de classe de seconde ne serait-il pas, d'ores et déjà, en mesure de leur permettre une prise de distance par rapport à leur situation scolaire d'élèves en difficulté, favorisant une meilleure vision du lycée et des enseignements dispensés ? Ce dont, encore, les ED de classe de CE2 ne peuvent pas bénéficier du fait de leur jeune âge.

Sa préférence pour certaines matières scolaires

Nombre d'élèves de classe de CE2 s'exprimant : 5 ER et 2 ED.
Nombre d'élèves de classe de seconde s'exprimant : 5 ER et 5 ED.

Cinq ER (ER1, ER2, ER3, ER6, ER8) sur huit de classe de CE2 disent clairement avoir une préférence pour l'une ou l'autre des activités scolaires proposées en classe.

Il semble, tout d'abord, que chacun des ER tente d'expliquer sa (ses) préférence(s) par un vocabulaire d'inclination :

« la conjugaison j'aime bien et les mathématiques moins bien parce que... J'aime pas bien les multiplications » (ER2) ;

« surtout s'il y a des multiplications... Parce que ça j'aime bien [...] ! Y'a plusieurs choses que j'aime, que j'aime bien faire » (ER3) ;

« il y a des matières que j'aime » (ER6).

Il apparaît ensuite que l'ER peut préférer une activité scolaire parce qu'il sait qu'il y réussit bien :

« parce que j'y arrive bien » (ER8).

Il semble, enfin, que l'ER puisse ne pas aimer une matière tout en ayant de bonnes notes dans celle-ci :

« moi ça me plaît pas très bien [les multiplications, mais j'ai des bonnes notes] » (ER2).

L'inclination, et non la réussite ou les difficultés éprouvées au cours d'une activité, *serait donc essentielle dans le goût ou le rejet ressenti par l'ER pour certaines activités scolaires.*

Deux ED (ED17, ED22) de classe de CE2 disent également avoir une préférence pour certaines activités scolaires. Si l'un d'eux ne l'explique pas :

« j'aime mieux les maths que... le français » (ED22) ;

le second l'explique selon les difficultés qu'il rencontre :

« j'aime pas les mathématiques [...] parce que c'est trop dur » (ED17).

Les difficultés éprouvées lors de certaines activités scolaires constitueraient donc, pour les ED, une raison de ne pas aimer ces activités. Le bon élève peut réussir sans aimer pour autant. L'élève en difficulté peut être conduit à ne pas aimer ce qui me met en difficulté. Mais le rapport inclination/réussite chez les ED ne se réduit pas à ce schéma.

Comme les élèves de classe de CE2 (ER et ED), ceux de classe de seconde :

- disent à l'unanimité avoir une préférence pour une, ou plusieurs, des disciplines scolaires enseignées au lycée ;
- emploient parallèlement un vocabulaire d'inclination exprimant leur attrait, ou leur rejet, de telle ou telle discipline scolaire ;

« j'sais pas, j'aime pas... En maths et en physique je m'intéresse pas hein » (ER9) ;

« à la base j'adore ce qui est scientifique » (ER12) ;

« les langues et tout, c'est ce que je préfère... Surtout le français... Parce que j'aime bien, j'aime lire, j'aime... Tout ce qui touche à ça j'aime bien » (ED25) ;

« j'aime bien les langues. Et j'aime bien le français aussi » (ED29).

Concernant ces préférences disciplinaires, deux schémas analytiques semblent apparaître en fonction du niveau de résultats scolaires des élèves :

– *chez les ER*, il semble que l'on puisse *ne pas aimer une matière et, toutefois, y obtenir de bons résultats scolaires* : par exemple, alors qu'un ER préfère les matières scientifiques, il a de bonnes notes également dans les matières littéraires ;

ses notes ne sont « pas [faibles] en espagnol [...], en espagnol j'ai 14 » (ER13) ;

– *chez les ED*, il apparaît que l'on puisse *aimer une matière et, toutefois, y échouer* ;

« ouais les maths j'aime bien, mais j'comprends rien donc en fait euh *[rire]*... » (ED28).

Rares sont les élèves de classe de seconde (ER et ED) qui tentent d'expliquer leur(s) préférence(s) pour certaines disciplines scolaires dispensées au lycée. Seuls quelques ER semblent, de plus, y parvenir.

Contrairement aux élèves de classe de CE2 (ER et ED), ces préférences ne sont pas seulement liées à une inclination préalable pour telle ou telle matière scolaire, ou aux difficultés éprouvées face à telle ou telle autre discipline. Il apparaît que, pour aimer une matière scolaire, l'élève de classe de seconde a besoin de sentir que celle-ci :

– l'enrichit personnellement en culture générale, ou ouverture d'esprit ;

« par exemple quand on fait une dissertation en français, j'me dis "ah c'est bien ça... Ça m'ouvre l'esprit j'vais pouvoir mieux parler et tout", quand je parle anglais j'me dis "ah c'est bien et tout j'peux aller en Angleterre machin" [...], quand j'vais en maths j'me dis "ça m'aide rien à comprendre hein" *[sourire]*... » (ER9) ;

– aura une utilité dans l'avenir, quotidiennement et/ou professionnellement ;

« j'adore ce qui est scientifique... Et que c'est là que j'veux aller après. J'veux être prof de maths donc... » (ER12).

En résumé, on peut dire que :

Chez l'ensemble des élèves de classes de CE2 et de seconde :

- la préférence pour certaines activités ou disciplines scolaires est réelle et effective ;
- cette préférence est formulée par un vocabulaire d'inclination empreint d'affectivité.

Chez l'élève de classe de CE2 :

- l'inclination, et non l'aisance (réussite) ou les difficultés éprouvées au cours d'une activité, serait déterminante dans le goût ou le rejet ressenti par l'ER pour certaines activités scolaires ;
- les difficultés éprouvées constitueraient, pour l'ED, la principale raison de ne pas aimer ces activités.

Chez l'élève de classe de seconde :

- l'ER peut ne pas aimer une matière et, toutefois, y réussir ;
- l'ED peut aimer une matière et, toutefois, y échouer ;
- la matière est aimée, aussi bien par l'ER que par l'ED, parce qu'elle est enrichissante culturellement et/ou personnellement d'une part, parce qu'elle sera utile dans l'avenir, quotidiennement et/ou professionnellement.

Ainsi, *si le discours des élèves de classe de CE2 et celui des élèves classe de seconde peuvent être semblables sur certains points (la préférence évidente pour certaines disciplines et le vocabulaire d'inclination employé), ils peuvent aussi ne plus l'être sur d'autres (la richesse, la profondeur, et une analyse plus poussée de la situation dans leurs réponses). Cette différence nous paraît bien sûr essentiellement liée à l'âge des sujets.*

Ses capacités scolaires

Nombre d'élèves de classe de CE2 s'exprimant : 7 ER et 8 ED.
Nombre d'élèves de classe de seconde s'exprimant : 7 ER et 7 ED.

Les difficultés scolaires éprouvées par les ER de classe de CE2 semblent passer après une meilleure concentration sur la tâche scolaire proposée. Les difficultés paraissent en effet, pour ces élèves, passagères et de courte durée :

« au bout d'un moment, quand j'commence à relire au bout d'un moment j'commence à comprendre » (ER3) ;

« des fois je comprends assez vite, mais [c'est rare] que je comprends lentement » (ER4) ;

« avec mon papa ou ma maman, je le reprends après [en cas de difficulté] » (ER5) ;

« des fois [...] j'arrive pas à le faire mais je réfléchis quand même » (ER7).

Les difficultés éprouvées par les ED de classe de CE2 semblent, par contre, beaucoup plus durables dans le temps, entraînant même, chez certains :

– de la nervosité ;

> « ça m'énerve un peu [...]. Des fois j'comprends pas la consigne qui nous a donné la maîtresse, alors j'demande à ma mère. Et... J'ai compris » (ED17) ;
>
> « ça m'arrive [d'être énervé] parce que des fois j'arrive pas... J'arrive pas à comprendre un exercice » (ED21) ;

– de la peur ;

> « ça me fait peur puisque je vais... Je vais sûrement avoir un zéro [...]. Ça me fait peur puisque... Puisqu'après je vais me faire gronder par mes parents » (ED21).

Il semble que les élèves de classe de CE2 vivent différemment les difficultés scolaires rencontrées, en fonction de leur niveau de résultats scolaires.

Les difficultés des ER paraissent rapidement surmontables grâce à un certain accroissement du travail et de l'attention fournis face à la tâche scolaire posant problème.

Par contre, il semble que les difficultés éprouvées par les ED soient plus durables et problématiques dans la mesure où un accroissement du travail fourni ne paraît pas changer la situation d'incompréhension de la tâche scolaire proposée, entraînant même des émotions de nervosité et de peur.

En majorité, les ER de classe de seconde pensent avoir de réelles capacités scolaires, tout en considérant cependant ne pas les exploiter :

« j'pense que je pourrais m'en sortir mieux..... Mais [...] peut-être je travaille pas assez. Enfin j'peux encore approfondir quoi » (ED10) ;

« je pourrais faire encore mieux » (ER11) ;

« ben [mes capacités scolaires] j'les utilise pas assez [...]. Mais j'le sais quoi et, à chaque fois, j'essaie de me forcer un peu plus, puis voilà » (ER12) ;

« ça va, j'me débrouille [...]. Enfin ça... Ça serait bien si j'faisais plus » (ER13) ;

« j'ai un potentiel que j'exploite pas [...]. Quand j'me mets plus à bosser mais c'est... C'est la révélation, j'comprends tout [...]. J'sais pas, c'est peut-être par flemme » (ER14) ;

« j'pourrais faire un peu m... J'sais pas... [J'ai] des bonnes capacités on va dire [...] mais j'en profite pas » (ER15).

Deux ER semblent, cependant et dans le même temps, douter de leurs capacités scolaires, en général, ou dans le cas particulier d'une matière scolaire :

« en fait faut que j'travaille quoi, j'suis pas quelqu'un qui suit pas les cours et arrive [à] tout, j'suis pas un génie quoi » (ER9) ;

« ben j'sais pas j'me dis [...] "j'ai jamais rien compris alors pourquoi je comprendrais ce cours-là ?" » (ER10 et l'économie).

Il apparaît donc que *la bonne opinion de soi, la confiance en ses capacités scolaires et la conscience de « ne pas en faire assez » prédominent chez l'ER de classe de seconde.* Il est intéressant ici de constater que *l'ER s'attache fortement à souligner la potentialité de ses capacités scolaires.* L'activation ou la mise en œuvre de celles-ci pourraient alors, selon lui, faire évoluer ses notes scolaires très positivement. *L'ER semble ainsi non seulement nous dire qu'il est encore meilleur que ce qu'il paraît, mais aussi (et surtout) que c'est lui qui décide du moment où il se mettra au travail.*

De leur côté, les ED de classe de seconde sont plus partagés que les ER au sujet de leurs capacités scolaires :

– quatre d'entre eux pensent, comme les ER, avoir de réelles capacités scolaires, mais ne pas véritablement les exploiter ;

« je les exploite pas beaucoup [mes capacités]... Je suis toujours au minimum, tant que j'ai la moyenne tant mieux [...]. J'suis comme ça *[sourire]*... tant que j'ai la moyenne j'suis contente » (ED24) ;

« je pense que j'ai des capacités mais il faut que j'les... Que je travaille encore plus, après j'arriverai » (ED25) ;

« j'pense que j'peux faire mieux [...]. J'pense que j'peux peut-être travailler encore un petit peu plus pour avoir, par exemple, des meilleures notes ou... Une meilleure moyenne générale » (ED26) ;

« ben moi j'pense que j'ai certaines capacités mais... J'les utilise pas quoi [...], parce que j'ai un peu la flemme *[sourire]*... Ben de travailler chez moi et tout » (ED30).

- trois d'entre eux ont des façons bien personnelles d'évoquer leurs capacités scolaires ;

« y'a des fois j'vois que j'ai fait un exercice juste, et ça, là, c'est bon j'ai des capacités... Ça dépend des matières, des sujets » (ED27) ;

« ben des fois ouais, ça m'arrive de... D'être un peu juste quoi, ça m'arrive de pas comprendre [...]. Moi en fait moi j'suis quelqu'un que... Si... Si il comprend tout de suite c'est bon, si il comprend pas tout de suite et ben, il pose... Il pose à côté puis il reviendra après quoi » (ED28) ;

- enfin, une ED considère ne pas avoir de réelles difficultés scolaires, et n'éprouver aucune gêne en classe dans quelque matière que ce soit (ED29). Elle redoublera cependant son année scolaire...

Si le premier groupe d'ED de classe de seconde paraît raisonner comme l'ensemble des ER, l'analyse plus fine de leurs discours révèle cependant des particularités liées, semble-t-il, au niveau de résultats scolaires des élèves.

Ainsi, *si l'ER semble sûr de ses capacités scolaires qu'il n'utilise pas par choix* (les utiliser ne lui ferait, après tout, qu'obtenir de meilleures notes), *l'ED paraît, quant à lui, comprendre qu'il a forcément des capacités scolaires* (il se sait non idiot même s'il ne réussit pas en classe) *et regretter, en même temps, de ne pas les utiliser* (les utiliser lui permettrait probablement de passer du statut inconfortable d'élève en difficulté scolaire à celui plus plaisant d'élève en réussite). *À la vue de ses « faibles » résultats scolaires, l'ED semble souffrir de son laisser-aller, contrairement à l'ER. Ce dernier est, en effet, gagnant sur bien des points en parvenant à cumuler, selon lui, temps libre, travail minimum et bonnes notes, ce qui n'est pas le cas de l'ED.*

D'une manière générale, *les ED de classes de CE2 et de seconde éprouveraient plus de souffrance et d'émotions négatives, telles que l'anxiété et/ou la nervosité, liées à la « chose scolaire »* que les ER de ces classes. Pour eux, le rapport au savoir, en tant que « disposition à l'apprentissage », est davantage teinté d'affectivité.

À propos de ce que pense l'élève des contenus d'apprentissage proposés par l'institution scolaire...

TABLEAU 10. — *Synthèse des résultats concernant ce que pense l'élève des contenus d'apprentissage proposés par l'institution scolaire (dans l'analyse du rapport au savoir)*

	CE2		*Seconde*	
	ER	*ED*	*ER*	*ED*
Les apprentissages scolaires : « ça sert à quoi ? »	Plus au présent	Plus prochainement	À un ou une : • enrichissement de sa culture générale • meilleure perspective de son avenir proche et lointain • questionnement sur l'utilité des enseignements dispensés	À un ou une : • enrichissement de sa culture générale • meilleure perspective de son avenir proche et lointain • meilleure connaissance de soi
Sa préférence pour certaines matières	Oui : l'inclination personnelle détermine la préférence	Oui : les difficultés sont une raison de ne pas aimer	Oui, mais on peut ne pas aimer une matière et y réussir	Oui, mais on peut aimer une matière et y échouer
Ses capacités scolaires	Éprouvent des difficultés passagères, de courte durée	Éprouvent des difficultés durables et problématiques : plus de travail ne change rien → émotions de nervosité	Ont des capacités mais ne les exploitent pas	Ont des capacités... • mais ne les exploitent pas • selon les tâches proposées et les moments

Si les ER de classe de CE2 ancrent l'utilité des apprentissages scolaires dans leur présent, les ED de cette classe projettent leur utilité dans un avenir proche et lointain.

Alors que l'on peut aimer une matière et y réussir (ER de classes de CE2 et de seconde), on peut également y échouer (ED de classe de seconde), on peut encore ne pas aimer une matière à cause des difficultés que l'on y rencontre (ED de classe de CE2), mais y réussir (ER de classes de CE2 et de seconde). Ainsi :

– chez les ED de classe de CE2, la non inclinaison pour une discipline est dépendante des notes d'échec obtenues à cette matière ;

– chez les élèves de classe de seconde (ER et ED) et les ER de classe de CE2, l'inclinaison ou la non inclinaison pour une matière est indépendante des notes obtenues : on peut aimer une matière au-delà des notes, bonnes ou mauvaises, que l'on obtient dans la matière.

Enfin, si les élèves de classe de CE2 (ER et ED) disent éprouver des difficultés, celles-ci sont passagères pour les ER et plus durables pour les ED. Les élèves de classe de seconde, quant à eux, prétendent majoritairement avoir des capacités scolaires mais ne pas les utiliser : si les ED le déplorent, les ER ne font que le constater.

Le rapport au savoir : synthèse et conclusion

Le tableau ci-dessous permet de synthétiser l'ensemble des analyses précédentes relatives au rapport au savoir des élèves de notre échantillon de population. Ce tableau comporte trois colonnes :

– dans la première, sont regroupés des éléments du discours des élèves sur leur rapport au savoir communs à l'ensemble des élèves (ER et ED de classes de CE2 et de seconde) ;

– dans la deuxième, sont notés des éléments du discours des élèves sur leur rapport au savoir appartenant plus spécifiquement aux ER (de classes de CE2 et de seconde) ;

– dans la troisième, sont consignés des éléments du discours des élèves sur leur rapport au savoir appartenant plus spécifiquement aux ED (de classes de CE2 et de seconde).

Par référence à nos hypothèses de recherche, il semble effectivement opportun de retenir ici une dichotomie ER *versus* ED ; une dichotomie CE2 *versus* seconde n'étant alors qu'une sous-division de moindre importance dans la première et principale.

TABLEAU 11. — *Le rapport au savoir : synthèse*

Caractéristiques communes	*Spécificités* ER	*Spécificités* ED
Interventions orales parfois justes et parfois fausses	Facilité à dire du bien comme du mal sur certains points scolaires	Difficulté à dire du mal : ED ne disent que du bien
	Plutôt sereins lors de contrôles Confiants car : • travail fourni au préalable • aisance face à un contrôle à venir (du fait des bonnes notes passées) • croyance en leurs chances de réussite	Appréhension avant un contrôle Manque de confiance en soi Doute sur leurs chances de réussite
	Satisfaits de leurs résultats scolaires mais : • veulent « aller plus loin » (CE2) • peuvent « mieux faire » (seconde) ▶ ER tournés vers l'avant, l'avenir Disent que leurs résultats scolaires sont « bons ». Les expliquent par des facteurs • d'apprentissage (CE2 et seconde) • environnementaux (CE2 et seconde)	Satisfaits de leurs résultats scolaires et s'en contentent (CE2) Insatisfaits : ils « auraient pu faire mieux » (seconde) ▶ ED tournés vers l'arrière, le passé Disent que leurs résultats scolaires sont faibles. Les expliquent par des facteurs : • d'apprentissage (CE2 et seconde) • affectifs (CE2)
Une préférence pour certaines matières	Réflexion en termes de réussite : • l'inclination personnelle détermine la préférence (CE2) • on peut ne pas aimer une matière et y réussir (seconde)	Réflexion en termes d'échec : • les difficultés sont une raison de ne pas aimer (CE2) • on peut aimer une matière et y échouer (seconde)

Quelques caractéristiques et spécificités semblent ici devoir être retenues :

1 / la facilité des ER et la difficulté des ED à « dire du mal » de l'institution scolaire et de certaines composantes des façons d'apprendre (interpellations orales enseignantes), avec le souci chez les ED de paraître « bien disposés » à l'égard de certaines de ces composantes ;
2 / le doute des ED quant à leurs chances de réussite lors d'un contrôle. En d'autres termes, leur manque de confiance en soi et de croyance en leur capacité à réussir ;
3 / la réflexion des ED en termes d'échec, et celle des ER en termes de réussite, relatives à leurs préférences pour certaines matières scolaires ;
4 / un rapport au temps différent entre ER et ED : si les premiers sont bien ancrés dans un présent de réussite scolaire et sont tournés vers un avenir proche, les seconds oscillent entre un présent dans lequel leur statut d'ED est difficile, un passé qu'ils regrettent et un avenir lointain plus du domaine du rêve que de celui du réel et du palpable.

Il y a bien deux visions différentes du « soi » scolaire, dans son rapport aux apprentissages (réels ou possibles). Cela va bien dans le sens de notre troisième hypothèse générale de recherche. En revanche, la première hypothèse générale de recherche (importance de l'affectivité) ne parait vérifiée ici que pour l'ED. Cependant cette hypothèse s'avérera-t-elle peut-être pertinente essentiellement pour le rapport maître-élève...

CHAPITRE VI

Le rapport au maître, en tant que « disposition relationnelle » de l'élève

1 / DÉFINIR CE RAPPORT

L'envie de l'élève de retrouver l'enseignant(e) en classe

Nombre d'élèves de classe de CE2 s'exprimant : 8 ER et 8 ED.
Nombre d'élèves de classe de seconde s'exprimant : 3 ER et 3 ED.

Sur ce point, les ER de classe de CE2 semblent divisés :

– quatre d'entre eux disent ressentir parfois l'envie de se rendre à l'école pour voir l'enseignant(e) dans un but d'apprentissage, ce but d'apprentissage étant cependant teinté d'un certain *attachement* au maître (à la maîtresse) :

« j'ai envie de la voir pour... Pour euh... Apprendre à faire des choses » (ER3) ;

« parce qu'elle est gentille, elle nous fait travailler et tout alors elle nous rend contents » (ER4) ;

« parce que j'ai des choses à lui donner [...]. Des cadeaux » (ER5) ;

« oui. En CE1 ça m'est déjà arrivé pour voir ma maîtresse » (ER7) ;

– trois semblent privilégier leur venue à l'école dans un but d'apprentissage, toujours, sans aucune manifestation cette fois d'un quelconque intérêt pour leur relation à l'enseignant(e) ;

« non [...]. Mais ça m'est déjà arrivé pour lui dire quelque chose [...]. C'est parce que... C'est la collecte des pièces jaunes » (ER1) ;

« non, c'est surtout pour apprendre » (ER2) ;

« non. Pas souvent hein *[sourire]* » (ER6) ;

– enfin, une ER se situe entre ces deux possibilités de réponses, son envie de voir l'enseignant(e) semblant dépendre de l'appréciation annuelle positive, ou négative, que l'élève fait de son enseignant(e) ;

> « la maîtresse que j'avais avant, des fois ça m'arrivait [...]. J'l'aimais bien [...]. On travaillait [...]. Elle était moins sévère... Elle donnait pas de punition... Elle criait peu... Et puis on... C'était plus facile à travailler... » (ER8).

Il semble ainsi que les ER soient très partagés sur leur envie, réelle ou pas, de retrouver l'enseignant(e) à l'école. Si, pour certains, l'enseignant(e) est placé(e) au centre de leur intérêt pour l'école et les apprentissages dispensés, pour d'autres, les apprentissages eux-mêmes sont essentiels, omettant, très probablement, le rôle de l'enseignant(e).

De la même manière, les ED de classe de CE2 semblent quelque peu partagés sur ce point :

– cinq d'entre eux disent, effectivement, avoir envie de retrouver l'enseignant(e) en classe dans un but d'apprentissage, celui-ci étant cependant teinté d'un attachement certain au maître (à la maîtresse) ;

> « parce que j'aime bien... J'aime bien travailler avec ce maître-là ; Il est gentil [...]. Il nous apprend bien [...]. Il nous fait faire... Découvrir plein de choses qu'on savait pas » (ED20) ;
> « pour le voir... De temps en temps » (ED22) ;
> « pour faire des bonnes notes... Pour aussi apprendre plusieurs choses [...]. [Quand je le vois] j'suis contente [...]. J'suis bien contente » (ED23) ;
> « oui, ça arrive [...]. Ouais, ça m'arrive » (ED21) ;

– seuls deux d'entre eux disent tout à fait le contraire, privilégiant le travail scolaire et les camarades de classe à l'enseignant(e) ;

> « des fois... Ou jamais [...]. C'est juste pour aller à l'école travailler » (ED17) ;
> « non c'est plutôt pour retrouver les copains » (ED18) ;

– une ED ne semble pas véritablement répondre à la question posée (Aimes-tu retrouver le maître, la maîtresse, l'école ? Pourquoi ?) ;

> « pendant les grandes vacances j'ai dit euh "maman j'ai envie d'aller à l'école" » (ED16).

Comme leurs camarades en réussite scolaire, les ED semblent partagés au sujet de leur envie, effective ou pas, de retrouver l'enseignant(e) à l'école. Ainsi, certains ED donneraient à l'enseignant(e) un rôle essentiel, alors que d'autres lui préféreraient les apprentissages scolaires ou les camarades de classe. De plus, il est probablement intéressant de remarquer que le vocabulaire d'inclination utilisé par les élèves de CE2 (ER et ED) à propos du maître, ou de la maîtresse, est de la même intensité. Aucune différence significative ne paraît donc, ici, pouvoir distinguer les ER des ED dans leur façon d'appréhender l'enseignant(e).

Pour ce qui concerne les élèves de classe de seconde, il semble avant tout évident que les constats que nous pouvons faire ne peuvent être véritablement significatifs dans la mesure où seuls trois élèves de classe de seconde de chaque groupe de niveau de résultats scolaires (ER et ED) s'expriment sur ce point. Nous choisissons toutefois d'analyser ce nombre limité de réponses.

Parmi les trois ER de classe de seconde s'exprimant sur ce point :

- deux d'entre eux avouent avoir déjà ressenti l'envie de retrouver certains de leurs enseignants en salle de classe dans un but essentiellement d'apprentissage, ce dernier semble cependant teinté d'une *« préoccupation intéressée »* à l'égard de certains de leurs enseignants :

> « ouais. En langues surtout [...]. Ces professeurs on sent qu'ils ont vraiment envie de nous apprendre et... En plus on fait que de progresser et j'aime bien donc euh... » (ER9) ;
>
> « ça m'est déjà arrivé avant mais pas maintenant [...]. En 3e des fois [...]. [Ça venait] des deux [de la matière et de l'enseignant]. Mais... Mais le plus de l'enseignant, parce que... Un bon enseignant, il sait faire aimer sa matière. La matière qu'il enseigne » (ER15) ;

- un ER, par contre, dit n'avoir jamais ressenti une telle envie ;

> « ben j'sais pas... Non » (ER10).

Ainsi, il semble plus opportun de parler de « préoccupation intéressée » de deux ER à l'égard de certains de leurs enseignants, plutôt que d' « attachement » car :

- d'une part, il ne semble pas s'agir ici d'un réel attachement (contrairement aux élèves de classe de CE2) de ces élèves à leurs enseignants qui serait, de fait, lié à la personne même de ces derniers ;

– d'autre part, cette préoccupation serait « intéressée » car liée à ce que l'enseignant propose, donne et offre à ses élèves en fonction de son comportement professionnel.

Parmi les trois ED de classe de seconde s'exprimant sur ce point :

– seule une ED dit avoir parfois envie de retrouver certains de ses enseignants en cours dans un but essentiellement d'apprentissage, l'enseignant pouvant lui donner envie d'apprendre et de faire ;

> « ouais [...]. Parce que son cours j'aime bien. Ça me donne envie » (ED29) ;

– deux ED, par contre, semblent plus attirés par la matière dispensée que par l'enseignant qui la dispense. Ils seraient donc plus intéressés par le contenu que le contenant, le contenu leur plaisant d'autant plus qu'ils le comprennent :

> « non c'est pas par rapport à l'enseignant c'est par rapport à la matière. Par exemple, j'aime bien aller en espagnol, j'aime bien aller en français, j'aime bien aller en anglais [...]. Ça va les maths j'aime bien y aller mais c'est en physique j'aime pas parce que j'y comprends rien du tout » (ED25) ;
>
> « non [...]. Non j'ai jamais... à part le prof d'EPS certainement mais au sinon... Pour aller en EPS, mais au sinon non, ça m'est jamais arrivé » (ED28).

Là encore, il semble bien difficile de parler d'un véritable attachement de ces ED à certains de leurs enseignants. Il paraît encore une fois plus judicieux d'employer le terme de « préoccupation intéressée ». Le terme d'attachement que nous avons cru pouvoir retenir après notre analyse bibliographique se révélerait donc, en fait, ici, excessif.

Chez les élèves de classe de CE2, aucune différence significative ne paraît, ici, et pour l'instant, pouvoir distinguer les ER des ED dans leur façon d'appréhender l'enseignant(e). Il en serait de même entre ER et ED chez les élèves de classe de seconde.

Tout en gardant à l'esprit que seuls six élèves de classe de seconde s'expriment sur ce point (trois ER et trois ED), il est intéressant de constater la différence qualitative de la relation pédagogique entre :

– élèves de CE2 (ER et ED) et leur maître, ou maîtresse ;
– élèves de seconde (ER et ED) et leurs enseignant(e)s.

Ainsi, si le terme « attachement » décrivait le rapport des élèves de CE2 (ER et ED) à leur maître, ou maîtresse, les termes de « préoccupation intéressée » seraient plus appropriés pour qualifier le rapport des élèves de seconde (ER et ED) à leurs professeurs. Comme si *un éloignement, un désengagement, progressif* se faisait jour lentement entre les élèves et leurs enseignants au cours de leur scolarité, de l'enfance vers l'adolescence. Ce désengagement est très probablement lié à un ensemble de facteurs. Ceux-ci peuvent être, par exemple, l'âge des élèves, le temps passé en compagnie de l'enseignant(e) en classe. Ce temps est, en effet, supérieur chez les élèves de classe de CE2, dans la mesure où un seul enseignant a généralement en charge une classe d'école primaire. Les élèves de classe de seconde, quant à eux, ont plusieurs enseignants par an.

Le rôle de l'enseignant(e) dans ses apprentissages scolaires

Nombre d'élèves de classe de CE2 s'exprimant : 8 ER et 8 ED.
Nombre d'élèves de classe de seconde s'exprimant : 7 ER et 7 ED.

Très majoritairement, les ER de classe de CE2 donnent à l'enseignant(e) une *place importante* dans leurs apprentissages scolaires (sept élèves sur huit), car, unanimement, c'est lui (ou elle) qui « leur apprend des choses » :

« elle nous explique des choses, elle nous donne des devoirs [...]. Quelquefois elle nous pose des questions [...]. Elle fait beaucoup de choses pour qu'on apprenne » (ER1) ;

« parce que c'est elle qui m'apprend des choses. Et... elle nous aide » (ER2) ;

« elle nous apprend [...]. On lui donne beaucoup d'importance parce qu'elle est... Elle est importante à nous expliquer, elle est importante à nous dire ce qu'on va faire, ce qu'on... Ce qu'on apprend et, c'est important tout ça » (ER3) ;

« parce que c'est lui qui nous apprend les choses » (ER5) ;

« sans le maître, on pourrait pas apprendre » (ER6) ;

« oui... Très important [...]. Parce que c'est lui qui nous apprend les choses et... c'est lui qui nous... apprend toutes les choses qu'on apprend pour euh... après la vie de plus tard » (ER7).

Une ER cependant ne donne pas de véritable importance à l'enseignant, préférant se mettre, lui-même, au centre de ses apprentissages scolaires :

« non [...]. Ben, c'est que je travaille bien » (ER8).

Ainsi, en se positionnant au centre de ses apprentissages scolaires, cet élève s'accorde un rôle actif dans ses apprentissages, contrairement à ses camarades également en réussite.

Il semble, en effet, que ces derniers tendent à employer majoritairement des tournures grammaticales de phrases de forme passive. Cependant, ces formes grammaticales passives représentent-elles véritablement un indice de l'intensité de l'inscription de l'élève dans son travail scolaire ? Ces formes grammaticales ne sont-elles pas plutôt, et simplement, l'indice d'une méconnaissance des finesses de langage, ou l'indice d'un détail de langage écrit et non oral ? Nous choisissons ici de répondre positivement à cette dernière question et de ne pas tenir compte de cela (forme grammaticale passive / forme grammaticale active) dans la suite de notre analyse de ce point.

Comme les ER, les ED de classe de CE2 donnent, très majoritairement encore, une *place centrale* à l'enseignant(e) dans leurs apprentissages scolaires (sept élèves sur huit). Toutefois, à l'inverse des ER, les ED n'apportent *aucune explication* à cette affirmation extrêmement concise et laconique : « oui ». Seuls deux ED tentent de développer leurs réponses.

L'admiration que porte le premier élève aux maîtres et aux maîtresses, en général, viendrait cependant plutôt des conditions de travail enseignantes qu'il juge difficiles que du rôle central joué par les enseignants dans les apprentissages scolaires de cet élève :

« j'admire beaucoup les maîtresses parce que... Et même les maîtres parce que [...] par exemple on lit bien et après y'en a qui sont méchants et ben... C'est quand même assez dur de travailler » (ED18).

Seul le deuxième ED parviendrait à formuler l'importance que l'enseignante occupe dans ses apprentissages scolaires, par le biais des exercices qu'elle lui « fait apprendre » :

« oui parce qu'elle me fait apprendre des exercices, elle me... » (ED19).

Cet élève rejoindrait ainsi, dans ses propos, une majorité de ses camarades en réussite scolaire (importance de l'enseignant et impression de passivité de l'élève dans ses propres apprentissages).

Enfin, et de façon isolée, un ED affirme l'absence d'un rôle enseignant dans ses apprentissages scolaires, préférant se mettre lui-même au centre de ses apprentissages scolaires (comme l'ER8) :

« non [...]. Il est juste là pour m'expliq... Pour nous expliquer [...]. Non c'est nous [les élèves, qui sommes importants] » (ED22).

D'une manière générale, nous pouvons donc constater ici que *le rôle attribué par les élèves de classe de CE2 (ER et ED) à leur enseignant(e), dans leurs apprentissages scolaires, serait majoritairement le même,* c'est-à-dire central et essentiel. Cependant, *si les ER de classe de CE2* arrivent à expliquer (illustrer) cette position qu'ils attribuent à l'enseignant(e) dans leurs apprentissages, *les ED ont bien du mal à développer une quelconque réponse et préfèrent se contenter d'un « oui » très laconique.*

L'ensemble des ER de classe de seconde donne à l'enseignant(e) une *place importante* dans ses apprentissages scolaires. Cette place centrale leur semble attribuée en fonction de facteurs scolaires teintés, favorablement ou défavorablement, de la dimension relationnelle que revêt l'acte pédagogique, impliquant la personne même de l'enseignant dans son exercice professionnel :

« ouais. Parce que il... J'sais pas y'a des profs qui expliquent vachement bien et... Et tu comprends tout et y'en a d'autres euh... Pfff *[sourire]*... Enfin, comme ils expliquent c'est pas super super. Et j'comprends rien » (ER10) ;

« on s'intéresse à la matière mais y'a le professeur quoi aussi il joue un rôle important [...] parce que si... Si il est j'sais pas... Si il est comme on aime *[sourire]* on a plus... On a envie d'aller plus loin quoi » (ER9) ;

« une place importante quand même parce que... Enfin sans lui y'a pas d'apprentissage c'est pas possible [...]. Le lycée m'a donné une certaine autonomie j'arrive à travailler un peu plus toute seule je... J'ai moins besoin de l'aide de mes profs mais sans mes profs c'est pas possible. J'en ai besoin *[rire]* » (ER12) ;

« ouais... On a besoin d'une relation avec quelqu'un... qui nous apprend » (ER14) ;

« ben c'est la base quand même [...]. Au début quand on se met bien à apprendre une matière, c'est vraiment le... les... le prof qui donne envie d'étudier la matière » (ER15).

Ainsi, ce serait *en fonction de la manière dont l'enseignant(e) se comporte en classe, rendant plus ou moins accessible et agréable la matière qu'il dispense, que l'élève « apprécierait » l'enseignant(e).* La matière peut être aimée pour elle-même, mais l'enseignant la dispensant est aussi en mesure de faire quelque peu évoluer les goûts et affinités annuels des élèves (et par la même leur intérêt pour, et leur mobilisation sur) envers telle ou telle discipline.

Ce rôle attribué par les ER à leurs enseignants laisse cependant, et en même temps, ces premiers penser que les *professeurs sont certes importants, mais non totalement et définitivement déterminants quant à leur travail et à leur implication scolaires* :

« si en anglais j'avais une prof chiante [...] quand même [...] ça me ferait pas changer d'avis sur le fait que j'aime bien l'anglais et que la matière est intéressante, j'me dirais "ben tant pis c'est une année à passer avec un prof... Qui est pas intéressant et puis après l'année d'après je m'y remettrai quoi"... Mais ça me donnerait moins envie de travailler dans cette matière j'ferais moins de progrès c'est sûr » (ER9) ;

« c'est surtout important... C'est avec le livre. Lui [l'enseignant] il lit... Avec le livre on peut faire... Presque aussi mieux... Et si il y a quelque chose à demander, il peut nous aider » (ER11).

Il semble ici très intéressant de noter que *l'importance de l'enseignant(e) accordée par les ER dans leurs apprentissages scolaires serait donc essentiellement annuelle.* Chaque année scolaire débutée constitue aussi une rencontre pédagogique (un rapport maître-élève), susceptible d'influencer l'élève dans son rapport disciplinaire. Ce dernier semble donc, cependant, pouvoir être en mesure d'évoluer chaque nouvelle année scolaire en fonction de l'enseignant(e) « associé » à la discipline.

En fin de compte, seul un ER paraît, dans un premier temps, raisonner différemment. Il affirme, en effet, que l'enseignant ne tient, à ses yeux, aucune place dans ses apprentissages. Mais, dans un second temps, il est étonnant de voir à quel point cet élève rejette brutalement l'idée d'un apprentissage par ordinateur, ce dernier se substituant à l'enseignant :

« ... Après y'a pas... Y'a plus de contacts humains après [...]. avoir un ordinateur devant soi c'est pas la même chose que d'avoir un... Un prof [...]. Y'aura [pas] l'autorité du prof... Si après y'a plus d'autorité et ben... Ben ça y est hein [...]. Moi si on me dit pas "arrête de...". "Fais pas ça fais pas ça", moi je continuerai tout le temps » (ER13).

Ainsi, si cet ER semble tout d'abord considérer nullement l'enseignant, la présence et l'autorité de ce dernier sont ensuite, et cependant, avouées essentielles. Cet ER chercherait-il à paraître ce qu'il n'est pas, fort, indépendant et solitaire, alors même qu'il souligne le caractère primordial de l'autorité enseignante dans ses apprentissages scolaires ?

L'ensemble des ED de classe de seconde donnent à l'enseignant une *place tout aussi importante* dans leurs apprentissages scolaires que les ER de cette classe. Comme pour ces derniers, il semble que la place centrale accordée par les ED à leurs enseignant(e)s soit attribuée en fonction de facteurs scolaires teintés, favorablement ou défavorablement, de la dimension relationnelle que revêt l'acte pédagogique, impliquant la personne même de l'enseignant dans son exercice professionnel.

Aux yeux de ces ED, *l'enseignant semblerait détenir les clefs permettant, chez ses élèves, la compréhension de la discipline qu'il dispense.* Ce serait ainsi à l'enseignant de leur « faire apprendre » et de leur « faire comprendre » :

« ben oui c'est lui qui nous permet de comprendre » (ED24) ;

« ben oui. Normal c'est... En fait lui il me transmet tout ce qu'il sait donc euh... [...] C'est lui qui me donne tout en fait » (ED25) ;

« ouais [...] c'est sûr [...]. Si le prof est mauvais et qu'il fait mal passer la matière et ben, on a j'pense plus de difficultés, mais... Si le prof est, par contre, sympa et qu'il fait bien... Bien travailler [...]. J'pense que tout de suite les notes sont meilleures et le travail est... Fourni et plus approfondi » (ED26) ;

« ben, à mon avis, ouais [...]. En fait l'enseignant il t'apprend » (ED28).

Certains ED semblent même penser que l'enseignant devrait les accompagner très étroitement dans leurs apprentissages, en pointant du doigt ce qu'ils ont à apprendre et à comprendre :

« [ils occupent] la place la plus importante j'crois hein [...]. Le professeur il fait pas tout mais j'veux dire si... Si le professeur arrive vraiment à nous [...] faire voir ce qu'il faut comprendre et ce qu'il faut apprendre, là y'a pas de problème. Mais y'a certains professeurs ils nous font la leçon mais euh... On sait même pas quoi retenir de cette leçon [...]. Y'en a certains vraiment ils sont vraiment pas au niveau des élèves, avec eux il faut vraiment s'accrocher » (ED27) ;

« ouais [...]. S'il fait bien son boulot *[sourire]*... Enfin si il fait bien son cours, il donne... Il donne... J'sais pas... S'il vient il déballe son cours et puis il repart [...]. Y'a des profs ils ont quelque chose quoi. Ils veulent essayer de faire... [...]. Y'a des profs ils voient qu'on peut pas comprendre alors ils décident de nous faire comprendre » (ED29).

Bien que reconnaissant l'importance du rôle de l'enseignant(e) dans ses apprentissages scolaires, un ED cependant affirme être lui-même, avant tout et véritablement, au centre de ses apprentissages (comme l'élève ER8 de classe de CE2) :

« oui il est très important quand même... Bon la première place j'pense que c'est moi qui l'occupe. C'est ma volonté. Puis après j'pense que c'est l'enseignant quand même » (ED30).

Dans les processus d'apprentissage, la place de l'enseignant(e) est ainsi, pour cet élève, reléguée au second plan, le premier rôle étant joué par l'élève lui-même. Cet ED semble ainsi très probablement le seul à se donner un rôle d'acteur au fil des apprentissages scolaires qu'il aura, ou pas, la volonté de faire. L'élève aurait ainsi le premier mot, autorisant ou pas l'enseignant à « lui apprendre ».

D'une manière générale, il apparaît donc que *l'ensemble des élèves de classe de seconde (ER et ED) accordent une place centrale à l'enseignant dans leurs apprentissages scolaires en fonction de facteurs scolaires dans lesquels la relation maître-élève de l'acte d'apprentissage tient un rôle humainement essentiel.*

Cependant, si nous avons pu constater *le caractère annuel de l'importance accordé par les ER* à leurs enseignant(e)s, nous n'avons pas pu également le noter chez les ED de classe de seconde.

De plus, l'étude plus approfondie des réponses des *ED* montre qu'*une grande majorité de ces élèves emploie bien souvent des tournures grammaticales de phrases de forme passive* (comme nous venons de le mentionner). Dans le cas des ER de classe de CE2, ce même constat nous interrogea sur la signification de telles tournures grammaticales : est-ce un signe de passivité scolaire de la part de ces élèves ? Un simple signe de méconnaissance des finesses de langage ? Il semble qu'il soit ici judicieux de tenir compte de ces détails de langage afin d'affiner notre étude du discours des élèves de classe de seconde. Nous pensons que le plus grand âge de ces élèves autorise, en effet, à accorder plus d'importance à ces tournures grammaticales.

Les ED de classe de seconde *laisseraient ainsi à l'enseignant le soin de « faire »*, contrairement à leurs camarades en réussite scolaire :

« c'est lui qui nous permet de comprendre » (ED24) ;

« en fait lui il me transmet tout ce qu'il sait donc euh... [...] C'est lui qui me donne tout en fait » (ED25) ;

« l'enseignant il t'apprend » (ED28).

Il semble donc juste ici d'écrire que les ER de classe de seconde sont véritablement plus inscrits et plus actifs dans leur acte d'apprendre que leurs camarades en difficulté scolaire. L'étude des rapports à l'école (voir chap. IV, Sa réflexion sur l'institution scolaire, p. 88) et au savoir (voir chap. V, Ce que pense l'élève de ses résultats scolaires, p. 120 et Ce que pense l'élève des contenus d'apprentissage scolaires proposés par l'institution scolaire, p. 129) ont également permis un certain nombre de constatations liées à un *rapport au temps différent entre ER et ED* des classes de CE2 et de seconde. Si les ER apparaissent ancrés dans un présent de réussite scolaire, ils apparaissent également tournés vers l'avenir, voulant « aller plus loin », apprendre encore. De leur côté, les ED (CE2 et seconde) semblent non seulement mal positionnés dans leur présent scolaire, mais également peu tournés vers un avenir concret : leur vision du futur est plutôt celle de la réalisation de rêves que d'un déroulement de leur personne et de leurs actes d'un présent vers un avenir. Ainsi, si les ER (CE2 et seconde) construisent les bases d'un pont traversant le temps d'un « aujourd'hui » vers un « demain », les ED (CE2 et seconde) espèrent passer d' « aujourd'hui » à « demain » sans se soucier d'un chemin à construire étape par étape.

La particularité du « chemin scolaire » concrètement suivi entraînerait une « pensée » différente de ce chemin dans le cadre d'un rapport au temps également différent. Le temps est un espace de construction dans lequel se déploie l'activité du sujet dans un cas (ER). Il est le lieu de liaisons aléatoires et plutôt « fantasmés » dans l'autre (ED).

Il apparaît ici que *l'ensemble des élèves de classe de CE2* donnent à l'enseignant(e) une place centrale et essentielle dans leurs apprentissages scolaires. Si les *ER parviennent tout à fait à l'expliquer, ou l'illustrer, les ED restent souvent très laconiques dans leurs réponses, n'expliquant rien de leur disposition positive à l'égard de l'enseignant(e)*. Ainsi, seule la comparaison entre la longueur des réponses des ER et celle des réponses des ED serait en mesure de véritablement différencier ces élèves en fonction de leur niveau de résultats scolaires.

De leur côté, si les *élèves de classe de seconde s'accordent sur l'attribution, aux enseignant(e)s, d'un rôle important dans leurs apprentissages scolaires*, l'analyse plus fine de leurs propos aide à la différenciation des ER et des ED. En effet, il semble *essentiel, pour les ER, de souligner la dimension annuelle de cette importance* accordée au rôle des enseignant(e)s dans leurs apprentissages scolaires. *Les ED, quant à eux, paraissent se positionner passivement dans leurs apprentissages, préférant visiblement laisser le premier rôle aux enseignant(e)s.*

Il apparaît ainsi que les ED de classe de seconde s'inscrivent passivement dans leurs apprentissages scolaires, se mettant en retrait et choisissant « d'être menés » par le, la ou les enseignant(e)s. S'il semble évident que cette caractéristique n'identifie en rien le comportement scolaire des ER de classe de seconde, qu'en est-il finalement, exactement, du positionnement des ED de classe de CE2 par rapport à l'enseignant(e) ? Nous espérons que la poursuite de nos analyses sera en mesure de nous éclairer sur ce point, afin que ER et ED de classe de CE2 puissent être confrontés entre eux, mais aussi à leurs homologues de classe de seconde... Enfin, rappelons que, pour l'instant, seuls les ER de classe de seconde soulignent l'importance exclusivement annuelle du rôle des enseignant(e)s dans leurs apprentissages scolaires.

Son appréciation de la qualité de sa relation à l'enseignant(e)

Nombre d'élèves de classe de CE2 s'exprimant : 5 ER et 7 ED.
Nombre d'élèves de classe de seconde s'exprimant : 6 ER et 7 ED.

Le point fut abordé avec les élèves de classe de CE2 en termes d'une appréciation, par l'élève, du comportement mutuel de l'élève et du (de la) maître (maîtresse).

Parmi les cinq ER de classe de CE2, quatre pensent que leur comportement vis-à-vis du maître, ou de la maîtresse, est correct, même si deux d'entre eux (ER4, ER7) concèdent parfois se « comporter mal » en discutant avec leurs voisin(e)s :

« je me comporte gentiment et elle aussi » (ER2) ;
« bien parce que... Parce que des fois je... Je bavarde pas trop mais je travaille bien » (ER4) ;
« bien [...]. Il dit ce que je dois faire... Pas méchamment !... Il me dit des choses qu'il faut faire et moi, je les fais bien » (ER5) ;
« oui, bien » (ER6) ;

« des fois bien des fois pas bien [...]. Des fois je me retourne et je parle avec quelqu'un d'autre des f... Derrière... Et... Il me dit que... Tu vois il met un mot sur le cahier de textes, et après je dois le faire signer pas mes parents [...]. Oui [le maître est correct avec moi]. Oui [il se comporte bien] » (ER7).

Chez ces quatre élèves, *la notion d'échange entre le maître, ou la maîtresse, et l'élève semble réelle.* Ainsi, *le maître, ou la maîtresse, « se comporte bien » avec l'élève quand ce dernier « se comporte bien » avec le premier, ou la première.* Les choses semblent extrêmement simples et logiques.

Une analyse plus fine du discours des ER de classe de CE2, et plus particulièrement de celui de deux d'entre eux, permet une référence à la notion de « contrat pédagogique » : des termes du contrat « liant » l'élève et l'enseignant(e) demandent à ce dernier, ou à cette dernière, de dispenser un certain savoi ;, d'autres termes du même contrat stipulent que l'élève doit acquérir ce savoir et le restituer correctement à l'enseignant(e). L'élève qui « travaille bien » (ER4) ou « fai[t] bien » (ER5) ce que le maître, ou la maîtresse, réclame, remplirait de cette façon les termes du contrat pédagogique, en tant qu'engagement mutuel.

Les réponses des ED de classe de CE2 sont bien plus hétérogènes que celles de leurs camarades en réussite scolaire.

Si certains ED pensent se comporter exclusivement bien avec l'enseignant(e) :

« lui, il se comporte bien avec moi, je l'aime bien. Et moi, je me comporte bien avec lui [...]. Il m'encourage pour... Pour essayer de bien progresser [...]. Il m'apprend, il m'apprend. Il me... Quand on a des petits... Des difficultés il nous dit. Après, comme ça, on sait mieux [...]. Je me comporte bien parce qu'il a presque jamais à me dire euh... Euh "t'as une punition !" ou quelque chose comme ça ou "c'est la dernière fois que... Que je te dis et t'as la punition !" » (ED20) ;

« ben, bien » (ED21).

D'autres pensent se comporter exclusivement mal :

« ben quelquefois je me comporte mal donc elle se comporte mal avec moi... Et puis... Quelquefois quand je me comporte bien et ben elle se comporte bien avec moi » (ED19) ;

« oui, des fois [je me comporte bien et d'autres fois...] parce que ça c'est mes... C'est mes copains, alors y'a... Ils arrêtent pas de discuter, après c'est moi qui se ramasse la punition [...]. Il m'engueule après [...]. Moi j'en veux à mes copains [quand le maître me gronde] » (ED22).

D'autres encore ignoreraient la façon dont il se comportent avec l'enseignant(e) :

« elle est très gentille avec moi quoi... Voilà [...]. [Mais moi ?] J'peux pas répondre j'sais pas » (ED18) ;
« j'sais pas [...]. J'sais plus » (ED23).

Une autre enfin n'aurait pas de réelle relation avec sa maîtresse :

« ma mère des fois elle me dit “tu vas montrer ça à ta maîtresse [...]”. Là je lui parle un peu » (ED16).

Si les propos des ED de classe de CE2 semblent couvrir un large registre des réponses envisageables à ce type de question, une analyse plus fine de leur discours révèle toutefois des points communs entre ces différents discours d'élèves.

Alors que nous avancions l'idée d' « échanges professionnels » réels entre les ER et le maître, ou la maîtresse, il nous semble plus adéquat ici de parler de *« réaction » du maître, ou de la maîtresse, par rapport au comportement, bon ou mauvais, de l'ED.* Selon une majorité d'ED, il est, de plus, intéressant de constater que *le maître, ou la maîtresse, se comporterait essentiellement de façon juste* : il, ou elle, « se comporte bien » en réaction à un bon comportement d'un ED ; il, ou elle, « se comporte mal » en réaction à un mauvais comportement scolaire d'un ED. Selon les ED, nous comprenons qu'il est donc juste que le maître, ou la maîtresse, gronde un élève qui « se comporte mal » en classe et aide, félicite, ou soutien, un élève au comportement scolaire positif. Ainsi, *alors que l'ER semble apprécier les interactions et échanges avec son maître, ou sa maîtresse, comme un moyen de progresser et d'évoluer, l'ED appréhenderait les réactions enseignantes à son comportement scolaire, bon ou mauvais, en termes de répression ou gratification.* Les logiques des ER et des ED de classe de CE2 se ressembleraient en première analyse ; elles différeraient cependant grandement en seconde analyse. Il y aurait, en effet, une caractéristique de conditionnement et d'un certain attentisme des ED à l'égard du maître, ou de la maîtresse, qui n'existerait pas chez les ER. On pourrait parler d'*une « conception » interactive dans le premier cas, réactionnelle dans le second. Comme si les ER se situaient dans une logique cognitiviste et les ED, dans une logique béhavioriste.*

Apparaît enfin, et particulièrement dans les propos d'un ED (ED20), la question d'une certaine passivité scolaire de certains élèves (ER de classe de CE2 et ED de classe de seconde), au profit d'une réelle activité du maître, ou de la maîtresse, en classe :

« Il m'encourage pour... Pour essayer de bien progresser [...]. Il m'apprend, il m'apprend. Il me... Quand on a des petits... Des difficultés il nous dit. Après, comme ça, on sait mieux » (ED20).

Ainsi, cet ED commencerait à éclaircir la question laissée en suspens dans le point précédent : tendant à employer des tournures grammaticales de phrases de forme passive, il donnerait ainsi à l'enseignant le rôle actif dans ses apprentissages scolaires. Cet élève se positionnerait donc, dans ses apprentissages scolaires, de la même façon que ses camarades en difficulté : en retrait, donnant à l'enseignant(e) le premier rôle et ne prenant très probablement pas conscience de l'importance de sa propre activité dans l'acte d'apprendre.

À l'unanimité, *les ER de classe de seconde ont le sentiment de ne pas vivre véritablement une relation avec leurs enseignant(e)s*. Leurs rapports restent, en effet, *exclusivement professionnels*. L'enseignant entre en classe, fait son cours, alors que l'élève prend des notes et quittera la classe au bruit de la sonnerie de fin d'heure, sans chercher nécessairement à créer un lien avec l'enseignant(e) :

« ben j'dirais qu'il y en a pas en fait *[sourire]* [...]. Ils me donnent les cours et moi, j'leur rends les devoirs et puis c'est tout quoi » (ER9) ;

« ah j'prends juste mon cours et j'm'en vais *[sourire]* [...]. Ça me suffit *[sourire]* » (ER10) ;

« ben j'sais pas. Élève-prof, prof-élève quoi. Normale, sans plus [...]. J'viens en cours j'écoute euh j'participe et puis j'm'en vais voilà [...]. J'pense pas qui ait à chercher plus... J'sais pas » (ER12) ;

« non aucune... Sauf contact parents... Euh prof-élève, c'est tout » (ER13) ;

« Pfff... J'crois qu'on a pas toujours le temps hein pour ça *[sourire]*... [...] Ça serait mieux si on se connaissait mieux. Si on... Si on se parlait [...]. Parce qu'on se sentirait mieux. Quelqu'un qui... Quelqu'un qui fait attention à nous, on sent qu'on est... Qu'on compte [...], on se sent mieux » (ER14) ;

« ben, euh ils m'aiment bien. C'est ce qu'ils ont dit à la réunion parents-profs [...]. Mais bon là, y'a pas de prof qui me passionne. Mais j'veux dire... J'ai connu pire » (ER15).

Aucun ER ne paraît se plaindre de cette situation. La distance établie entre les élèves et l'enseignant(e) semble leur convenir, voire leur plaire, trouvant cela quelque peu « normal », même si l'un d'eux met en cause le manque de temps qui leur permettrait, peut-être, de réduire cette distance (ER14). De plus, comme dans le cas des ER de classe de CE2, les propos de la plupart des ER de classe de seconde (ER9, ER10, ER12, ER13) illustreraient, à leur tour, la notion de « contrat pédagogique », en termes d'engagement mutuel. *Chez les ER de classe de seconde, la relation pédagogique* semblerait donc être *restreinte à un « échange professionnel » entre élèves et enseignant(e)s.*

Les réponses des ED de classe de seconde apparaissent bien plus hétérogènes que celles ER. Ainsi, les ED semblent considérer leur relation aux enseignants de trois façons différentes :

– de façon quelque peu similaire aux ER (il est, cependant, difficile ici de déceler la notion de « contrat pédagogique » dans les propos des ED de classe de seconde), trois ED pensent avoir une relation essentiellement scolaire, voire professionnelle, avec leurs enseignant(e)s ;

> « normale... » (ED24) ;
> « euh pfff... Ouais parce qu'en fait les profs eux ils font leur cours, t'as compris c'est bien [...]. Si on a pas compris euh... Tant pis quoi » (ED28) ;
> « je me comporte comme une élève... C'est-à-dire comme une élève et eux, la même chose, comme des profs sans plus » (ED29).

– trois autres ED, ensuite, pensent que leur relation avec les enseignant(e)s est, en général, agréable et « plutôt bonne » ;

> « j'pense plutôt bonne parce que... C'est... C'est des personnes avec qui on devrait bien s'entendre, y'a pas de raison qu'on s'entende mal avec elles [...]. J'pense que c'est important aussi d'avoir de bonnes relations parce que ça peut aider parfois au niveau du travail. C'est... Quand on a un prof sympa en face de soi, c'est plus... On s'dit que c'est mieux de travailler quoi » (ED26) ;
> « une bonne relation. Mais ce qui y'a c'est... C'est toujours à cause des camarades [...]. Parce que si on s'entend bien avec un professeur on est tout de suite mal vu... Alors on essaye, un peu, de se tenir à l'écart » (ED27) ;
> « ben plutôt bonne » (ED30) ;

– enfin, un ED semble apprécier différemment chacun de ses enseignant(e)s. Quelques paramètres comportementaux observés en classe chez ces derniers, et appréciées inégalement chez cet élève, paraissent, en effet, influencer son opinion, favorable ou défavorable, de (et sa relation à) tel ou tel autre enseignant(e) ;

> « ça dépend des professeurs hein [...]. Y'a des profs avec qui j'arrive à m'adapter, j'arrive bien... À suivre leurs cours et tout et d'autres... C'est juste leur tête *[rire]* j'y arrive pas [...]. Leurs manières [...]. C'est pas par rapport à leur matière hein » (ED25).

Il semble difficile ici d'avancer quelque constat pouvant être susceptible de caractériser les propos des ED de classe de seconde. En effet, chacun des extraits d'entretien de ces ED paraît seulement pouvoir se classer dans l'une des trois grands catégories de réponses mentionnées ci-dessus. Nous ne décelons pas, cependant, une véritable identité propre aux ED de classe de seconde. *Seule la non référence à un certain contrat pédagogique entre ED et enseignant(s) différencierait ER et ED dans leurs discours.*

Si les ER de classe de seconde semblent, à l'unanimité, se satisfaire de la distance « normale » en place entre eux et leurs enseignant(e)s, il paraît en être de même chez seulement trois ED. Trois autres ED jugent, effectivement, agréable et « plutôt bonne » leur relation aux enseignant(e)s, et un dernier ED semble vivre cette relation sur un mode pluriel, ayant, semble-t-il, une opinion différente de chacun de ses enseignant(e)s. *Contrairement aux ER de classe de seconde, les ED de cette classe n'envisageraient donc pas leur relation aux enseignant(e)s principalement en termes de distance, souvent pensée comme « normale », et seraient satisfaits d'une autre relation, plus réelle et humaine.*

L'analyse des propos de l'ensemble des *élèves de classe de CE2 (ER et ED)* permet d'avancer qu'*il existe véritablement une relation entre ces élèves et leur maître, ou maîtresse.* Si pour les ER, cette relation semblerait de l'ordre de l'échange, pour les ED, elle serait plutôt de l'ordre de la dépendance. En effet, il apparaît que les ED seraient très réceptifs aux remarques favorables (de gratification), ou défavorables (de répression), de l'enseignant(e) à leur égard.

L'analyse des propos de l'ensemble des *élèves de classe de seconde (ER et ED)* permet, cette fois, de mettre à jour la *relation distante entre les élèves et leurs enseignant(e)s.* Les ER considèrent unanimement cette distance comme « normale » et illustrent, par leurs propos, la notion de « contrat pédagogique ». De leur côté, si seulement trois ED semblent attachés à cette distance, dite « normale », dans leur rapport à leurs enseignant(e)s, l'autre moitié des ED préfère souligner sa relation plus proche et « plutôt bonne » à leurs enseignant(e)s. Il semble ainsi que :

- les ER de classe de seconde trouvent normale (se sentent bien dans) cette distante relation pédagogique ;
- une majorité d'ED ont une bonne relation avec leurs enseignant(e)s et ne seraient ainsi pas contre un rapprochement entre les acteurs de la relation pédagogique.

Ainsi, à propos de la qualité de la relation maître-élève, nous obtenons par ordre croissant du besoin des élèves d'humaniser cette relation :

1 / les ER de classe de seconde ;
2 / les ED de classe de seconde ;
3 / les ER de classe de CE2 ;
4 / les ED de classe de CE2.

Il semblerait donc que *l'âge, cumulé à l'aisance scolaire, éloignerait visiblement l'élève de son enseignant.*

À propos d'une définition de ce rapport...

L'ensemble des élèves de classe de CE2 (ER et ED) aiment le lien qui s'établit lentement avec leur maître, ou leur maîtresse, au cours de l'année scolaire.

De leur côté, l'ensemble des élèves de classe de seconde (ER et ED) semble s'atteler à n'avoir avec leurs enseignant(e)s qu'un rapport purement scolaire, voire professionnel. Il apparaît cependant que cela ne soit pas véritablement possible. Les élèves ne parviendraient pas, en effet, à cantonner l'enseignant dans un simple rôle de médiateur de savoir. Tout paraît se passer comme si, *à l'insu des acteurs de la relation pédagogique, un « autre » lien et une « autre » relation se créaient lors de l'année scolaire entre élèves et enseignants.* Nous espérons pouvoir en dire plus sur ce point dans la suite de l'analyse des entretiens, car il semble que nous soyons là au cœur de notre sujet et de notre préoccupation.

TABLEAU 12. — *Synthèse des résultats concernant une définition du rapport au maître (dans l'analyse du rapport au maître)*

	CE2		*Seconde*	
	ER	*ED*	*ER*	*ED*
L'envie de l'élève de retrouver l'enseignant(e) en classe	Oui : un « attachement »	Oui : un « attachement »	Pas réellement : une « préoccupation intéressée »	Pas réellement : une « préoccupation intéressée »
Le rôle de l'enseignant(e) dans ses apprentissages scolaires	Place centrale : il ou elle « m'apprend »	Place centrale (pas d'explication)	Place centrale annuelle	Place centrale : il ou elle « m'apprend »
Son appréciation de la qualité de sa relation à l'enseignant(e)	Échange et « contrat pédagogique »	Réaction de l'enseignant(e) face à un comportement (bien ou mal) de l'élève	Échange professionnel et « contrat pédagogique »	Relation professionnelle, agréable et « plutôt bonne »

2 / L'APPRÉCIATION PAR L'ÉLÈVE DE LA PERSONNE DE L'ENSEIGNANT

Ce que pense l'élève de son (ses) enseignant(e)(s)

Nombre d'élèves de classe de CE2 s'exprimant : 8 ER et 8 ED.
Nombre d'élèves de classe de seconde s'exprimant : 7 ER et 6 ED.

De façon majoritaire, les *ER de classe de CE2* (sept élèves sur huit) et les *ED de classe de CE2* (sept élèves sur huit) *ont une opinion très favorable* de leur enseignant(e). Ces élèves soulignent ainsi, chez ce dernier ou cette dernière, des qualités d'ordre :

– professionnel ;

« elle explique bien [...]. J'discute pas beaucoup avec elle parce qu'on travaille... Quelquefois j'lui pose des questions » (ER1) ;

« [ils] nous font bien travailler... [Ils] nous font bien comprendre... C'est bien enfin, tout » (ER3) ;

« il nous apprend bien [...]. Il re-explique plein de fois... Pour qu'on ait bien compris » (ER5) ;

« il veut nous apprendre beaucoup de choses [...]. Il nous apprend bien » (ER6) ;

« elle m'apprend beaucoup de choses [...]. Elle fait bien son métier » (ED16) ;

« il nous apprend beaucoup de choses [...]. Parce que si on avait pas de maître, on pourrait pas apprendre... Ou une maîtresse on pourrait pas apprendre [...], on pourrait pas aller en informatique, faire de la musique. On pourrait rien apprendre alors » (ED20) ;

« il fait des efforts pour nous acheter des livres » (ED21) ;

« il a envie que je progresse [...] comme ça au moins je peux passer » (ED23) ;

– extraprofessionnel, ou humain ;

« il est bien » (ER2, ER5) ;

« il [elle] est gentil[le] » (ER3, ER4, ER6, ER7) ;

« il est sympa [...]. Il aime bien ses élèves » (ER5).

« il [elle] est gentil[le] » (ED17, ED19, ED20, ED23) ;

« elle est très gentille... Très gentille euh... Elle... Elle nous avez dit aussi qu'elle nous aimait bien... Je sais pas les autres mais moi j'me sens... Bien avec la maîtresse [...]. Ben elle est assez gentille, moi j'l'aime bien. Personnellement... J'sais pas les autres mais moi... J'l'aime bien » (ED18) ;

« ben... J'l'aime bien le maître » (ED22) ;

« il est bien » (ED23).

Seule une ER ne semble pas s'attacher à des caractéristiques positives de son enseignant, et ne retenir que des négatives :

« il est sévère... Et... Et il donne beaucoup de punitions » (ER8).

Nous verrons également que cette élève est aussi la seule à ne pas être « ennuyée » face à l'éventualité d'un départ de son actuel maître avant la fin de cette présente année scolaire (voir point 3 de ce chapitre, L'élève de classe de CE2 et l'éventualité d'un changement de maître, de maîtresse, p. 174).

Il est difficile de constater ici des différences significatives entre le discours des ER et celui des ED de classe de CE2 à l'égard de leur enseignant(e). En effet, les élèves de classe de CE2, quel que soit leur niveau de résultats scolaires, apparaissent pareillement attachés à leur maître, ou maîtresse. Ils lui accordent des qualités professionnelles telles que l'écoute et la patience, ainsi que des qualités plus personnelles telles que la gentillesse, la sympathie ou l'affection pour ses élèves.

L'ensemble des *ER de classe de seconde semble, en général, satisfait de leurs enseignant(e)s*. De plus, leurs réponses restent souvent très superficielles et larges. *Tout semble se passer sereinement et sans accroc, il n'y aurait alors pas véritablement quelque chose à dire* :

« j'ai jamais eu de problème, j'ai toujours eu des professeurs... Assez bien quand même. Puis vu que aussi j'ai toujours des assez bonnes notes, ils étaient pas après moi donc j'peux pas trop dire... mais euh... Ouais ça va » (ER9) ;

« ben... Ça va *[sourire]*... » (ER10) ;

« ouais la plupart ils ont... Ils sont bien. Enfin ils me plaisent quoi [...]. Parce que déjà ils sont agréables [...], ils sont gentils et tout ça et..... Ils nous respectent comme on les respecte et puis parce que... Enfin j'aime bien leurs méthodes de travail... Donc ça va » (ER12) ;

« ça dépend hein. Y'en a qui sont gentils, y'en a qui sont bien [...]. Ils laissent un peu faire [...]. Pas pour la moindre chose il va te faire une remarque quoi... Comme les autres » (ER13) ;

« non rien de spécial » (ER14) ;

« ben c'est bien ce qu'ils font [...]. C'est bien d'enseigner, de transmettre tout ça, enfin parfois c'est très mal fait mais j'veux dire que j'ai pas trop à critiquer » (ER15).

De leur côté, et majoritairement, *les ED de classe de seconde considèrent avec nuance leurs enseignant(e)s*. Ces élèves semblent, en effet, avoir une opinion, favorable ou défavorable, de leurs professeurs, en fonction de la personne même de l'enseignant et de la discipline dispensée par celui-ci (ou celle-ci). De plus, il apparaît que ces ED « jugent » (jaugent) leurs enseignants avant tout sur des critères scolaires, tels que :

- l'aide enseignante, par différents moyens (clarté dans l'exposé oral du cours, par exemple), à la compréhension de la discipline dispensée ;

« certains que j'aime pas beaucoup mais bon *[sourire]*... Ça dépend de la matière [...]. Parce que y'a certains qui m'expliquent pas bien. Qui passent d'une chose à l'autre [...]. Sans trop chercher à comprendre... Et d'autres qui m'aident, qui prennent leur temps sur certaines choses. Ça, ça me plaît » (ED24) ;

« oui j'pense qu'il y a des différences entre les enseignants... Y'en a qui nous demandent pas beaucoup de travailler [...]. Et y'en a d'autres non... Pour eux on est là pour travailler, on doit travailler, avoir des bonnes notes et, c'est comme ça, c'est pas autrement..... Enfin c'est pour notre bien aussi d'un côté alors... Mais c'est vrai que pour eux c'est ça on est là pour des bonnes notes. Si on a j'sais pas un 8, un 6 pour eux c'est même pas la peine, mais c'est... Anormal » (ED27) ;

- l'autorité dégagée par l'enseignant et la discipline régnant en classe ;

« c'est hétérogène. Y'en a de supers mais y'en a des moins bien. Y'a... Mais pour cette année j'trouve que j'ai vraiment des bons profs [...]. Ils sont à la fois agréables, ils savent euh... Être stricts quand il faut [...]. J'ai l'impression qu'on travaille bien avec eux. C'est... Mais bon, c'est comme partout, faut s'en donner les moyens *[sourire]* » (ED26) ;

« ouais ils sont sympa ouais... Ouais ils sont cool hein... Ils ont le moral *[sourire]*... *[rire]*... Parce que avoir moi, style un autre copain, donc H... là, S... [...]. Ça les démoraliserait quand même [...]. La prof elle doit péter un scandale des fois, elle doit *[rire]*... Elle doit perdre le moral » (ED28) ;

- le motivation professionnelle de l'enseignant :

« certains profs ils sont pas à l'écoute... Mais du tout de l'élève hein. C'est... Ils viennent, ils font leur cours et ils repartent [...]. On dirait [...] ils sont obligés de le faire. Mais y'en a ils le disent aussi hein, "ah nous on est payé à la fin du mois", des fois ils nous le sortent comme ça hein *[sourire]*. [Mais en général] la plupart ouais... Ouais ils ont une bonne... Ils savent bien faire leur cours quoi » (ED29).

Un ED, cependant, ne semble pas avoir d'opinion particulière sur ses enseignant(e)s :

« j'pense que c'est un être humain qu'il fait son travail... Et puis voilà quoi *[sourire]* » (ED30).

L'une des principales constatations qu'il paraît ici opportun de noter est *la qualité des réponses, différente, entre ER et ED, à l'égard de leurs enseignant(e)s.*

Si les ER de classe de seconde semblent n'avoir rien à dire (ER10, ER14), se disent satisfaits (ER9, ER12, ER13), ou insatisfaits (ER13, ER15) de leurs enseignant(e)s dans le cadre de leur exercice professionnel, ils ne semblent cependant pas ressentir le besoin de s'exprimer sur ce point, comme si ce dernier leur apparaissait secondaire.

De leur côté, les ED de classe de seconde développent bien plus leurs réponses et semblent devenir bavards lorsque la question des enseignant(e)s est abordée. Ils soulignent ainsi la grande hétérogénéité existant entre leurs différent(e)s enseignant(e)s : s'ils sont contents de certain(e)s, ils le sont bien moins d'autres. Pour apprécier leurs enseignant(e)s, les ED de classe de seconde s'appuient principalement sur des critères à la fois scolaires et humains, tels que la disponibilité, la patience, l'écoute, l'aide ou le soutien des enseignant(e)s à leur égard. La question des enseignant(e)s semble donc habiter les ED de classe de seconde, déliant les langues. *Tout se passe comme si ces ED souhaitaient nous faire prendre conscience que leur situation d'élève en difficulté scolaire ne dépendait pas seulement de leur propre personne, mais aussi du comportement des enseignant(e)s, en salle de classe, à leur égard.* Ce qui, pour ces élèves-là, irait bien dans le sens de nos deux premières hypothèses générales de recherche (importance de l'affectivité ; causalité en boucle chemin/rapport) et de notre seconde hypothèse spécifique de recherche (rapport au maître déterminant pour les ED). La poursuite de nos analyses des entretiens nous permettra, peut-être, d'étayer plus fortement cette impression.

S'il est difficile ici de constater des différences réelles entre le discours des ER et celui des ED de classe de CE2 dans leur appréciation du maître, ou de la maîtresse, les différences semblent, par contre, significatives entre *ER et ED de classe de seconde. Les premiers sont, en effet, bien moins bavards sur ce point que les seconds.*

Il est à noter également que l'ensemble des élèves de classes de CE2 et de seconde qualifient leur(s) enseignant(e)(s) par des termes touchant à leur rôle professionnel (« il fait bien son travail », etc.), mais aussi touchant à la personne même de l'enseignant dans l'exercice, cependant, de sa profession (« il est sympa », etc.). Il n'y aurait ainsi pas véritablement de différences entre élèves de CE2 (ER et ED) et élèves de seconde (ER et ED) quant à la façon de considérer son (ses) enseignant(e)(s). Les élèves de notre échantillon ne peuvent donc pas être caractérisés en fonction, d'une part, de leur âge et, d'autre part, de la forme de leurs propos. Ils peuvent cependant l'être sur le fond de leurs discours :

Nous pouvons donc dire que :

- les élèves de classe de CE2 parlent de la même façon de leur maître, ou maîtresse, quel que soit leur niveau de résultats scolaires ;
- les ER de classe de seconde semblent considérer comme secondaire la question de l'enseignant ;
- les ED de classe de seconde paraissent, par contre, trouver là de quoi s'exprimer, tentant de démontrer à quel point l'enseignant(e) est important dans leur compréhension d'un cours, et donc dans leur réussite ou difficulté scolaires.

Son vécu émotionnel face à son (ses) enseignant(e)(s)

Nombre d'élèves de classe de CE2 s'exprimant : 8 ER et 8 ED.
Nombre d'élèves de classe de seconde s'exprimant : 7 ER et 6 ED.

D'une façon générale, une majorité d'ER (sept sur huit) dit se sentir en paix, voire rassurée, en classe, lorsque l'enseignant(e) lui parle. Ce réconfort éprouvé parfois par ces élèves semble étroitement lié à :

- un réel accompagnement enseignant (encourageant) dans le travail scolaire :

  « oui, quand j'ai fini [de lire] un peu [...]. Elle me dit quelquefois que c'est très bien, que c'est bien... » (ER1) ;

  « oui des fois [...]. Ben des fois en maths euh... J'suis plutôt rassuré quand le maître il... Il me montre un exemple que... J'ai faux... [Comme ça] on apprend tous » (ER7) ;

  « oui [...] parce que j'ai bien compris » (ER8).

- une réelle appréciation positive, par l'élève, de son enseignant(e) :

  « euh réconfortée oui [...]. Ben parce que [sourire]... J'aime bien [la maîtresse] » (ER2) ;

  « ouais [...]. Ben parce qu'elle est gentille [...]. Et aussi parce qu'elle nous fait bien travailler » (ER4).

Enfin, seul un ER se dit parfois peu rassuré lorsqu'il est confronté, simultanément, à un exercice scolaire qui lui pose problème et à son enseignant :

« quand j'y arrive pas trop [...]. Ça m'embête un petit peu » (ER5).

Cependant, de façon majoritaire encore, cinq ER de classe de CE2 avouent ressentir parfois de la peur en salle de classe face à leur enseignant(e). L'étude plus approfondie des réponses de ces élèves révèle que cette peur passagère est très étroitement liée à la crainte :

– du regard des camarades de classe :

« quelquefois ça me fait un peu... J'suis un peu intimidé *[sourire]* quand je lis... Quand je lis à voix haute dans la classe. Et alors, en fait, dans ma tête j'arrive bien à les lire, mais après quand je lis pour la classe et ben... » (ER1) ;

« d'avoir peur oui [...]. Parce que j'ai pas bien suivi [...]. J'ai peur de dire une réponse fausse et que tout le monde... rit de moi » (ER8).

– de réprimandes enseignantes :

« des fois je parle, ça m'est arrivé une fois euh... Comme j'avais peur de l'addition j'avais peur de faire faux, à un moment elle a dit des noms après elle m'a dit moi, alors ça m'a fait mal au ventre [...]. Et j'avais peur alors » (ER4) ;

« c'est quand parfois, des fois... J'oublie de faire mes devoirs à la maison parce que j'ai pas noté, puis après je les sais pas... Quand il nous interroge. Ça me fait peur *[sourire]* » (ER6).

Trois ER, cependant, disent ne pas ressentir de peur particulière à la vue de leur enseignant(e) :

« non, j'ai pas peur » (ER2) ;
« ben... Un peu de la joie quand même » (ER3) ;
« non [...]. Je suis tranquille » (ER5).

De la même façon que leurs camarades en réussite scolaire, les ED de classe de CE2 disent, majoritairement, se sentir plutôt tranquilles en salle de classe face à leur enseignant(e). Il est difficile ici d'étudier plus grandement les réponses de ces élèves : le laconisme caractérise chacune d'elle (ED17, ED18, ED19, ED20, ED21, ED22, ED23).

Seule une ED, cependant, semble véritablement ressentir parfois de la peur en salle de classe face à son enseignante :

« oui parfois [...]. Quand elle me gronde [...] » (ED16).

Cette peur semble ainsi en étroite relation avec la crainte de l'élève de réprimandes enseignantes.

Une majorité de ces élèves (sept sur huit) dit, de plus, se sentir en paix, voire rassuré(e), lorsque l'enseignant(e) lui parle. Ce réconfort éprouvé parfois par ces élèves semble étroitement lié, comme dans le cas de leurs camarades en réussite scolaire, à :

- un réel accompagnement enseignant (encourageant) dans le travail scolaire :

« euh oui [...]. quand... J'ai des bonnes notes en dictée, ben des fois, il me met "assez bien", sur mon cahier. Et il me met... Il m'entoure 2 [...]. [Mais] ça m'arrive des fois [d'avoir peur] [...]. Parce que j'ai peur de répondre la mauvaise réponse *[sourire]* [...] » (ED21).

- une réelle appréciation positive, par l'élève, de son enseignant(e) :

« parce que j'aime bien qu'elle m'interroge [...]. J'aime bien quand elle m'interroge, quand j'parle » (ED17) ;

« parce que y'a les camarades parce que... j'suis bien » (ED18) ;

« [le maître m'inspire] de la joie, parce que j'aime bien travailler avec lui. J'aime bien... J'aime bien faire des choses, dessiner, lire [...]. J'suis bien parce qu'on [...] apprend plus de choses [...]. Ben, on fait des choses qu'on a jamais faites auparavant et... c'est bien » (ED20).

Enfin, seul une ED se dit parfois peu rassurée lorsqu'elle craint des réprimandes enseignantes consécutives à un travail scolaire pas, ou mal, fait :

« je me sens un peu... Des fois j'ai peur... Parce que... Des fois elle me dit "oh c'est faux, tu retournes à ta place et puis euh tu recopies euh... 5 fois l'exercice" alors... » (ED16).

En première analyse, il semble difficile de déceler ici des différences significatives d'appréhension de la relation à l'enseignant par les élèves de classe de CE2, en fonction de leurs niveaux de résultats scolaires (ER et ED). En effet, l'ensemble des élèves de classe de CE2 (ER et ED) apparaît, en général, plutôt serein dans sa relation à l'enseignant(e), celui-ci (celle-ci) faisant preuve, aux yeux de ces élèves, de beaucoup de disponibilité, de soutien et de patience à leur égard.

En seconde analyse cependant, est à noter, d'une part, la plus grande facilité visiblement éprouvée par les ER dans l'aveu d'une crainte ressentie parfois en classe. En effet, si les ED disent se sentir exclusivement sereins en salle de classe, et ce même face à une interpellation enseignante, les ER *préfèrent également parler de leurs moments de crainte et d'anxiété, liés à l'appréhension du regard de leurs camarades de classe ou de celui de l'enseignant(e). Nous pourrions, bien sûr, accepter l'éventualité de l'absence d'émotions scolaires des* ED *de notre échantillon en classe. Mais cela paraît cependant assez irréaliste. Il semble, effectivement, très peu vraisemblable de ne ressentir aucune émotion négative alors même qu'un(e) enseignant(e) vous interroge sur un exercice, ou une tâche, que vous avez du mal à faire, et à comprendre, vu vos résultats scolaires. Nous aurions, en effet, plutôt tendance à interpréter cette négation d'émotions scolaires chez les* ED *de classe de* CE2 comme une volonté, plus ou moins consciente, de ne pas donner une « mauvaise image scolaire » d'eux-mêmes. Celle-ci pourrait, en effet, justifier ou expliquer, à nos yeux, leurs faibles résultats scolaires. Ces ED *voudraient ainsi ne pas nous conforter dans l'idée qu'ils « méritent » leur statut d'élèves en difficulté scolaire* (voir le chapitre intitulé « Le rapport à l'école, en tant que "disposition scolaire" de l'élève », où cette même logique d'analyse apparaît). Ne pourrait-on pas parler ici de *refoulement* ou de *déni* ? Ne s'agit-il pas, en effet, d'un « phénomène de défense » mis en place inconsciemment par les ED de classe de CE2 dans un refus, d'une part, « d'extériorisation, de manifestation de leurs sentiments » scolaires (*Le Petit Robert,* 1996, p. 1903) ou, d'autre part, « de reconnaître une réalité dont la perception [leur] est traumatisante » (*Le Petit Robert,* 1996, p. 589) ? Le statut d'ED pourrait ainsi être parfois une réalité trop dure à accepter, à affronter.

Nous remarquons enfin que seule une ED dit avoir peur parfois en salle de classe et une seule ED encore avoue craindre les réprimandes enseignantes consécutives à son travail scolaire mal, ou non fait. Il est très probablement intéressant de constater qu'il s'agit, en fait, de la même élève (ED16). Il apparaît, en effet, tout au long de cette analyse des entretiens que cette élève vivrait douloureusement sa vie scolaire. Nous choisissons cependant de revenir sur le cas de cette élève à la fin de notre analyse.

Est à noter, d'autre part, le laconisme des réponses données par les ED et la plus grande longueur de celles données par les ER. On remarque encore la facilité d'expression éprouvée par les ER dans leurs explications et le développement de celles-ci, et le côté succinct de certaines réponses produites par les ED de classe de CE2.

Les ER de classe de seconde sont assez partagés sur ce point. Si certains (quatre sur sept) disent ne pas connaître ce genre d'émotions, ou sensations, en classe :

« non [...]. Ouais moi ça m'est jamais arrivé ça » (ER9) ;
« ouais ni l'un ni l'autre j'suis normale, sereine, normale *[rire]*... C'est pas parce que c'est un prof que ça..... » (ER12) ;
« non du tout [...]. C'est comme vous avez dit j'suis indif... Indifférent [...]. J'rentre, j'm'pose et voilà *[sourire]*, sans plus » (ER13) ;
« ah non pas du tout [...]. Y'a pas de problème j'me sens bien » (ER15).

D'autres (trois sur sept) avouent, parfois, ressentir de la peur ou de l'appréhension lorsqu'un(e) enseignant(e) leur parle :

« oui *[sourire]* [...]. Assez souvent [...]. Ben déjà le fait de m'interroger et... Et aussi j'sais pas si j'ai pas fini l'exercice, si j'ai pas bien compris » (ER10) ;
« des fois si... Je transpire [...]. J'aime pas être remarqué » (ER11) ;
« ouais [...]. Ouais c'est peut-être lié [à la discipline et aussi] un petit peu [à leur personnalité] [...]. J'me sens bien... [...]. C'est toujours [dans] les mêmes matières que j'aime bien. Donc, dans les langues et les maths, j'suis confiante... Et euh... Par contre en français [...] en physique j'suis pas très... J'suis pas très réconfortée... Des fois la prof elle me regarde et j'suis là *[sourire]* j'fais "qu'est-ce que j'ai fait *[rire]* ? Pourquoi elle me regarde comme ça ?" » (ER14).

Ainsi, la peur ressentie face à une interpellation orale enseignante en cours par certains ER semble essentiellement liée :

- au désir de ces élèves de rester dans la masse des individus de la classe ;
- à la personnalité impressionnante, ou imposante, de l'enseignant ;
- à une mauvaise posture de l'élève face à un exercice, ou une tâche, scolaires mal faits ou non compris.

En faible majorité, les ED de classe de seconde disent ne ressentir aucune forme d'appréhension face à une interpellation enseignante, celle-ci faisant même plutôt plaisir à une ED notamment, dans la mesure où cette interpellation semble révélatrice d'un intérêt porté par l'enseignant(e) à l'élève interrogée :

« non moi j'préfère qu'il m'interroge parce qu'au moins ça prouve [...] qu'il s'intéresse à moi, qu'il veut savoir si j'ai bien compris [...]. Même si je fais faux après il va me dire que j'ai faux tu vois. Pour pas après que je reste avec des fautes dans ma tête et après en contrôle j'ai faux. C'est mieux qu'il m'interroge, en tout cas je préfère » (ED25) ;

« non [...]. Moi ça me pose absolument aucun problème [...]. C'est des personnes comme tout le monde » (ED26) ;

« non [...]. Non normal » (ED27, ED29).

L'ED25 apparaît de bonne foi quant à son plaisir d'être interpellée en classe par l'enseignant(e). Il semble cependant plus délicat d'accepter, sans aucune forme de nuances, la négation d'émotions scolaires particulières des autres ED, lorsqu'ils sont « menacés », par exemple, par une interpellation enseignante. Les réponses des ED de classe de seconde et celles des ED de classe de CE2 paraissent devoir être interprétées de la même façon, et dans la même logique analytique. Ainsi, comme leurs camarades de CE2, les ED de classe de seconde voudraient ne pas nous conforter dans l'idée qu'ils « méritent » leur statut d'élèves en difficulté scolaire, en essayant de donner une « bonne image scolaire » d'eux-mêmes par un refoulement ou un déni de leurs émotions et sentiments scolaires.

Deux ED cependant, après négation (on retrouverait encore ici, dans un premier temps seulement, l'intime fonctionnement des ED de classe de CE2 qui préfèrent nier leurs émotions scolaires négatives que de les reconnaître), avouent ressentir parfois quelque appréhension face à l'enseignant et aux intentions interrogatives de ce dernier :

« non mais des fois... Des fois j'stresse tout seul des fois *[sourire]* [...]. Des fois [la prof de maths] me regarde elle me dit... J'sais pas euh... Par exemple, elle fait "D. *[lui]*", j'sais tout de suite qu'elle va m'interroger [...]. Mais bon entre temps on s'est foutu de ta gueule, on se moque de toi, on t'insulte et tout donc euh... » (ED28) ;

« non. Bon ouais par moments, il m'arrive d'avoir quand même *[sourire]*... Des sueurs mais sinon non *[sourire]*... En fait ça dépend... Admettons si il m'interroge à propos d'un exercice que j'ai pas du tout compris ou que... Même que je n'ai pas fait. Ben c'est sûr j'me sens mal... Et puis j'panique un peu » (ED30).

Ainsi, les raisons essentielles de l'appréhension par ces ED d'une interpellation enseignante semblent être liées :

- au regard des camarades de classe, dits particulièrement moqueurs ;
- à la personnalité impressionnante, ou imposante, de l'enseignant ;

– à une mauvaise posture de l'élève face à un exercice ou une tâche scolaires mal faits ou non compris.

En résumé, parmi l'ensemble des élèves de classe de seconde, trois ER et deux ED (seulement ?) avouent ressentir parfois de l'appréhension à l'idée d'une interpellation enseignante.

Pour ces élèves, cette appréhension serait liée à :

– une personnalité impressionnante, ou imposante, de l'enseignant ;
– une mauvaise posture de l'élève face à un exercice ou une tâche scolaires mal fait ou non compris.

Caractérisant ces trois ER, cette appréhension serait également liée à leur désir de rester dans la masse des individus de la classe.

Caractérisant ces deux ED, cette appréhension serait aussi liée à leur crainte du regard de leurs camarades de classe, dits particulièrement moqueurs.

De véritables conclusions ne peuvent cependant pas être tirées des constatations ci-dessus. En effet, les faibles effectifs des ED et des ER concernés ici ne permettent pas de généraliser les propos de ces élèves à l'ensemble des ER et des ED de classe de seconde.

Il paraît ici essentiel de noter que *les ED de classe de seconde, comme leurs homologues de classe de CE2,* semblent bien moins à même de reconnaître leurs craintes et faiblesses scolaires que les ER de ces classes. *L'interprétation de cette constatation en termes de refoulement ou de déni paraît la plus judicieuse. Ce serait ainsi une façon, pour les ED, quel que soit leur âge, de ne pas donner l'opportunité à une tierce personne de penser qu'ils « méritent », ou « valent », leur situation d'élèves en difficulté scolaire.*

À propos de l'appréciation par l'élève de la personne de l'enseignant...

Si les élèves de classe de CE2 (ER et ED) ont une opinion très positive de leur maître ou maîtresse, les élèves de classe de seconde (ER et ED) apparaissent en général plus critiques, particulièrement les ED.

TABLEAU 13. — *Synthèse des résultats concernant l'appréciation par l'élève de la personne de l'enseignant (dans l'analyse du rapport au maître)*

	CE2		*Seconde*	
	ER	*ED*	*ER*	*ED*
Ce que pense l'élève de son (ses) ensei-gnant(s)	Opinion très favorable	Opinion très favorable	Opinion favorable	Considèrent avec nuance leurs enseignants
Son vécu émotionnel face à son (ses) ensei-gnant(s)	• Plutôt sereins • Ressentent parfois de la peur (en cas d'interpellation)	Plutôt sereins	• Sans émotion (4) • Ressentent parfois de la peur (en cas d'interpellation) (3)	• Plutôt sereins • Après réflexion, avouent une appréhension parfois (en cas d'interpellation) (2)

Alors que seuls les ED de classe de CE2 ne ressentent pas d'émotions en salle de classe face à une interpellation enseignante, par exemple, seulement deux ED de classe de seconde avouent difficilement des émotions après un temps de négation. Le refoulement ou le déni ont permis une interprétation de ce constat. La notion de métier d'élève et le souci, la volonté des ED de montrer une vie scolaire sans heurt et difficulté auraient pu également permettre une interprétation.

Les ER de classes de CE2 et de seconde semblent plus à l'aise avec leurs sentiments et émotions scolaires, acceptant sans encombre de les révéler.

3 / ÉLÈVES DE CLASSE DE CE2 ET ÉLÈVES DE CLASSE DE SECONDE : DEUX FAÇONS SPÉCIFIQUES D'ABORDER LA QUESTION DE L'ENSEIGNANT

L'élève de classe de CE2 et l'éventualité d'un changement de maître, de maîtresse

Nombre d'élèves s'exprimant : 7 ER et 6 ED.

Nous choisissons ici de traiter les réponses de l'ensemble des élèves de classe de CE2 (ER et ED) sous l'angle de l'attachement ressenti par les élèves à l'égard de leur enseignant(e). Nous posons, en effet, que ne pas être « ennuyé » ou « peiné » par l'éventualité du départ de son enseignant en cours d'année scolaire est un indice d'un faible degré d'attachement de l'élève à son enseignant(e).

De façon majoritaire, cinq ER de classe de CE2 (ER2, ER3, ER4, ER5, ER6) préféreraient ne pas changer de maître, ou de maîtresse, en cours d'année scolaire (un d'entre eux ne s'exprimant pas sur ce point) :

« comme le maître il est gentil [...]. Ça m'ennuierait un peu, parce que si après on a un maître ou une maîtresse méchante *[sourire]*... Je préfère lui » (ER6).

L'étude plus approfondie de l'ensemble des discours des ER de classe de CE2 permet de mettre à jour trois façons d'appréhender la relation au maître par les ER :

– cinq ER semblent ressentir un certain attachement à l'enseignant. Cet attachement paraît cependant avoir la caractéristique d'être annuel ;

« euh non [ça m'ennuie pas trop] parce que... Je les ai assez vus comme ça *[sourire]* » (ER2) ;

« ben ouais parce que en CE1 quand j'étais j'ai pleuré pour euh... Pour une maîtresse je voulais pas changer [...]. Au début je les connais pas les maîtresses alors je voulais rester avec ma maîtresse où j'étais et après... Et après ça passe et je veux rester avec Mme A... [sa maîtresse actuelle de CE2] » (ER4) ;

« comme ça je découvre un maître nouveau ! [...] Ben oui, ça m'est égal, puis comme ça j'ai des maîtres nouveaux » (ER5) ;

« non, ça m'ennuie pas [de changer de maître en fin d'année] » (ER3, ER6) ;

– une ER (ER8) semble ressentir un attachement à l'enseignant dépendant de l'enseignant lui-même. L'attachement peut ainsi être inexistant sur une année scolaire, ou se poursuivre au-delà de l'année scolaire ;

> « non [cette année ça m'ennuierait pas de changer de maître, mais l'année dernière ça m'aurait ennuyé] oui. Ça m'ennuierait *[sourire]* » (ER8) ;

– un ER enfin (ER1) ne semble ressentir aucun attachement véritable pour son enseignant ;

> « ... Euh... Je sais pas... À part si elle doit se faire remplacer... Parce que sinon on apprendrait pas d'autres choses et on serait perdu... » (ER1).

Les ER de classe de CE2 paraissent donc vivre différemment leur relation à l'enseignant(e). *Une majorité d'entre eux cependant serait véritablement, mais de façon annuelle seulement, attachée à leur enseignant(e).* Cette constatation permet ainsi de rapprocher les ER de classe de CE2 de ceux de classe de seconde (voir, dans ce chapitre, Le rôle de l'enseignant(e) dans ses apprentissages scolaires, p. 147). Cette caractéristique d'un attachement essentiellement annuel à l'enseignant serait-elle exclusivement l'appartenance des ER, quelque soit leur âge ?

À l'unanimité, les ED de classe de CE2 s'exprimant sur ce point (six sur huit) se disent « ennuyés » si leur enseignant(e) devait partir en cours d'année scolaire. Contrairement aux ER, il semble que les réponses de l'ensemble des ED soient assez homogènes.

> « parce que si on change... Si y'a un remplaçant, on sait pas trop comment il est, on sait pas... Si il est sévère [...]. [La maîtresse je l'aime bien] parce qu'elle me fait apprendre des choses, c'est pour euh... Notre bien... c'est pour qu'on sache des choses quand on sera grand » (ED16) ;
>
> « la dernière fois où il y avait un maître très gentil puis... Il a dû changer d'école et puis, ça m'avait ennuyé un peu [...]. Il était parti et puis... Ça m'avait beaucoup contrarié » (ED19) ;
>
> « parce que c'est lui qui nous apprend tout ce qu'on doit savoir » (ED20).

Il apparaît cependant que, comme chez les ER de classe de CE2, l'attachement ressenti par les ED à l'égard de leur enseignant est principalement annuel :

> « en fait chaque année je m'attache à ma maîtresse quoi [...]. J'aimerais bien qu'on ait tout le temps la même maîtresse depuis le début mais bon... Si on doit changer on changera hein [...]. Parce que une maîtresse c'est

important pour moi quoi. Elle peut nous apprendre [...]. [Elle] fait beaucoup de choses » (ED18) ;

« oui. Après je m'habitue » (ED20, ED21).

Il semble ainsi que *l'attachement, essentiellement annuel, des élèves à leur enseignant(e)* n'est ni le propre des ED, ni celui des ER. Cette caractéristique de la relation maître-élève, du point de vue de ce dernier, appartiendrait donc *à l'ensemble des élèves de classe de CE2 (ER et ED)*, mais aussi aux ER de classe de seconde. Qu'en est-il cependant des ED de classe de seconde sur cette question ? Nous espérons que la poursuite de nos analyses des entretiens nous le révélera.

Contrairement aux points précédemment abordés lors de cette analyse des entretiens (rapports à l'école et au savoir), les ED sont ici bien plus « bavards » que les ER de classe de CE2, essayant d'expliquer pourquoi le départ en cours d'année scolaire de leur enseignant(e) les peinerait. Ils appuient ainsi sur le rôle de l'enseignant dans leurs apprentissages scolaires, soulignant que sans lui ils n'apprendraient plus. Il semble ici que *l'ED, contrairement à l'ER de classe de CE2*, confère à l'enseignant un rôle central et essentiel dans ses apprentissages à l'école : l'enseignant(e) de l'année paraît ainsi se confondre avec les apprentissages de l'année qui s'écoule. Tout paraît se passer comme si l'absence du maître, ou de la maîtresse, de *CE2* compromettait les apprentissages liées à la classe de *CE2*, le maître, ou la maîtresse, remplaçant(e) ne pouvant pas apporter autant, scolairement, que le maître, ou la maîtresse, titulaire.

L'élève de classe de seconde et l'éventualité d'une meilleure connaissance de ses enseignants

L'une des premières constatations que nous pouvons faire ici concernerait la longueur des réponses de l'ensemble des élèves de classe de seconde (ER et ED). Il est, en effet, intéressant de noter que ces élèves semblent trouver là sujet à discussion et à réflexion, rendant leurs réponses souvent longues, et parfois hésitantes. Nous avons choisi de reproduire ici ces longueurs et hésitations, en citant largement ces élèves de notre échantillon de population.

Nombre d'élèves s'exprimant : 5 ER et 6 ED.

En général

Chez les ER de classe de seconde, il semble qu'il y ait deux façons d'appréhender la question de la meilleure connaissance, en général, de ses enseignant(e)s. Nous obtenons ainsi deux catégories de réponses :

– Une première de l'ordre du « pourquoi pas »

> « [ça m'apporterait] de moins les juger [...]. En fait à chaque fois les professeurs et les élèves j'sais pas on a... Enfin ça... Ça bloque quoi on se dit "ah c'est ça c'est le professeur il est là pour m'engueuler et tout", voilà puis en fait quand on voit qu'en dehors ils sont gentils et tout ben on se rend compte que s'ils sont sévères c'est pour nous [...]. Ben ouais parce que j'me bloquerais moins devant lui [...]. Enfin quand on croit que le professeur il nous aime pas on a pas envie de... De travailler. Tout à l'heure je disais que j'travaillais pas pour eux mais on a pas envie de... De lui montrer qu'on a des bonnes notes [...]. On le met en échec et on dit que c'est de sa faute quoi » (ER9).

Pour cette élève, la question de la relation à l'enseignant(e) semble plus compliquée qu'elle n'y paraît. La difficulté de compréhension mutuelle entre les acteurs de la relation pédagogique, ainsi que la volonté de l'élève de ne pas montrer un quelconque intérêt, même professionnel, pour ses enseignant(e)s, sont intéressantes. L'élève paraît vouloir, en fait, nous démontrer l'importance minime de ses enseignant(e) dans sa vie scolaire, or il semble que ce soit l'inverse qui se passe, que l'élève nous communique.

> « ben si... Si... Si ce qu'on fait ça m'intéresse beaucoup quoi... Ouais... Bien sûr [...]. Des fois j'aimerais bien savoir leur avis » (ER11) ;
>
> « ben si on s'entend bien avec lui. Si on connaît quelqu'un et qu'on s'entend pas bien... [...] Non ça me manque pas vraiment mais... J'peux m'en passer. J'vis très bien. Mais ça serait bien si... Si y'avait ça » (ER14).

De leur côté, ces deux élèves soulignent la condition préalable à l'éventualité de l'acceptation d'une meilleure connaissance de ses enseignant(e)s : qu'une connivence, une entente, existent déjà entre l'élève et l'enseignant(e) dans le cadre du cours dispensé. Cette connivence, ou entente, peut être liée à l'attitude de l'enseignant lorsqu'il enseigne (ER11), et/ou à la personne même de l'enseignant(e) (ER14).

– Une deuxième de l'ordre du « non merci »

> « non, j'pense que y'a des... Pas des limites mais presque quand même. Ça reste un enseignant quand même quoi [...]. Mais cette relation professionnelle elle est... Elle est... En fait elle est pas que professionnelle, enfin... [...] J'sais pas des fois on arrive à rigoler avec des profs tout et là, ça va au-delà du professionnalisme *[sourire]*, c'est... C'est peut-être plus fort, enfin j'sais pas... » (ER12) ;
> « les profs que j'ai là, non... Aucun [...]. Les autres que j'ai eu, j'aurais bien aimé oui..... » (ER15).

Ces réponses négatives ne le sont cependant pas totalement. En effet, si la première élève (ER12) pense qu'il y a « des limites », elle avoue, en même temps, que la relation maître-élève est incapable de se borner exclusivement au cadre professionnel. Tout semble se passer comme si mis en présence, deux individus, quels que soient leurs fonctions ou rôles sociaux, ne pouvaient se contenter de n'avoir, ensemble, que de simples contacts « intéressés » – ce qui est le cas dans l'échange professionnel. Au cœur même de la relation maître-élève, transpireraient ainsi des dimensions plus personnelles constitutives aussi de tout individu, quels que soient sa fonction et son rôle sociaux, tissant en place *un « autre » lien, une « autre » relation* entre l'élève et l'enseignant.

Le second élève (ER15), dans la dernière partie de sa réponse seulement, semble nous dire la même chose que ses camarades ER11 et ER14 : l'absence de curiosité, ressentie par cet élève, à l'égard de ses enseignant(e)s cette année s'expliquerait par l'absence de connivence, ou d'entente, ressentie, cette année, à l'égard de ses enseignant(e)s dans le cadre du cours. Cela semble, cependant, exclusivement annuel : chaque année, cette connivence, ou entente, entre un élève et un ou plusieurs de ses enseignant(e)s semble pouvoir être ressentie, ou pas, et susciter, ou pas, une curiosité pour une meilleure connaissance de ses enseignant(e)s.

Comme dans le cas des ER, les ED de classe de seconde semblent appréhender la question de la meilleure connaissance de leurs enseignant(e)s de deux façons principales, constituant deux catégories de réponses :

– Une première de l'ordre du « pourquoi pas »

« ... J'sais pas... Ben peut-être ouais. J'aime bien les profs [...]. T'sais elles sont bien jeunes, elles sont... Elles ont l'air de bien comprendre comment on est et tout [...]. [Mais] avec les profs tu peux pas être trop intime quand même » (ED25).

Comme dans le cas de certains de ses camarades en réussite, cette ED souligne l'importance d'une connivence, ou d'une entente, préalable à l'acceptation de l'éventualité d'une meilleure connaissance de ses enseignant(e)s (ED25). Parallèlement, cette élève remarque, cependant, qu'une certaine distance doit être conservée entre enseignant(e)s et élèves. Il semble ainsi que, comme pour l'ER9, *l'appréhension de la relation pédagogique se révèle être plus compliquée qu'il n'y paraît.* Ces élèves (ER9 et ED25), notamment, seraient enclines à une véritable rencontre avec la personne même de leurs enseignant(e)s d'un côté, et retenues par une sorte de force collective invisible et implicite d'un autre côté. C'est ainsi que leurs propos paraissent non seulement hésitants, mais aussi continuellement interrogatifs sur le « bien » ou le « mal » de l'éventualité d'une acceptation, de leur part, d'une meilleure connaissance de leurs enseignant(e)s.

« ouais c'est intéressant de savoir... De connaître les profs, [ça apporterait] la confiance j'pense [...]. Y'a un climat de confiance qui s'installe » (ED26) ;

« ouais ouais [...] ! Moi j'trouve c'est bien... Que d'avoir une discussion avec les profs [...]. Parce que, comme ça, en discutant avec eux, à mon avis, on sait ce que, eux, ils pensent de toi. Et [...] eux aussi, ils savent [...] quoi penser de toi [...]. Parce que en fait c'est un échange on va dire » (ED28).

Enfin, *ces deux ED semblent, d'une part, regretter le manque de confiance entre les partenaires pédagogiques et, d'autre part, leur mauvaise connaissance réciproque.* Ainsi, ces élèves, et particulièrement le second (ED28), seraient attachés à une véritable rencontre entre sa personne et ses enseignant(e)s, afin que ceux-ci le découvrent humainement, au-delà de son statut d'ED. Ce dernier paraît ainsi solliciter l'attention de ses enseignant(e)s pour, semble-t-il, la mise de côté de son statut douloureux d'ED au profit d'une véritable rencontre entre l'adolescent et ses enseignant(e)s. L'adolescent pourrait alors être apprécié par ses enseignant(e)s pour ce qu'il est, au-delà encore de sa situation d'ED. Ses enseignant(e)s comprendraient ainsi que l'existence de cet élève se trouverait « ailleurs », hors l'école : échouer à l'école ne signifie pas échouer partout ailleurs, ne pas « exister » à l'école ne signifie pas ne pas « exister » partout ailleurs (Charlot, Bautier et Rochex, 1992 ; Perron, 1991).

– Une deuxième de l'ordre du « non merci »

« non non *[rire]* [...]. Non, personnellement non, j'pense pas [que ça pourrait m'aider dans mes apprentissages scolaires]. On les a que un an hein c'est tout, alors si on s'amusait à faire ça avec tous les profs euh... Toutes les années... Non ».

Cependant, un peu plus tard dans l'entretien, l'élève semble ne pas être aussi catégorique qu'en première impression :

« ouais [...]. Parce que son cours j'aime bien. Ça me donne envie [...]. Faut pas le dire hein alors ? Faut pas le répéter *[rire]* [...]. La prof d'espagnol [...] déjà parce que c'est une jeune, des fois, elle comprend mieux... En fait ça revient à... Ce que t'à l'heure vous m'avez posé comme question... De mieux les connaître. Parce que cette prof [...] on lui a parlé en fait en dehors de ses cours quoi. On a parlé d'autre chose, pas... Pas de cours. Ça fait on a mieux... » (ED29).

Cette réponse négative ne semble donc pas l'être totalement. *Pour cette ED, en effet, comme dans le cas de camarades en réussite scolaire (ER12, ER15)*, la relation pédagogique semble inévitablement teintée d'une dimension plus personnelle, interpersonnelle, en complément d'une autre plus professionnelle. Comme si un « autre » lien, une « autre » relation s'installait, également et simultanément, entre enseignant et élève.

« j'aimerais pas plus qu'après on se voit, qu'à la fin du cours on se parle, enfin ça m'intéresse pas... [...]. En plus vis-à-vis des autres "ouais tu le vois toujours" machin euh... "T'es un lèche" *[sourire]*... Puis... ben j'pense bon que je préférerais parler avec... Enfin parler avec les copains de ce qui ne va pas que... Travailler avec un professeur [...]. Puis j'pense qu'il y a des trucs que les professeurs n'ont pas besoin de savoir [...]. Oui j'pense oui [que chacun doit rester à sa place] » (ED30).

Pour cet ED enfin, la relation à l'enseignant(e) semble devoir s'arrêter lorsque finit le cours. Il est, cependant, probablement *intéressant de se demander si ce refus d'une dimension plus personnelle dans le rapport maître-élève est une réelle volonté de cet ED, ou un choix opéré sous la « pression », véritable ou imaginaire, des camarades de classe.*

Par le biais d'activités extra-scolaires

Cette question fut introduite par nos soins lors des entretiens menés auprès des élèves de classe de seconde face à notre constat d'une certaine « brutalité » de la première partie de notre question (« mieux connaître, en général, les enseignant(e)s ») qui semblait véritablement gêner, et « bloquer », un grand nombre d'élèves. Ainsi, cette deuxième partie de la question nous a permis, avec certains d'entre eux, de véritablement aborder l'éventualité d'une meilleure connaissance des enseignant(e)s, ce que nous permettait pas la première partie de la question.

L'ensemble des réponses des ER de classe de seconde semble pouvoir se classer en trois grandes catégories :

– Une première de l'ordre du « pourquoi pas »

« si, en fait euh les voyages, ça j'aime bien les voyages avec les professeurs parce qu'on apprend à les connaître, en dehors du lycée donc ça va. Mais en fait faut que j'les aime euh... Avant quoi. Faut que j'ai apprécié euh... Leurs cours les trucs comme ça » (ER9) ;

« les autres [profs] que j'ai eu, j'aurais bien aimé oui... [...] Ouais pas de problème. Ouais ça m'aurait pas dérangé [...]. Enfin justement c'était des profs super intéressants, j'aurais pu parler avec eux de n'importe quoi [...]. Y'a des profs ça m'aurait absolument pas dérangé de les rencontrer dans la rue, de parler avec eux, n'importe quoi, quoi [...]. Ça peut aider un petit peu... Mais l'enseignant quand même, normalement, théoriquement, c'est sensé se résumer au cours, bon peut-être parler un petit peu à la fin de l'heure, des petits trucs comme ça, ça d'accord mais... [...] Enfin y'a des gens super intéressants, c'est ça enfin, des personnes intéressantes on a toujours envie de les connaître... Et voilà » (ER15) ;

Nous retrouvons ici la *condition préalable à l'éventualité de l'acceptation d'une meilleure connaissance de ses enseignant(e)s : qu'une connivence, une entente, existent déjà entre l'élève et l'enseignant(e) dans le cadre du cours dispensé.* Cette connivence, ou entente, peut être liée à l'attitude de l'enseignant lorsqu'il enseigne, et/ou à la personne même de l'enseignant(e).

Il est, de plus, intéressant de noter, comme le souligne un élève, que :

« [les] personnes intéressantes on a toujours envie de les connaître... » (ER15).

On comprend ainsi que, logiquement, l'élève ne chercherait pas à connaître ses enseignant(e)s parce qu'il sont, justement, enseignants, mais par ce qu'ils sont ce qu'ils sont. La relation maître-élève ne serait plus ici de rigueur, il s'agirait alors d'une simple rencontre entre deux individus.

– Une deuxième de l'ordre du « oui mais... »

> « ouais ça serait bien. Ça doit être de bonnes expériences mais tous ensemble quoi [...]. Non pas [un plus] pour mes apprentissages mais après enfin... [...] Par exemple on a passé un bon moment avec le prof et tout, à une sortie au ski et tout, et ben après, on voit peut-être la personne d'une autre... D'une autre façon. On a peut-être plus de plaisir à venir dans son cours, parce que en fait c'est quelqu'un de sympa et voilà [...]. Les sorties ouais j'aimerais bien en faire mais pas spécialement [...]. C'est un plus de connaître l'enseignant... [...] enfin un minimum mais la personne au bout de... Au bout d'un trimestre de travail avec déjà on la... On a une idée de la façon dont elle est la personne, même si on la voit qu'en cours » (ER12).

Il apparaît ainsi que l'élève a bien du mal à rencontrer ses enseignant(e)s, se heurtant, malheureusement, plus souvent à leur profession et à leur statut plutôt qu'à leur personne même. L'élève resterait alors, en quelque sorte, en marge d'une rencontre entre individus et n'accéderait qu'à une relation de fonctions.

– Une troisième de l'ordre du « non merci »

> « non » (ER11).

Au cours de notre entretien, cet élève trouva bien peu de choses à nous dire. Il semblait pourtant très pensif.

L'ensemble des réponses des ED de classe de seconde semble pouvoir se classer en trois grandes catégories :

– Une première de l'ordre du « pourquoi pas »

> « c'est pas que c'est stupide mais... Sans... Sans même les connaître personnellement les profs, c'est important de... De savoir un peu... Certains points de vue » (ED26).

N'est-ce pas, en effet, déjà mieux connaître ses enseignant(e)s que de « savoir [...] certains [de leurs] points de vue » ?

> « ça dépend avec les profs aussi, ouais avec lesquels on y va quoi [...]. Ouais [ça pourrait aider dans mes apprentissages] [...]. Après on pourrait connaître ses... Ses façons de faire quoi, sa façon de faire cours » (ED28) ;

Pour ces deux élèves, il semble important, par le biais d'une meilleure connaissance de leurs enseignant(e)s, d'appréhender les « façons de faire » de ses derniers, c'est-à-dire leurs manières de travailler, d'enseigner ou de se situer intellectuellement. *Ces élèves paraissent ainsi penser que la compréhension des « façons de faire » de leurs enseignant(e)s pourraient très vraisemblablement leur permettre la réduction des difficultés scolaires éprouvées.*

Si certains élèves en difficulté scolaire tendent à réduire leur scolarité au simple exercice du métier d'élève (Perrenoud, 1994), ceux en réussite adoptent une logique et une activité d'apprentissage en s'appropriant véritablement les savoirs et la culture scolaires (Rochex, 1996). De la même façon, il semblerait que ces deux ED tendraient à espérer réduire leurs difficultés scolaires par une meilleure connaissance des « façons de faire » de leurs enseignant(e)s. Cette analyse nous paraît, en effet, intéressante car quelque peu « illustratrice » de la notion de métier d'élève.

– Une seconde de l'ordre du « oui mais... »

> « j'pense [...] qu'ils nous offrent vraiment une relation humaine mais c'est nous, on préfère se mettre à l'écart [...]. Parce qu'on a peur, parce qu'on est mal vu [...]. C'est pour pas avoir de problème rester tranquille. Me concentrer sur mes études » (ED27).

Rejoignant les propos d'un ED (ED30), cette élève semble dire que *ce sont les élèves, avant tout, qui refusent une relation plus humaine avec leurs enseignant(e)s*, ces derniers étant pourtant avenants et disponibles. *La raison première de ce refus serait la « pression », véritable ou imaginaire, des camarades de classe.*

– Une troisième de l'ordre du « non merci »

> « non j'pense pas parce qu'après *[sourire]*... Je le verrais trop et puis ça... Ça m'énerverait au bout d'un moment quand même » (ED30).

Cet élève, enfin, ne semble véritablement pas penser qu'une meilleure connaissance de ses enseignant(e)s puisse lui être bénéfique scolairement. Au contraire, une telle attitude de rapprochement pourrait lui attirer les sarcasmes de ses camarades de classe (comme nous l'avons vu au point précédent, En général, p. 117).

En résumé et conclusion

L'idée d'une éventuelle meilleure connaissance de ses enseignants est accueillie, par une large majorité d'élèves de classe de seconde (ER et ED), plutôt froidement. En effet, la première réaction de ces élèves s'apparente souvent à une réelle réticence. Les catégories de réponses établies reflètent d'ailleurs cela : « pourquoi pas », « oui mais... », « non merci ». Deux processus semblent toutefois rectifier cette direction négative chez les élèves :

1 / le déroulement de leurs discours et la prise de conscience d'actes passés amenant à une déjà meilleure connaissance de leurs enseignant(e)s ;
2 / l'introduction, par nos soins, d'une question moins directe, mais dont l'intention était cependant la même.

Il semble ainsi qu'en premier lieu la question d'une meilleure connaissance des enseignant(e)s semble irréelle et non à propos. Toutefois, en second lieu, cette question n'apparaît pas si étrange. Le souvenir d'années scolaires passées, d'enseignant(e)s véritablement « rencontrés » au cours d'une discussion, paraît rendre sa raison d'être à une question, en fait, peut-être pas si saugrenue que cela.

Si nous ne pouvons pas véritablement établir ici une différenciation flagrante entre ER et ED sur la question d'une meilleure connaissance des enseignants, quelques points cependant méritent que l'on s'y attarde, car significatifs d'une attitude relationnelle et sociale différente des élèves de classe seconde, en fonction de leur niveau de résultats scolaires.

Ainsi, *chez l'ensemble des ED de classe de seconde, se fait ressentir* :

- *un besoin d'exister « ailleurs » révélant, d'une part, un certain mal-être ou malaise scolaires et, d'autre part, une éventuelle « blessure narcissique par retrait d'amour » entraînant une demande d'être considéré « ailleurs » et « malgré tout »* (Charlot, Gautier et Rochex, 1992 ; Compas, 1985, 1988) ;
- *une crainte du regard des camarades de classe, révélatrice d'une faible confiance en soi et de la lourdeur d'un statut d'ED pas véritablement évident à assumer* (Perron, 1991 ; Monteil, 1989) ;
- *un simple exercice du métier d'élève* (Perrenoud, 1994).

Ces points de souffrance n'apparaissent pas chez l'ensemble des ER de classe de seconde.

L'élève de classe de seconde et ses enseignants : ce qu'ils lui inspirent, ce qu'il voudrait qu'ils lui inspirent

Ce que lui inspirent ses enseignants

Nombre d'élèves s'exprimant : 6 ER et 6 ED.

Il semble que les enseignants inspirent de deux façons bien distinctes les ER de classe de seconde. En effet, les premiers suggéreraient aux seconds des impressions :
– plutôt favorables :

« de la joie *[sourire]* » (ER11) ;
« ça dépend [...]. Chaque enseignant c'est... C'est différent mais... Oh la plupart c'est... J'sais pas [...]... Quand je viens dans [leur] cours et ben j'ai plaisir » (ER12) ;
« ouais ça me sécurise... Non ils me font pas peur [...]. Ouais, c'est jamais négatif » (ER9) ;

– plutôt neutres :

« ça dépend lesquels [...]. Y'en a [...] ouais j'suis contente de les voir, enfin pas contente contente mais ça me fait rien de les voir... Y'en a d'autres euh... Pfff... J'me dis "oh la la la la" *[rire]* » (ER10) ;
« ... Non... Ça va » (ER14) ;
« ah rien du tout » (ER15).

Le manque d'enthousiasme général est étonnant dans l'ensemble des réponses des ER. En effet, seuls deux élèves (ER11, ER12) semblent quelque peu avenants à l'égard de leurs enseignant(e)s, les autres paraissent se désintéresser à la question et au propos.

Comme s'agissant de leurs camarades en réussite scolaire, les enseignant(e)s inspireraient de deux façons différentes les ED de classe de seconde. Ces dernières ne sont cependant pas les mêmes que dans le cas des ER. En effet, les enseignant(e)s suggéreraient aux ED des impressions :
– plutôt neutres :

« j'sais pas. J'ai jamais... J'me suis jamais posée la question en fait *[sourire]*... Normal j'sais pas moi » (ED24) ;
« ça dépend... Oui y'en a avec qui on se sent très bien et... Y'en a avec... On a carrément peur de... Enfin peur... Entre guillemets mais... On se demande ce qu'ils vont dire [...]. Mais sinon dans l'ensemble ça va » (ED27) ;
« normal quoi » (ED29) ;

« moi j'le considère comme un prof, une personne comme une autre. Et puis voilà [...]. Ben je les estime comme toute autre personne quoi » (ED30) ;

– plutôt défavorables :

« y'a des enseignants on peut faire confiance, puis [...] y'en a on peut pas faire confiance quoi. Puis bon... Y'en a ils font tellement vite que... Après t'es perdu [...]. Ils manquent un peu de compréhension parce que bon... Si on travaille... Si on travaille chez nous et tout, on se prend un carton et qu'ils disent "ouais t'as pas travaillé" *[sourire]*... J'sais pas mais bon... [...] Ça fait mal quand même » (ED28).

Il apparaît ici que *les ED de classe de seconde ont une opinion plus négative de leurs enseignants que les ER* : si les ER sont plutôt inspirés favorablement par leurs enseignants, les ED le sont plus défavorablement. Ce constat fut également fait lors d'une analyse précédente, les élèves tentaient de dire ce qu'il pensaient de leurs enseignants (voir point 2 de ce chapitre, L'appréciation par l'élève de la personne de l'enseignant, p. 162).

Ce qu'il voudrait que ses enseignants lui inspirent

Nombre d'élèves s'exprimant : 3 ER et 5 ED.

Il est difficile ici d'avancer quelque affirmation que ce soit concernant les propos des ER. En effet, d'une part, seuls trois d'entre eux (ER9, ER11, ER15) s'expriment sur ce point. D'autre part, ces propos semblent le propre de l'individu les disant et non ceux de son groupe d'appartenance (ER) :

« une envie d'apprendre [...], de continuer à... À apprendre leur matière quoi » (ER9) ;
« de la joie *[sourire]*... [En ce moment, ce n'est pas le cas] parce que je me pose plein de questions. Si c'est... Utile » (ER11) ;
« passionnant [...]. C'est le mot. C'est vraiment ça [...]. Il doit plaire à ses élèves quand il parle [...]. Il doit donner le goût justement de la matière, même à des gens qui normalement ne devraient pas l'aimer... Ça c'est vraiment le top quoi » (ER15).

Nous constatons cependant que le point commun entre le discours de ces trois ER serait du domaine de la *« flamme »*, c'est-à-dire de l'envie et du plaisir de réfléchir, d'apprendre, de comprendre et de savoir. Cette envie serait transmise par le corps professoral (idéalement) animé par une réelle motivation et un véritable goût professionnels.

En général, les ED seraient demandeurs de quelques changements, à deux niveaux essentiellement, chez leurs enseignants :

– un plus grand entrain professoral ;

« je sais pas trop [...]. Moi j'pense que le dynamisme dans une matière, c'est pour le prof ce qui a de plus important, parce que si le prof est dynamique, les élèves seront dynamiques eux aussi. Et... Ben savoir varier aussi les méthodes de travail pour pas que ce soit un travail monotone. Et... Et soutenir les élèves parce que ça c'est important [...]. C'est très important parce que si on se sait soutenu ça aide déjà à travailler » (ED26).

Cette élève rejoint ici trois de ces camarades en réussite scolaire sur l'idée d'une certaine *« flamme » professionnelle* qui devrait (idéalement) flamber chez les enseignant(e)s, ainsi que motiver et encourager les élèves. Contrairement aux ER, cette élève souligne également l'importance pour l'élève du soutien enseignant, rejoignant alors, sur ce point, ses camarades en difficulté scolaire.

– une plus grande attention des enseignants à leur égard ;

« plus de confiance j'pense. De me donner plus l'envie de... De travailler » (ED27) ;

« ça serait pas mal que les enseignants... Ils sont sympa mais *[sourire]*... Faudrait qu'ils expliquent quoi... C'est pareil... Si on a un carton, faudrait qu'ils fassent un truc de rattrapage... Et ça serait bien » (ED28) ;

« qu'il fasse bien son travail, qu'il nous fasse bien apprendre... Qu'il essaye de nous expliquer quand on en a besoin et puis voilà » (ED30).

Se savoir aidé et soutenu en cas de difficultés et de mauvais résultats scolaires semble très important pour les ED de classe de seconde. Cette requête s'apparente, en quelque sorte, à une demande d'attention et de reconnaissance malgré les mauvais résultats obtenus (voir chap. III, L'image de soi et le rapport au maître, p. 44).

Seul un ED semble se contenter de ce que sont ses enseignants :

« ça me va comme ça » (ED24).

Il apparaît que *les ED de classe de seconde, en général, ont une opinion plutôt défavorable de l'attitude professionnelle de leurs enseignant(e)s. C'est très probablement la raison pour laquelle ces élèves semblent aussi souhaiter une évolution de cette attitude vers plus d'attention et de soutien à leur égard.*

En résumé et conclusion

Concernant le premier point, il semble que les ER de classe de seconde jugent plus favorablement leurs enseignants que les ED de cette même classe d'âge.

Concernant le second point, et dans la mesure où seulement seuls deux ER se sont exprimés, il est difficile d'établir véritablement une différenciation entre ER et ED dans leurs discours. Cependant, *le discours des ER n'appartient pas au même ordre d'idée que celui des ED : alors que les premiers voudraient de l'excellence (quelque peu abstraite, voire irréalisable et idéaliste), les seconds demanderaient un peu plus de temps et d'attention à leurs enseignants.*

À propos de deux façons spécifiques d'aborder la question de l'enseignant...

L'ensemble des élèves de classe de CE2 (à la majorité pour les ER et à l'unanimité pour les ED) reçoit mal l'idée de changer de maître ou de maîtresse en cours d'année scolaire. Particulièrement chez les ED, tout se passe comme si le départ de l'enseignant « titulaire » compromettait le bon déroulement et la bonne acquisition des apprentissages liés à la classe en cours ; le « remplaçant » n'étant pas en mesure d'apporter autant, scolairement, que le « titulaire ». L'idée d'un tel changement en fin d'année scolaire est cependant mieux acceptée : l'attachement éprouvé par l'élève de classe de CE2 à l'égard de son enseignant(e) serait donc annuel.

Pour l'ensemble des élèves de classe de seconde (ER et ED), l'appréhension de la relation pédagogique serait moins simple qu'il n'y paraît. Alors que les ER posent principalement une condition préalable à l'acceptation d'une meilleure connaissance de leurs enseignants, les ED voient là peut-être l'occasion d'une évolution positive de leurs résultats scolaires. Le regard des camarades de classe semblent cependant freiner les ED dans leur élan afin de ne pas, par exemple, être taxés de « fayots ».

TABLEAU 14. — *Synthèse des résultats concernant deux façons spécifiques d'aborder la question de l'enseignant (dans l'analyse du rapport au maître)*

	ER	*ED*
L'*élève de classe de* CE2 et l'éventualité d'un changement de maître, de maîtresse	• Préféreraient majoritairement ne pas changer • Attachement annuel	• Seraient unanimement « ennuyés » par cette éventualité • Attachement annuel • Enseignant « titulaire » joue un rôle central et essentiel dans les apprentissages
L'*élève de classe de seconde* et l'éventualité d'une meilleure connaissance de ses enseignants	Condition préalable : connivence, entente doit déjà exister entre l'élève et l'enseignant dans le cadre du cours	• Meilleure connaissance pour la compréhension des « façons de faire » de l'enseignant, donc pour une réduction des difficultés scolaires éprouvées • Mais, éventuelle meilleure connaissance freinée par le regard des camarades de classe
L'*élève de classe de seconde* et ses enseignants : ce qu'ils lui inspirent, ce qu'il voudrait qu'ils lui inspirent	• Opinion plus positive que les ED de leurs enseignants • En demande d'excellence enseignante	• Opinion plus négative que les ER de leurs enseignants • En demande d'une évolution de l'attitude enseignante : attention et soutien à leur égard

L'étude des entretiens des élèves de classe de seconde (ER et ED) a permis un constat : *l'installation lente, souterraine et officieuse de « quelque chose » entre enseignant et élèves* en salle de classe au cours du temps scolaire. Ce « quelque chose » décrit, en fait, *un « autre » lien, une « autre » relation*, s'installant entre enseignant et élèves au cours du temps scolaire. *Comme si, tout simplement, la mise en présence professionnelle de deux êtres humains ne pouvait interdire longtemps l'émanation de courants non professionnels. Ces courants :*

- *touchent au domaine de l'affectivité ;*
- *favorisent ou parasitent la relation elle-même, mais également le but de cette relation.*

Dans le cas de notre recherche, ce but est l'apprentissage de l'élève.

Nous pensons, de plus, que *l'attachement des élèves de classe de* CE2 à l'égard de l'enseignant, mis à jour par l'étude de leurs discours, *relève de cette même analyse.*

Le rapport au maître : synthèse et conclusion

Le tableau ci-dessous permet de synthétiser l'ensemble des analyses précédentes relatives au rapport au maître des élèves de notre échantillon de population. Ce tableau comporte trois colonnes :

- dans la première, sont regroupés des éléments du discours des élèves sur leur rapport au maître communs à l'ensemble des élèves (ER et ED de classes de CE2 et de seconde) ;
- dans la deuxième, sont notés des éléments du discours des élèves sur leur rapport au maître appartenant plus spécifiquement aux ER (de classes de CE2 et de seconde) ;
- dans la troisième, sont consignés des éléments du discours des élèves sur leur rapport au maître appartenant plus spécifiquement aux ED (de classes de CE2 et de seconde).

Pour ce qui concerne la confirmation ou l'infirmation de nos hypothèses de recherche, il semble effectivement opportun de retenir ici une dichotomie ER *versus* ED ; une dichotomie CE2 *versus* seconde n'étant alors qu'une sous-division de moindre importance dans la première et principale.

TABLEAU 15. — *Le rapport au maître : synthèse*

Caractéristiques communes	*Spécificités* ER	*Spécificités* ED
Enseignant tient une place centrale dans les apprentissages des élèves	Place centrale annuelle (seconde)	Relation professionnelle (seconde) teintée toutefois d'humanité, dite agréable et « plutôt bonne »
	Relation maître-élève telle : • Un échange professionnel • Un « contrat pédagogique »	Réaction (bonne ou mauvaise) du maître à un comportement (bon ou mauvais) de l'élève (CE2)
	Facilité à parler de leurs émotions scolaires négatives	Difficulté à parler de (ou même à reconnaître) leurs émotions scolaires négatives
Attachement annuel (CE2)	Les ER de classe de seconde : • acceptation d'une meilleure connaissance de leurs enseignants dans un but social : rencontrer quelqu'un • opinion plutôt positive de leurs enseignants	Les ED de classe de CE2 : rôle essentiel attribué à l'enseignant, ce dernier se confond aux apprentissages faits et à faire Les ED de classe de seconde : • acceptation d'une meilleure connaissance de leurs enseignants dans un but scolaire : réduction des difficultés
	• en demande d'excellence	• action freinée cependant par le regard des autres • opinion plutôt négative de leurs enseignants • en demande d'attention et de soutien

Quelques caractéristiques et spécificités semblent ici devoir être retenues :

1 / les ER parlent d'une relation pédagogique professionnelle définie par un « contrat pédagogique » ;
2 / si les ED tendent vers une description d'une relation professionnelle, ils ne peuvent s'empêcher de teinter cette relation d'une dimension humaine, comme si un « autre » lien, une « autre » relation naissait entre enseignant et élèves à l'insu de ces derniers ;
3 / la facilité des ER et la difficulté des ED à révéler leurs émotions scolaires, relationnelles, négatives ;

Dans le cas de la question de l'enseignant abordée de deux façons spécifiques, retenons :

4 / le rôle essentiel conféré à l'enseignant par les ED de classe de CE2 dans les apprentissages : amalgame chez ces élèves entre le maître ou la maîtresse et les contenus d'apprentissage qu'il ou elle dispense ;
5 / le but scolaire donné par les ED de classe de seconde à l'éventualité d'une action de meilleure connaissance de leurs enseignants ;
6 / l'inquiétude des ED à propos d'une telle action : le regard des autres freine les ED de classe de seconde dans leur élan vers le corps enseignant ;
7 / le but social donné par les ER de classe de seconde à cette même éventualité d'action.

Ces caractéristiques et spécificités nous permettent d'avancer que :

- d'une part, les ED confèrent au rapport au maître un rôle essentiel : si les ED de classe de CE2 tendent à « confondre » le maître ou la maîtresse avec les contenus d'apprentissage qu'il ou elle dispense, les ED de classe de seconde semblent penser que l'enseignant détient les clefs de leur réussite scolaire ;
- d'autre part, les ED donnent une dimension humaine ou, en d'autres termes, une dimension affective à leur relation à l'enseignant, faisant état de l'installation progressive d'un « autre » lien, d'une « autre » relation entre enseignant et élèves au fil du temps scolaire.

Ce double constat va dans le sens de deux de nos hypothèses de recherche. La première de ces hypothèses est spécifique : dans le rapport à l'objet scolaire, le rapport au maître est déterminant, pour les ED notamment, qui développent une « pensée » spécifique que notre recherche souhaite caractériser. La seconde de ces hypothèses est générale : l'affectivité joue un rôle non négligeable dans la relation maître-élève.

Synthèse de l'analyse des entretiens

L'analyse des entretiens des élèves de notre échantillon de population a fait apparaître, dans leurs discours :

- des caractéristiques communes aux ER et aux ED ;
- des spécificités propres aux ER ;
- des spécificités propres aux ED.

Ces caractéristiques communes et ces spécificités propres aux ER ou aux ED ont été détectées par une analyse des entretiens de trois points de vue :

- le rapport à l'école ;
- le rapport au savoir ;
- le rapport au maître.

Ce trois rapports sont trois niveaux constitutifs d'un rapport général à la chose scolaire.

Retenons ici, exclusivement, les résultats d'analyse concernant les différences de discours entre ER et ED de classes de CE2 et de seconde, c'est-à-dire les spécificités propres aux ER et celles propres aux ED.

En premier lieu, il apparaît que les *ER et* les *ED* de classes de CE2 et de seconde, outre certaines caractéristiques communes, *ont une façon différente d'appréhender l'école, le savoir qui y est dispensé et l'enseignant qui dispense ce savoir.* Les positionnements scolaires, d'apprentissage et relationnels à l'égard de l'enseignant des ER et des ED diffèrent donc. ER et ED de classes de CE2 et de seconde ont ainsi un rapport différent à l'objet scolaire.

TABLEAU 16. — *Synthèse des résultats concernant l'analyse des entretiens des élèves de classes de CE2 et de seconde (ER et ED)*

	Spécificités ER	*Spécificités ED*
Rapport à l'école		Souci de paraître « bien disposés » à l'égard de l'institution :
	Aisance scolaire : facilité à dire une action « anti-scolaire »	• envie d'aller et de travailler à l'école, au lycée • difficulté à dire une action « anti-scolaire »
	Facilité à communiquer, à révéler, leurs émotions scolaires négatives	• refoulement ou déni des émotions scolaires négatives à l'égard de l'institution
	Rôle scolaire, mais aussi éducatif et social, accordé à l'institution	Rôle exclusivement scolaire donné à l'institution
Rapport au savoir		Souci de paraître « bien disposés » à l'égard des activités scolaires
	Confiance en soi : croyance en leurs chances de réussite et en leur capacité à réussir	Faible confiance en soi : doute sur leur capacité à réussir, sur leurs chances de réussite
	Réflexion en termes de réussite (préférence pour certaines matières)	Réflexion en termes d'échec (préférence pour certaines matières)
	Bien ancrés dans un présent de réussite, tournés vers un avenir proche, réel et palpable (prochaine orientation, études supérieures envisagées)	Mal ancrés dans un présent d'échec difficile, tournés à la fois vers un passé qu'ils regrettent (n'ayant pas travaillé) et vers un avenir lointain (leurs rêves quand ils seront adultes)
Rapport au maître	Échange professionnel et « contrat pédagogique »	Relation professionnelle et humaine (seconde) Réaction enseignante humaine (CE2)
	Facilité à parler de leurs émotions négatives suscitées par la présence de l'enseignant (peur, appréhension)	Difficulté à parler de leurs émotions négatives liées à la présence de l'enseignant (peur, appréhension)
	Place importante, mais simplement annuelle, dans leurs apprentissages scolaires	Rôle essentiel attribué à l'enseignant dans leurs apprentissages : le maître de l'année se confond avec les apprentissages de même année (CE2) Place centrale (seconde)
	Les ER de classe de seconde : • une meilleure connaissance des enseignants dans un but social (gratuit) : rencontrer quelqu'un • opinion positive de leurs enseignants • en demande d'excellence	Les ED de classe de seconde : • une meilleure connaissance des enseignants dans un but scolaire : surmonter ses difficultés • action d'une meilleure connaissance freinée par le regard des autres • en demande d'attention et de soutien

De plus, si l'on admet que...

- d'une part, l'appropriation du savoir a eu lieu lorsque l'élève est ER ;
- d'autre part, l'appropriation du savoir n'a pas eu lieu, partiellement ou totalement, lorsque l'élève est ED ;

... on peut effectivement penser que l'appropriation du savoir est fonction, pour partie, d'un certain rapport à l'objet scolaire impliquant trois modes de rapport : à l'école, au savoir, au maître (confirmation de la première hypothèse spécifique de recherche).

En second lieu, attardons-nous plus particulièrement sur la façon d'appréhender le rapport au maître des ER et des ED de notre échantillon de population. Il apparaît que si ER et ED s'accordent pour attribuer à l'enseignant une place importante ou centrale dans leurs apprentissages scolaires, ER et ED sont également en désaccord sur certains points définissant leur rapport au maître.

En effet, d'une part, alors que les ER parlent d'une relation maître-élève en termes d'échange professionnel et de « contrat pédagogique », les ED donnent aussi une dimension humaine à cette relation.

D'autre part, si les ER et les ED allouent à leur enseignant un rôle central dans leurs apprentissages scolaires, les ED le font à tel point que :

- le maître ou la maîtresse de l'année semble se confondre et être étroitement lié(e) aux apprentissages faits ou à faire au cours de l'année chez les ED de classe de CE2 ;
- l'enseignant détiendrait les clefs de leur réussite scolaire chez les ED de classe de seconde.

Il apparaît ainsi que *l'élève donnerait à l'enseignant un rôle d'autant plus déterminant dans son appropriation ou non des contenus d'apprentissage scolaires, et par là même dans sa situation d'échec ou de réussite, qu'il est un ED.*

Il apparaît également que l'élève donnerait à sa relation au maître une consonance d'autant plus humaine, et par là même *affective* (et la souhaiterait ainsi) qu'il est un ED (ce qui va dans le sens de la seconde hypothèse spécifique de recherche).

Une installation lente, souterraine et officieuse d'un *« autre » lien,* d'une *« autre » relation,* entre enseignant et élèves s'opérerait ainsi au cours du temps scolaire. Comme si la mise en présence professionnelle de deux êtres humains ne pouvait empêcher que se tissent entre eux des liens autres que professionnels. Ces liens :

– appartiendraient au domaine de l'*affectivité* ;
– *favoriseraient ou parasiteraient la relation elle-même, mais également* le but de cette relation, ce dernier étant, en situation scolaire, *l'apprentissage de l'élève.*

L'attachement des élèves de classe de CE2 à l'égard de l'enseignant relève de cette même analyse.

Ces résultats semblent donc aller dans le sens de :

– nos hypothèses spécifiques de recherche :

1 / l'appropriation du savoir est fonction, pour partie, d'un certain rapport à l'objet scolaire impliquant trois modes de rapport : à l'école, au savoir, au maître ;

2 / dans cet ensemble, le rapport au maître est déterminant, pour les ED notamment (qui développent une « pensée » spécifique que notre recherche souhaite caractériser) ;

– notre première hypothèse générale : l'affectivité joue un rôle non négligeable dans la relation maître-élève et, partant, dans le rapport à la chose scolaire de l'élève.

Nous avions pu faire l'hypothèse de l'existence possible d'une *« pensée de l'élève »* : une « pensée de l'élève » en réussite scolaire *versus* une « pensée de l'élève » en difficulté scolaire. Une « pensée », telle une véritable « conduite » de l'ordre à la fois de la représentation et de la disposition, paraissant conditionner le fonctionnement cognitif et les pratiques d'apprentissage des élèves. Cette pensée exprimerait et traduirait une certaine *« disposition scolaire », à la fois intellectuelle et affective, concernant la chose scolaire.* Cette hypothèse est-elle vérifiée par notre enquête de terrain ?

À l'issue de notre analyse des entretiens et du repérage de spécificités contrastées, est-il suffisant pour nous permettre de conclure à la « vérification » de notre troisième hypothèse générale de recherche ? Nous le pensons : nous sommes bien en présence de deux grandes façons d'être et de se situer par rapport à l'objet scolaire. Elles sont caractérisées par :

- l'aisance distanciée, la confiance, la positivité, la facilité et l'exigence d'un enseignant professionnel et, pourquoi pas, si possible, bienveillant d'un côté (ER) ;
- le conformisme laborieux, le manque de confiance en soi, la négativité, la difficulté (voire la souffrance), l'exigence d'un enseignant plus attentif et plus humain de l'autre (ED).

L'utilisation de l'expression « pensée de l'élève » traduirait bien l'existence de véritables schémas de perception et d'analyse qui seraient le produit de l'expérience propre à chacun, comme une « marque » du chemin suivi.

Nous avons distingué trois niveaux d'analyse dans le rapport qui s'est installé à l'objet scolaire. Y a-t-il, comme l'impliquaient nos deux premières hypothèses générales de recherche, la prévalence d'un de ces niveaux d'analyse (rapport à l'école, rapport au savoir, rapport au maître) dans la réussite ou les difficultés scolaires de l'élève ?

Si ces trois niveaux d'analyse sont interdépendants, lequel d'entre eux cependant peut être déterminant dans la réussite ou les difficultés scolaires de l'élève ? Une cohérence entre les trois niveaux est-elle toujours constatée ?

Alors que l'ensemble des élèves de notre échantillon de population accorde à l'enseignant une place centrale dans leurs apprentissages, cela semble d'autant plus vrai que l'élève est en difficulté scolaire. En effet, l'ED paraît vouloir solliciter son enseignant sur un mode relationnel, l'ER semble bien plus détaché de son enseignant sur un plan humain et affectif.

Comme nous l'avons écrit dans le chapitre III, le rapport au maître paraît être le seul niveau d'analyse « vivant », c'est-à-dire pourvu de deux pôles humains, parmi les trois niveaux d'analyse de notre recherche : rapport à l'école, rapport au savoir, rapport au maître. Ce dernier est une relation constituée de nombreux échanges mutuels et réciproques entre un élève et son enseignant. Il est donc un niveau d'interactivité humaine.

Cette caractéristique « humaine » du rapport au maître représente un avantage relativement aux niveaux d'analyse que sont le rapport à l'école et le rapport au savoir. Cette caractéristique peut, en effet, être à l'origine d'une évolution ou d'un changement dans la « pensée de l'élève » quant à son rapport au savoir, et ainsi son rapport à l'école. *Le rapport au maître est donc un point d'ancrage pour une action ayant pour ambition de faire évoluer la « pensée de l'élève ». L'évolution de cette dernière, au sein de laquelle elle s'inscrirait, permettrait une seconde évolution favorable et positive : une amélioration des résultats scolaires de l'élève.* Si bien que, quelle que soit sa tonalité dominante (positive ou négative, réussite ou difficulté), le chemin suivi par l'élève ne l'enfermerait jamais dans un destin. À condition, cependant, que le maître sache devenir un acteur efficace des apprentissages de l'élève, ce qui, pour l'ED, passe d'abord par la relation.

Si ces résultats vont, en partie, dans le sens de nos deuxième et troisième hypothèses générales, ils ne confirment pas, dans leur totalité, ces deux hypothèses. Rappelons-les :

– la vision d'une causalité en boucle entre la particularité d'un chemin et la spécificité d'un rapport à l'objet scolaire ;

– l'expérience se traduit et s'incarne dans une « pensée de l'élève », c'est-à-dire une certaine façon d'être et de se situer par rapport à l'objet scolaire, connaissant deux grandes modalités : l'une propre à l'ER et l'autre propre à l'ED.

En effet, si les résultats issus de l'analyse des entretiens nous permettent d'apercevoir leur orientation vers une confirmation de ces deux hypothèses générales, nous ne pouvons pas cependant en dire plus ici.

Conclusion générale

Ce travail de recherche avait pour ambition de nous donner les moyens de nous prononcer sur l'importance de la relation au maître, en particulier dans sa dimension affective, dans le chemin scolaire de l'élève et dans l'exercice du « métier d'élève ».

Cela nous a conduit à nous intéresser à l'expérience et au vécu scolaires de l'élève dans le cadre du paradigme du « rapport à », tel que explicité et théorisé avec beaucoup de force par Charlot (1997). Les modèles d'intelligibilité n'étaient pas alors à rechercher du côté d'une sociologie raisonnant en termes de positions et recherchant des corrélations entre les variables macroscopiques. Mais ces modèles étaient plutôt à rechercher du côté d'une psychologie attentive à la particularité des expériences.

Notre approche et notre analyse des matériaux recueillis dans ces trois espaces étaient orientées par un certain nombre d'idées directrices concernant à la fois la nature et les déterminants de l'expérience scolaire et les conditions de l'appropriation du savoir par les élèves.

Concernant l'appropriation du savoir (où réside le sens même du travail et de l'expérience scolaires), notre principale idée de départ était, en cohérence avec l'approche que nous avons privilégiée, qu'elle pouvait être facilitée ou freinée par le type de rapport à l'objet scolaire dans lequel l'élève s'est « installé » du fait de son expérience propre. C'est ce que nos *deux hypothèses spécifiques de recherche,* au sein de notre première hypothèse générale, ont voulu exprimer. Rappelons-les :

1 / l'appropriation du savoir scolaire est fonction, pour partie, d'un certain rapport à l'objet scolaire impliquant trois modes de rapport : à l'école, au savoir, au maître ;

2 / dans cet ensemble, le rapport au maître est déterminant, pour les ED notamment, qui développent une « pensée » spécifique que notre recherche souhaite caractériser.

Ces deux hypothèses spécifiques impliquaient *trois hypothèses plus générales* concernant l'importance du relationnel dans la construction du « chemin scolaire » :

1 / notre première hypothèse générale affirmait que l'affectivité joue un rôle non négligeable dans la relation maître-élève et, partant, dans le rapport à la chose scolaire. C'est cette importance, intuitivement sentie, de l'affectivité qui a été, il faut le rappeler, le point de départ et l'élément dynamogène de tout notre travail de recherche ;
2 / notre deuxième hypothèse générale exprimait la vision d'une causalité en boucle entre la particularité d'un chemin et la spécificité d'un rapport à l'objet scolaire : elle affirmait que la relation maître-élève, dimension fondamentale du rapport à la chose scolaire, qui pèse que le « chemin scolaire », vient, à son tour, affecter et colorer le rapport à la chose scolaire et donc la relation elle-même ;
3 / notre troisième hypothèse générale, enfin, (reprise dans la deuxième partie de notre seconde hypothèse spécifique) affirmait que l'expérience se traduit et s'incarne dans une « pensée de l'élève », c'est-à-dire une certaine façon d'être et de se situer par rapport à l'objet scolaire, connaissant deux grandes modalités : l'une propre à l'ER, et l'autre propre à l'ED.

Nous avons donc proposé :

- cinq hypothèses, anticipant sur ce que nous nous attendions à voir ;
- deux concepts, à l'intérieur de ces hypothèses, dont la vocation était de rendre intelligible l'expérience de l'élève : celui de *« chemin scolaire »* (qui nous a paru préférable à celui de destin) ; et celui de *« pensée de l'élève »* (pour exprimer le « rapport à » comme processus et dynamique de fonctionnement).

À l'issue de notre enquête sur le terrain, nos hypothèses sont-elles confirmées ? La valeur heuristique de nos concept est-elle avérée ?

Nos hypothèses sont-elles confirmées ?

L'analyse qualitative des résultats consécutifs à la mise en œuvre de *notre tâche de recherche, les entretiens semi-directifs,* a permis une double avancée :

– Outre certaines caractéristiques communes, les dispositions scolaires, d'apprentissage et relationnelles à l'égard de l'enseignant des ER diffèrent de celles des ED. Le rapport à l'objet scolaire des ER et des ED est donc différent, ce qui implique que l'appropriation du savoir est effectivement fonction, pour partie, d'un certain rapport à l'objet scolaire impliquant trois modes de rapport : à l'école, au savoir, au maître (confirmation de notre première hypothèse spécifique de recherche) ;
– Outre certaines caractéristiques communes encore (la place importante ou centrale attribuée par l'ensemble des élèves à l'enseignant dans leurs apprentissages scolaires), ER et ED définissent différemment leur rapport au maître. L'élève donnerait :

- à l'enseignant un rôle d'autant plus déterminant dans son appropriation ou non des contenus d'apprentissage scolaires, et par là même dans sa situation d'échec ou de réussite, qu'il est un ED ;
- à sa relation au maître une consonance d'autant plus humaine, et par là même affective (et la souhaiterait ainsi) qu'il est un ED (ce qui va dans le sens de notre deuxième hypothèse spécifique de recherche et de notre première hypothèse générale).

Il nous semble juste d'écrire que les résultats issus de nos analyses qualitatives nous permettent de confirmer nos deux hypothèses spécifiques de recherche et notre première hypothèse générale.

Le croisement de l'ensemble des résultats issus de ces mêmes analyses nous permet également la confirmation de nos deuxième (causalité en boucle chemin/rapport) et troisième hypothèses générales.

Nous avons, en effet, pu constater :

– d'une part, la composante essentielle du rapport à la chose scolaire que constitue le rapport au maître, nous permettant de

comprendre son rôle déterminant joué dans le « chemin scolaire » des élèves. Ce dernier, qui est le vécu et l'expérience scolaires des élèves, teinte diversement le rapport à la chose scolaire des élèves et donc leur relation à l'enseignant (ce qui va dans le sens de notre deuxième hypothèse générale) ;
- d'autre part, la dichotomie ER *versus* ED dans les dispositions scolaires, d'apprentissage et relationnelles des élèves à l'égard de l'enseignant, souvent constatée, permet le dessin d'une « pensée de l'élève » spécifique à son niveau de résultats scolaires (ce qui va dans le sens de notre troisième hypothèse générale).

Il semble donc bien que l'ensemble de notre recherche aille dans le sens d'une confirmation de nos cinq hypothèses, spécifiques et générales.

La valeur heuristique de nos concepts est-elle avérée ?

La « pensée de l'élève »

Cette recherche nous a permis une contribution à l'élaboration de la notion de « pensée de l'élève », telle une disposition, intellectuelle et affective, de l'élève à l'égard de l' « objet scolaire ». Si l'élaboration d'une « pensée de l'élève » fut dans un but d'intelligibilité de l'expérience et du vécu scolaires de l'élève en fonction de son niveau de résultats scolaires, elle aboutit également, inévitablement, sur quelques perspectives pratiques. Que faire en effet d'un tel constat d'une façon différente des élèves de vivre leur relation à l'école, au savoir et au maître selon s'ils sont ER ou ED ?

Naturellement, une question se pose alors : quelles articulations peuvent être proposées entre « dispositions scolaires » des élèves et pratiques pédagogiques des enseignants ?

Ce point est délicat. Effectivement, poser la question d'une articulation entre pratiques pédagogiques enseignantes et modalités prises par le rapport à l' « objet scolaire » s'incarnant dans une « pensée » et une « disposition scolaire » des élèves amène à poser le problème des formes concrètes que cette articulation pourrait prendre.

S'il apparaît que les élèves les plus exigeants à l'égard de la relation maître-élève dans...

- sa dimension affective sont les élèves en difficulté scolaire de classes de CE2 et de seconde ;
- sa dimension professionnelle sont les élèves en réussite scolaire de classes de CE2 et de seconde,

... il semblerait opportun d'avancer une modalité particulière de prise en charge des élèves par l'enseignant en fonction de la demande propre de ces « groupes » d'élèves quant au rapport maître-élève. Ainsi, un moindre nombre d'élèves en classe de CE2 pourrait satisfaire la double demande, professionnelle et affective, des jeunes élèves à l'égard de la relation maître-élève, d'une part, et permettre à l'enseignant de répondre favorablement à cette demande scolaire, d'autre part. En classe de seconde, les heures de travaux dirigés et de modules sembleraient les mieux à même de permettre aux élèves et à l'enseignant de satisfaire le rapport maître-élève du fait de la division de la classe en groupes de niveau.

Semble alors opportune la proposition d'une différenciation des pratiques pédagogiques (dimension essentiellement professionnelle du rapport maître-élève) sur les grandes modalités d'un rapport où le facteur dominant de variation est constitué par la dimension affective de celui-ci.

Nous pensons, en effet, qu'il ne peut exister de rapports humains sans affectivité, qu'elle soit positive ou négative. L'accès à une relation professionnelle productive entre deux acteurs devrait donc se faire d'autant mieux que la dimension affective de cette relation est vécue agréablement par les deux acteurs. Atteindre la dimension professionnelle de la relation maître-élève par le biais de la dimension humaine et affective nous semble donc faire sens.

L'évolution de la « pensée » de l'élève, par une « pédagogie » appropriée, peut notamment passer par la prise de conscience par les enseignants, mais aussi par les élèves, de l'existence de cette « pensée ». Cette prise de conscience pourrait :

- chez les premiers, jouer un rôle préventif (prévention des risques de fatalisme et de passivité chez les élèves en difficulté

scolaire et de confiance en soi excessive chez les élèves en réussite scolaire) dans leur exercice de leur enseignement ;
- chez les seconds, jouer un rôle détonateur (prémices d'une évolution).

En tout cas, il paraît au moins nécessaire de s'interroger sur la nature et la qualité des principales « dispositions scolaires » des élèves pour tenter d'adapter sa pratique (d'enseignant) à ce qui semble bien être une caractéristique fondamentale de l'élève. Il y a là une condition d'une réelle mobilisation des élèves, quand bien même il reste à inventer des pratiques adéquates, qui se différencieraient de façon heureuse en fonction de la tonalité dominante de cette caractéristique essentielle de l'élève. Ce serait concrètement une façon de « mettre l'élève au centre ».

Le « chemin scolaire »

La notion de « chemin scolaire », comme nous l'entendions, avait cela d'important et d'essentiel que :

- l'élève qui s'est engagé sur le chemin de l'échec peut, à un moment donné, trouver celui de la réussite ;
- l'élève qui s'est engagé sur le chemin de la réussite peut, à un moment donné, trouver celui de l'échec.

Si le sens donné à cette notion est ainsi celui de mouvement évolutif, alors il faut bien observer que cette impression de mouvement n'apparaît pas réellement dans l'ensemble de nos résultats d'analyse. En effet, seule la « longitudinalité » d'une étude clinique aurait pu être en mesure d'éprouver les évolutions possibles ou envisageables du « chemin scolaire » de tel ou tel élève.

Le « chemin scolaire » est, rappelons-le, l'itinéraire de réussite ou d'échec dans lequel l'élève s'engage en rencontrant l'école et ses acteurs. Sous l'influence de nombreux facteurs (tels que l'école en tant qu'institution, l'environnement de l'élève, les représentations réciproques des partenaires pédagogiques et les effets d'attente, l'image et la valeur de soi de l'élève), le « chemin scolaire » de l'élève est cependant construit, au final, par l'élève lui-même. L'engagement de ce dernier sur le chemin de la réussite ou sur celui de l'échec est son appartenance.

Une responsabilité dans le « chemin scolaire » dans lequel l'élève s'engage est ainsi conférée à ce dernier. Mais, il est également octroyé à l'élève l'opportunité de « changer de route », de modifier son parcours, en s'appuyant sur un, deux, trois ou quatre des facteurs influençant sa situation d'élève en réussite scolaire ou d'élève en difficulté scolaire. Dans un, deux, trois ou quatre de ces facteurs, l'élève trouverait :

- la motivation, l'intérêt ou le goût pour une modification du « chemin scolaire » de difficulté scolaire vers un « chemin scolaire » de réussite scolaire ;
- la démotivation, le découragement ou le dégoût pour une modification du « chemin scolaire » de réussite scolaire vers un « chemin scolaire » de difficulté scolaire.

Nous retrouvons ici l'essentiel de la distinction opérée par Ardoino (2000) entre trajectoire et cheminement. Le parcours scolaire n'est pas de l'ordre de la trajectoire, qui exprimerait et scellerait un destin, mais de l'ordre du cheminement, par lequel chaque apprenant construit finalement son itinéraire.

La notion de « chemin scolaire » se veut une extension du concept de rapport au savoir, largement développé par Bernard Charlot notamment, proposant une étude de l'élève du point de vue de son vécu et de son expérience scolaires. Cette angle d'étude nous a, en effet, donné l'opportunité d'étudier la vie scolaire « de l'intérieur » (Charlot, 1997, p. 16), d'éprouver l'expérience intime, personnelle et individuelle du vécu, celle que traverse et interprète l'élève. Rappelons-le, l'expérience scolaire a cette dimension paradoxale de mettre sur la place publique des situations relevant grandement de la vie privée des élèves, ce qui nous a ainsi permis d'accéder à une meilleure connaissance de leur vécu et de leur « ressenti » personnels et intimes.

Les limites de notre travail, les perspectives pour un travail ultérieur

Nous avons le sentiment, en cette fin de recherche (en cette fin d'ouvrage), de ne pas avoir su réellement éprouver notre deuxième hypothèse générale exprimant la vision d'une causalité en boucle entre la particularité d'un chemin et la spécificité d'un rapport à l'objet scolaire. Nous pensons, en effet, qu'une telle hypothèse ne pourrait véritablement être testée que sur une longue période, afin que le temps de la recherche nous permette :

- d'apercevoir un mouvement causal, en boucle, entre la relation maître-élève (dimension fondamentale du rapport à la chose scolaire, pesant sur le « chemin scolaire ») et le rapport à la chose scolaire ;
- de comprendre plus amplement le lien de causalité existant entre la « pensée de l'élève » et son « chemin scolaire ».

Ainsi, il apparaît qu'une telle hypothèse ne peut être véritablement éprouvée que dans le cadre d'une étude clinique qualitative longitudinale. Ce point est, selon nous, une perspective essentielle de cette recherche, pour un travail ultérieur susceptible de dépasser cette limite.

Bibliographie

Altet M. (1994), « Comment interagissent enseignant et élèves ? », *Revue française de pédagogie,* 107, 123-139.

Amigues R. (1991), « Peer interaction and conceptual change », *in* H. Mandl, E. De Corte, N. Bennett et H. F. Friedrich (eds.), *Learning and Instruction* (27-43), vol. 2, 1, Oxford, Pergamon Press.

Anzieu D. et Chabert C. (1961), *Les méthodes projectives* (9e éd., 1992), Paris, PUF.

Ardoino J. (2000), *Les avatars de l'éducation,* Paris, PUF.

Astolfi J.-P. (1996), « Les figures doubles de la représentation », *Éducations,* 10, 44-47.

Aumont B. (1979), « Que nous dit l'échec sur le rapport au savoir ? », *Éducation permanente,* 47, 53-58.

Austin J.-L. (1962), *Quand dire, c'est faire* (tr. fr. 1970), Paris, Éditions du Seuil, coll. « Points/Essais ».

Avanzini G. (1975), *La pédagogie au XXe siècle,* Toulouse, Privat.

Baïetto M. C. (1982), *Le désir d'enseigner,* Paris, ESF.

Bardin L. (1977), *L'analyse de contenu* (8e éd. corrigée, 1996), Paris, PUF, coll. « Le Psychologue ».

Baudelot C. et Establet R. (1971), *L'École capitaliste en France,* Paris, Maspero.

Beillerot J. (1979), « Le savoir : Rapport et appropriation », *Éducation permanente,* 47, 45-51.

Beillerot J. (1995), « Désir, désir de savoir et désir d'apprendre », *Éducations,* 1, 28-33.

Beillerot J., Blanchard-Laville C., Mosconi N. (éds.) (1996), *Pour une clinique du rapport au savoir,* Paris, L'Harmattan.

Berelson B. (1952), *Content Analysis in Communication Research* (2e éd., 1971), New York, Hafner Publishing C., Inc.

Bezille H. (1996), « Les représentations en question », *Éducation,* 10, 12-15.

Blanchard-Laville C., Beillerot J., Bouillet A., Mosconi N. et Obertelli P. (1989), *Savoir et rapport au savoir,* Paris, Éditions Universitaires.

Blanchet A. (éd.) (1985), *L'entretien dans les sciences sociales,* Paris, Bordas-Dunod.

Blanchet A. (1991), *Dire et faire dire : l'entretien* (2e éd., 1997), Paris, Armand Colin, coll. « U ».

Blanchet A. et Gotman A. (1992), *L'enquête et ses méthodes : l'entretien,* Paris, Nathan, coll. « Sociologie 128 ».

Bourdieu P. et Passeron J.-C. (1964), *Les héritiers. Les étudiants et la culture,* Paris, Éditions de Minuit.

Bourdieu P. et Passeron J.-C. (1970), *La reproduction. Éléments pour une théorie du système d'enseignement,* Paris, Éditions de Minuit.

Bowlby J. (1958), « The nature of child's tie to his mother », *International Journal of Psychoanalysis,* 39, 350-373.

Bowlby J. (1960), « Separation anxiety », *International Journal of Psychoanalysis,* 41, 89-113.

Bowles S. et Gintis H. (1976), *Schooling in Capitalist America,* New York, Basic Books.

Bressoux P. (1994 *a*), « La recherche sur les effets-écoles et les effets-maîtres », *Revue française de pédagogie,* 108, 91-137.

Bressoux P. (1994 *b*), « Estimer et expliquer les effets des classes : le cas des acquisitions en lecture », *Mesure et évaluation en éducation,* 17 (1), 75-94.

Bressoux P. (1995), « Les effets du contexte scolaire sur les acquisitions des élèves : effet-école et effets-classes en lecture », *Revue française de sociologie,* XXXVI, 273-294.

Bressoux P. et Pansu P. (1998), « Norme d'internalité et activités évaluatives en milieu scolaire », *Revue française de pédagogie,* 122, 19-29.

Chabert C. (1998), *Psychanalyse et méthodes projectives,* Paris, Dunod, coll. « Les Topos ».

Charlot B. (1995), « La signification du savoir dans la société d'aujourd'hui », *Éducations,* 1, 53-55.

Charlot B. (1997), *Du rapport au savoir. Éléments pour une théorie,* Paris, Anthropos, « Poche éducation ».

Charlot B., Bautier E. et Rochex J.-Y. (1992), *École et savoir dans les banlieues... et ailleurs* (4e éd., 1995), Paris, Armand Colin.

Charlot B. et Rochex J.-Y. (1990), « Donner du sens à l'école : des collégiens font leur "bilan de savoir" », *Migrants-formation,* 81, 42-58.

Chevallard Y. (1985), *La transposition didactique. Du savoir savant au savoir enseigné* (2e éd., 1991), Grenoble, La Pensée sauvage.

Chobaux J. (1993), *Les corps clandestins. L'école, l'enfant et le quotidien,* Paris, Desclée de Brouwer.

Cifali M. et Moll J. (1985), *Pédagogie et psychanalyse,* Paris, Bordas.

Cifali M. et Imbert F. (1998), *Freud et la pédagogie,* Paris, PUF.

Claes M. (1981), « L'évolution de l'attribution des causes des succès et des échecs au cours de la scolarité », *Revue de psychologie appliquée,* 31, 275-294.

Compas Y. (1985), « Images de soi et réussite scolaire », *Psychologie scolaire,* 52, 7-50.

Compas Y. (1988), « Images d'autrui, amour et réussite scolaire », *Psychologie scolaire,* 66, 7-31.

Compas Y. (1991), « Représentation de soi et réussite scolaire », *in* R. Perron (éd.), *Les représentations de soi* (89-118), Toulouse, Privat.

Cosnier J. et Kerbrat-Orecchioni C. (1987), *Décrire la conversation...,* Lyon, Presses Universitaires de Lyon.

Dantzer R. (1988), *Les émotions* (2e éd. corrigée, 1994), Paris, PUF, coll. « Que sais-je ? ».

Davidson H. H. et Lang G. (1960), « Children's perceptions of their teachers' feeling toward them related to self perception, school achievement and behaviour », *Journal of Experimental Education,* 29, 107-118.

De Ketele J. M. (1981), « Représentation qu'ont de l'école les parents, élèves et professeurs de l'enseignement secondaire », *Les sciences de l'éducation pour l'ère nouvelle,* 2-3/1981, 59-96.

De Landsheere V. (1992), *L'éducation et la formation,* Paris, PUF, coll. « Premier Cycle ».

Delhomme P. et Meyer T. (1997), *Les projets de recherche en psychologie sociale,* Paris, Armand Colin-Masson.

Denis M. (1989), *Image et cognition,* Paris, PUF.

Deschamps J.-C. (1992), « L'échec scolaire : une perspective attributionnelle en psychologie sociale, *in* B. Pierrehumbert (éd.), *L'échec à l'école : échec de l'école ?* (48-84), Neuchâtel, Delachaux & Niestlé.

Develay M. (1996), *Donner du sens à l'école,* Paris, ESF.

Donnet J.-L. et Green A. (1973), *L'enfant de ça. Psychanalyse d'un entretien : la psychose blanche,* Paris, Éditions de Minuit.

Dubois J. (1969 *a*), « Lexicologie et analyse d'énoncés », *Cahiers de lexicologie,* 15, 115-126.

Dubois J. (1969 *b*), « Énoncé et énonciation », *Langages,* 13, 100-110.

Dupont O. et Vilain M. (1985), « Radioscopie de la relation éducative », *Revue française de pédagogie,* 73, 67-76.

Ecalle J. (1998), « L'école : un monde intersubjectif de représentations entrecroisées », *Revue française de pédagogie,* 122, 5-17.

Espinosa G. (1997), *Rapport au maître et réussite et/ou échec scolaire,* mémoire de DEA, Université Pierre-Mendès-France - Grenoble 2.

Espinosa G. (2001), *Rapport au savoir, rapport au maître et affectivité : Contribution à une analyse du « chemin scolaire » de l'élève,* thèse de doctorat, Université Pierre-Mendès-France - Grenoble 2.

Feather N. T. (1968), « Change in confidence following success of failure as a predictor of subsequent performance », *Journal of Personality and Social Psychology,* 9, 38-46.

Felouzis G. (1997), *L'efficacité des enseignants,* Paris, PUF, coll. « Pédagogie d'aujourd'hui ».

Filloux J. (1974), *Du contrat pédagogique,* Paris, Bordas-Dunod.

Filloux J. (1989), « Sur le concept de transfert dans le champ pédagogique », *Revue française de pédagogie,* 87, 59-75.

Filloux J.-C. (1987), « Psychanalyse et pédagogie », *Revue française de pédagogie,* 81, 69-102.

Florin A. (1987), « Les représentations enfantines de l'école : étude exploratoire de quelques aspects », *Revue française de pédagogie,* 81, 31-42.

Freud S. (1914), « Sur la psychologie du lycéen », *in* S. Freud, *Résultats, idées, problèmes* (227-231, t. 1), Paris, PUF.

Garfinkel H. (1967), *Studies in Ethnomethodology,* Englewood Cliffs NJ, Prentice Hall.

Gauthier C. et Tardif M. (1996), *La pédagogie : théories et pratiques de l'Antiquité à nos jours,* Paris, Gaëtan Morin Éd.

Ghiglione R. et Blanchet A. (1991), *Analyse de contenu et contenus d'analyses,* Paris, Dunod.

Ghiglione R., Kekenbosch C. et Landré A. (1995), *L'analyse cognitivo-discursive,* Grenoble, PUG, coll. « La Psychologie en plus ».

Ghiglione R., Matalon B. et Bacri N. (1985), *Les dires analysés. L'analyse propositionnelle du discours,* Saint-Denis, Presses Universitaires de Vincennes.

Gilly M. (1980), *Maître-élève. Rôles institutionnels et représentations,* Paris, PUF.

Gilly M. (1986), « L'élève vu par le maître : influences socionormatives dans l'exercice du rôle professionnel », *in* J. M. De Ketele (éd.), *L'évaluation : approche descriptive ou prescriptive ?* (71-90), Bruxelles, De Boeck.

Gilly M. et Rohrer B. (1975), « Contribution à l'étude de la perception du maître par l'élève en fin d'école primaire », *Bulletin de psychologie,* 28, 800-810.

Glover E. (1958), *Technique analytique* (tr. fr.), Paris, PUF.

Goffman E. (1968), *Asiles. Études sur la condition sociale des malades mentaux,* Paris, Éditions de Minuit.

Guibert J. et Jumel G. (1997), *Méthodologie des pratiques de terrain en sciences humaines et sociales,* Paris, Armand Colin-Masson.

Hadji C. (1992), *Penser et agir l'éducation,* Paris, ESF.

Hameline D. (1971), *Du savoir et des hommes,* Paris, Gauthier-Villars.

Hess R. et Weigand G. (1994), *La relation pédagogique,* Paris, Armand Colin, coll. « Bibliothèque européenne des sciences de l'éducation ».

Hess R. et Weigand G. (1998), « La relation pédagogique », *in* J. C. Ruano-Borbalan (dir.), *Éduquer et former* (344-351), Auxerre, Sciences humaines Éditions.

Houssaye J. (1988), *Théories et pratiques de l'éducation scolaire. Le triangle pédagogique* (t. 1), Berne, Peter Lang SA.

Houssaye J. (éd.) (1993), *La pédagogie : une encyclopédie pour aujourd'hui* (2e éd., 1994), Paris, ESF.

Houssaye D. (1995), « Construire la motivation », *Éducations,* 1, 24-27.

Imbert F. (1976), *Le groupe-classe et ses pouvoirs,* Paris, Armand Colin.

Imbert F. (1996), *L'inconscient dans la classe* (2e éd., 1997), Paris, ESF.

Isaacson R. L., McKeachie W. J., Milholland J. E., Lin Y. G., Hofeller M., Baerwaldt J. W. et Zinn K. L. (1964), « Dimensions of student evaluations of teaching », *Journal of Educational Psychology,* 55, 344-351.

Johsua S. et Dupin J.-J. (1993), *Introduction à la didactique des sciences et des mathématiques,* Paris, PUF.

Johsua S. (1996), « Le concept de transposition didactique n'est-il propre qu'aux mathématiques ? », *in* C. Raisky et M. Caillot (éds.), *Au-delà des didactiques, le didactique. Débats autour de concepts fédérateurs* (61-158), Bruxelles, De Boeck.

Jonnaert Ph. et Vander Borght C. (1999), *Créer des conditions d'apprentissage. Un cadre de référence socioconstructiviste pour une formation didactique des enseignants,* Bruxelles, De Boeck Université, coll. « Perspectives en éducation ».

Kaës R., Anzieu D. et Thomas L. V. (1973), *Fantasme et formation,* Paris, Dunod, coll. « Inconscient et culture ».

Lacan J. (1968), « Proposition du 9 octobre 1967 sur le psychanalyste de l'École », *in* J. Lacan, *Scilicet* (19), Paris, Le Seuil.

Lafortune L. et Saint-Pierre L. (1998), *Affectivité et métacognition dans la classe : Des idées et des applications concrètes pour l'enseignant,* Paris-Bruxelles, De Boeck et Larcier SA, Département De Boeck Université.

Laplanche J. et Pontalis J.-B. (sous la dir. de D. Lagache) (1967), *Vocabulaire de la psychanalyse* (11e éd., 1992), Paris, PUF.

Lecacheur M. (1980), « La maîtresse d'école maternelle à travers les jugements de ses élèves », *Bulletin de psychologie.*

Lefcourt H. M. (1976), *Locus of Control : Current Trends in Theory and Researchap,* New York, Halsted.

Legendre R. (1993), *Dictionnaire actuel de l'éducation,* Montréal, Québec-Paris, Guérin - Éditions ESKA.

Le Ny J.-F. et Gineste M. D. (1995), *La Psychologie. Textes essentiels,* Paris, Larousse.

Lewis W. A., Lowell J. T. et Jesse B. E. (1965), « Interpersonal relationship and pupil progress », *Personnel and Guidance Journal,* 44, 396-401.

Little D. F. et Walker B. S. (1968), « Tutor-pupil relationship and academic progress », *Personnel and Guidance Journal,* 47, 324-328.

Mannoni O. (1970), « Psychanalyse et enseignement », *Revue de psychologie et des sciences de l'éducation,* 8.

Marc P. (1981), « De la "bonté" et de la "dureté" du maître en fonction de l'origine sociale de l'élève », *Psychologie scolaire,* 37, 67-94.

Martin B. et Briggs L. J. (1986), *The Affective and Cognitive Domains : Integration for Instruction and Research,* New Jersey, Educational Technology Publications.

Meirieu Ph. (1985), *L'école mode d'emploi. Des « méthodes actives » à la pédagogie différenciée* (13e éd., 2000), Paris, ESF.

Meyer R. (1987), « Image de soi et statut scolaire », *Bulletin de psychologie,* 382, 933-942.

Miller G. (éd.) (1987), *Lacan,* Paris, Bordas.

Moeschler J. (1996), *Théorie pragmatique et pragmatique conversationnelle,* Paris, Armand Colin / Masson.

Montagner H. (1988), *L'attachement. Les débuts de la tendresse,* Paris, Odile Jacob.

Montagner H. (1993), *L'enfant, acteur de son développement,* Paris, Stock.

Monteil J.-M. (1989), *Éduquer et former. Perspectives psychosociales* (2ᵉ éd., revue et corrigée, 1990), Grenoble, PUG.

Monteil J.-M., Bavent L. et Lacassagne M.-F. (1986), « Attribution et mobilisation d'une apparence idéologique : un effet polydoxique », *Psychologie française,* 31, 115-122.

Mounoud P. et Vinter A. (1985), « La notion de représentation en psychologie génétique », *Psychologie française,* 30, 253-260.

Nimier J. (1976), *Mathématique et affectivité : une explication des échecs et des réussites,* Paris, Stock, coll. « Laurence Pernoud ».

Pêcheux M. (1969), *Analyse automatique du discours,* Paris, Dunod.

Pêcheux M. (1975), *Les Vérités de La Palice,* Paris, François Maspero.

Perrenoud P. (1994), *Métier d'élève et sens du travail scolaire* (3ᵉ éd., 1996), Paris, ESF.

Perron R. (éd.) (1991), *Les représentations de soi,* Toulouse, Privat.

Piaget J. (1947), *La psychologie de l'intelligence* (7ᵉ éd., 1991), Paris, Armand Colin.

Pierrehumbert B. (1992 *a*), *L'échec à l'école : échec de l'école ?,* Neuchâtel, Delachaux & Niestlé.

Pierrehumbert B. (1992 *b*), « Égalités et différences à l'école », *in* B. Pierrehumbert (éd.), *L'échec à l'école : échec de l'école ?* (9-26), Neuchâtel, Delachaux & Niestlé.

Postic M. (1979), *La relation éducative* (3ᵉ éd. revue et corrigée, 1986), Paris, PUF.

Pourtois J.-P. et Desmet H. (1991), « Quelques déterminants familiaux de la trajectoire scolaire », *Revue française de pédagogie,* 96, 5-15.

Rabinowitz R. G. (1978), « Internal-external control expectancies in black children of differing socioeconomic status », *Psychological Reports,* 42, 1339-1345.

Raymond H. (1968), *Une méthode de dépouillement et d'analyse de contenus appliquée aux entretiens non directifs,* Paris, Institut de sociologie urbaine.

Raynal F. et Rieunier A. (1997), *Pédagogie : dictionnaire des concepts clés. Apprentissage, formation et psychologie cognitive* (2ᵉ éd. revue et corrigée, 1998), Paris, ESF.

Rochex J.-Y. (1995), *Le sens de l'expérience scolaire,* Paris, PUF.

Rochex J.-Y. (1996), « Rapport des jeunes au système éducatif aujourd'hui », *Revue EPS,* 262, 9-12 et 96-98.

Roman P. (éd.) (1997), *Projection et symbolisation chez l'enfant. La méthode projective en psychopathologie,* Lyon, PUL, coll. « L'Autre et la différence ».

Rosenthal R. et Jacobson L. (1971), *Pygmalion à l'école,* Paris, Casterman.

Ruel P. H. (1987), « Motivation et représentation de soi », *Revue des sciences de l'éducation,* XII (2), 239-259.

Saussure F. de (1916), *Cours de linguistique générale* (4ᵉ éd., 1996), Paris, Payot & Rivages.

Seibel C. (1984), « Genèse et conséquences de l'échec scolaire », *Revue française de pédagogie,* 67, 7-28.

Shentoub V. (éd.) (1990), *Manuel d'utilisation du TAT (approche psychanalytique)*, Paris, Dunod.
Sillamy R. (1980), *Dictionnaire encyclopédique de psychologie*, Montréal, Borduas (2 vol.).
Sylvestre D. et Sylvestre M. (1987), « Le transfert c'est de l'amour qui s'adresse au savoir », *in* G. Miller (éd.), *Lacan*, Paris, Bordas.
Tangui L. (1983), « Savoirs et rapports sociaux dans l'enseignement secondaire en France », *Revue française de sociologie*, XXIV-2, 227-254.
Terrier G. et Bigeault J.-P. (1975), *Une école pour Œdipe. Psychanalyse et pratique pédagogique*, Toulouse, Privat.
Thomas R. et Alaphilippe D. (1983), *Les attitudes* (2e éd. corrigée, 1993), Paris, PUF, coll. « Que sais-je ? ».
Thompson J. M. (1969), « The effect of pupil characteristics upon pupil perception of the teacher », *Psychology in the Schools*, 6, 206-211.
Tochon F. V. (1989), « La pensée des enseignants, un paradigme en développement », *Perspectives documentaires en sciences de l'éducation*, 17, 75-98.
Tochon F.-V. (1993), *L'enseignant expert*, Paris, Nathan.
Tosquelles F. (1966), « Pédagogie et psychothérapie institutionnelle », *Revue de psychothérapie institutionnelle*.
Unrug M. C. d' (1974), *Analyse de contenu et acte de parole*, Paris, Éditions Universitaires.
Wittrock M.-C. (1986), « Students' Thought Processes », *in* M. C. Wittrock (éd.), *Handbook of Research on Teaching* (3e éd.) (297-314), New York, Macmillan Publishing Co.
Woods P. (1990), *L'ethnographie de l'école*, Paris, Armand Colin, coll. « Bibliothèque européenne des sciences de l'éducation ».
Zazzo R. (éd.) (1974), *L'attachement*, Neuchâtel, Delachaux & Niestlé.

***

Collectif (1991), *Dictionnaire de la langue française*, Paris, Hachette.
Collectif (1991), *Grand dictionnaire de la psychologie*, Paris, Larousse.
Le Petit Robert (1996), *Dictionnaire de la langue française* (1re éd., 1967), Paris, Dictionnaires Le Robert.

Table des matières

Deuxième partie

UNE ENQUÊTE SUR LES « CHEMINS SCOLAIRES »

ÉDUCATION ET FORMATION

ASPECTS INTERNATIONAUX – PÉDAGOGIE COMPARÉE

collection dirigée par Gaston Mialaret

Anne-Lise HØSTMARK-TARROU	Inégalités des cultures professionnelles, techniques et humanistes des enseignants. D'un idéal égalitaire à une réalité inégalitaire
Régine SIROTA (sous la direction de)	Autour du comparatisme en éducation

ÉDUCATION ET FORMATION

ENFANTS ET ADOLESCENTS EN DIFFICULTÉ

collection dirigée par Gaston Mialaret

Patrick BOUMARD (sous la dir. de)	L'école, les jeunes, la déviance
Suzy COHEN	Handicapés : l'accueil depuis l'enfance
Jacques DUPÂQUIER (sous la dir. de)	La violence en milieu scolaire (2e éd.)

ÉDUCATION ET FORMATION

FORMATION PERMANENTE
ÉDUCATION DES ADULTES

collection dirigée par Gaston Mialaret, Jeanne Mallet, Jean-Marie Barbier et C. Parmentier

Jean-Marie BARBIER et coll.	L'analyse de la singularité de l'action (séminaire du CNAM)
Jean-Marie BARBIER	L'évaluation en formation (5e éd. corrigée)
Étienne BOURGEOIS, Jean NIZET	Apprentissage et formation des adultes (2e éd.)
Philippe CARRÉ, André MOISAN, Daniel POISSON	L'autoformation (2e éd.)
Valérie COHEN-SCALI	Alternance et identité professionnelle
Servet ERTUL	L'enseignement professionnel court postbaccalauréat
Vincent LANG	La professionnalisation des enseignants. Sens et enjeux d'une politique institutionnelle
Gérard MALGLAIVE	Enseigner à des adultes. Travail et pédagogie (3e éd.)
Albert MOYNE	Formation, régulation, institution. Un dispositif de formation continue. Le groupe d'analyse de pratique des formateurs
André D. ROBERT, Hervé TERRAL	Les IUFM et la formation des enseignants aujourd'hui

Imprimé en France
SoBook - Roubaix

Achevé d'imprimer chez SoBook le 03-08-2021

Linselles - France

N° impression : 713 661